낭비

낭비

—

2022년 8월 10일 초판 1쇄 발행

—

지은이 바이런 리스, 스콧 호프먼
옮긴이 한미선
펴낸이 김정수, 강준규
책임편집 유형일
마케팅 추영대
마케팅지원 배진경, 임혜솔, 송지유

—

펴낸곳 (주)로크미디어
출판등록 2003년 3월 24일
주소 서울시 마포구 성암로 330 DMC첨단산업센터 318호
전화 02-3273-5135
팩스 02-3273-5134
편집 070-7863-0333
홈페이지 http://rokmedia.com
이메일 rokmedia@empas.com

—

ISBN 979-11-354-8060-7 (03300)
책값은 표지 뒷면에 적혀 있습니다.

—

잘못 만들어진 책은 구입하신 서점에서 교환해 드립니다.

우리는 어떻게 시간, 돈, 자원을 낭비하고 있는가?
또 어떻게 이 문제를 해결할 수 있을까?

바이런 리스, 스콧 호프먼 지음 · 한미선 옮김

WASTED

저자 · **바이런 리스**Byron Reese

—

바이런 리스는 미래 기술에 관한 글을 쓰는 작가이자 고객을 위한 신제품 개발에 독자 개발한 인공지능 툴을 활용하는 벤처 기술 회사 JJKent의 CEO이다. 그는 미국 라이스 대학교에서 경제학을 전공했으며, 젊은 시절부터 사업을 운영하며 남다른 비즈니스 감각을 보였다. 미래학자이면서 낙관론자인 바이런은 여러 정보와 근거를 바탕으로 인류가 새로운 황금기에 다가가고 있다고 말한다. 특히 기술이 인간의 능력을 높여주고, 인간의 삶을 송두리째 바꿔놓을 것이라 말하며 미래에 관한 기술에 큰 관심을 보여 왔다. 그는 인공지능, 블록체인 그리고 일터를 변혁하는 기술의 영향력에 관한 전문가로 크라우드소싱, 콘텐츠 개발, 사이코그래픽스와 같은 다양한 학문분야에서 특허를 다수 획득하거나 출원 중에 있다. 그는 기술 분야에 몸담고 있는 사람만이 아닌, 기술 분야를 잘 모르는 일반 대중도 쉽게 이해할 수 있도록 기술, 역사, 미래의 만남을 주제로 글을 쓰고 강연을 한다. 특히 최신 과학기술 분야 전문가로서의 경험, 역사에 대한 열정, 그리고 검증된 뛰어난 비즈니스 감각을 활용해서 기술이 범지구적으로 직면하고 있는 중대한 문제들을 어떻게 해결할 수 있는지를 명쾌하게 설명하는 능력을 갖추었다. 블룸버그 비즈니스위크Bloomberg Businessweek는 '새로운 유형의 미디어 기업을 묵묵히 선도해온' 바이런의 공로를 치하했으며, 파이낸셜 타임스Financial Times는 바이런이 '새로운 유형의 인터넷 기업가의 전형으로 미디어 산업의 경제학을 완전히 바꿔놓았다'라고 논평한 바 있다. 와이어드 매거진Wired Magainze은 그를 '디멘드 미디어의 최고 혁신 책임자로 역임하며, 디멘드 미디어의 프로세스 핵심을 이루는 아이디어 뱅크와 같은 알고리즘을 탄생시킨 장본인'으로 기술한 바 있다. 바이런은 〈뉴욕타임스〉, 〈워싱턴포스트〉, 〈엔터프리너 매거진〉, 〈USA 투데이〉, 〈리더스 다이제스트〉, 〈NPR〉, 〈LA 타임스 매거진〉 등 다수의 미디어에 소개된 바 있으며, 기조연설자나 연사로 암스테르담에서 개최된 PICNIC 페스티벌, SXSW, TEDX 오스틴, 울프램 데이터 서밋, 스파르티나, IEEE 글로벌 휴머니테리언 테크놀로지 컨퍼런스에 출연한 바 있다. 주요 도서로 전 멕시코 대통령 비센테 폭스Vicente Fox에게 영감을 준 《무한 전진Infinite Progress》과, 《제4의 시대》가 있다.

저자 · 스콧 호프먼Scott Hoffman

—

도서 저작권 및 현금유동성을 확보하는 인터내셔널 리더러리 프로퍼티스International Literary Properties의 CEO다. 현재 1,000권 이상의 저작권을 소유 및 관리하고 있다. 폴리오 리터러리 매니지먼트Folio Literary Management, LCC의 설립자 중 한 명이기도 하다. 미국 윌리엄 & 메리대학교에서 정치학을 전공했으며, 뉴욕대학교 스턴 경영대학원에서 MBA를 취득했다.

역자 · 한미선

—

서울여자대학교 문헌정보학과 졸업 후 이화여자대학교 통역번역대학원에서 박사학위를 취득하였다. 현재 번역에이전시 엔터스코리아에서 출판 기획 및 전문 번역가로 활동하고 있다. 역서로는《모두를 움직이는 힘》,《지워진 기억을 쫓는 남자》,《사랑과 기도를 담아서》,《하룻밤에 읽는 심리학》이 있다.

들어가며

온라인 사이트에게서 컴퓨터 케이블 같은 것들을 주문했다고 생각해 보자. 배송 직원이 택배 상자를 집 앞에 놓고 가면 당신은 첩첩이 봉인한 상자의 테이프를 가위로 끊어내는 데 1분 혹은 2분 정도를 허비한다.

조만간 쓸모없어질 그 물건을 꺼내고 나면 개봉된 포장재도 버려진다. 마침내 주문한 컴퓨터 케이블이 손에 들어온다.

그런데 애석하게도 케이블을 연결해 보기 위해 추가로 몇 분을 더 쓰고 난 다음에야 당신은 그것이 맞지 않는 케이블이라는 사실을 깨닫는다. 실제로 필요한 케이블이 뭔지 파악하기 위해 오랜 시간을 쓴다. 그러고는 잘못 주문한 상품을 재포장하고 온라인으로 반품을 신청하는 데 몇 분을 더 투자한다.

배달원이 당신 집에서 상자를 회수해 집하장으로 돌려보내면 거기서 또 다른 사람이 상자를 개봉한 다음 당신 계좌에 환불금을 입금하고 상품을 생산자에게 돌려보내거나 다른 회사가 구매할 수 있는 반품함에 던져 넣는다. 그러면 그 회사가 이 상품을 검수하고 분류한 다음 재판매를 시도한다. 그다음 어떻게 될지는 다 알 것이다.

당신이 교환한 케이블이 불량이라고 상상해 보라.

실수로 잘못 주문했을 뿐인 케이블이 미치는 영향을 깊게 생각하는 건 지루한 일이지만 이런 대혼란은 우리 대부분에게 흔히 벌어진다. 이 실수들은 모두 상상할 수 없을 정도의 쓰레기를 만들어 낸다.

그러나 당신이 앞으로 이 책에서 만날 사례와 비교하면 이 케이블 예시에서 양산된 쓰레기는 극히 소량에 불과하다. 렌즈를 줌아웃 해보면 더 큰 낭비들을 볼 수 있다. 교통 체증으로 인해 낭비하는 시간이나 공회전 차량에서 낭비되는 열, 심지어 전쟁에 내재된 낭비 같은 것 말이다. 이 사례들은 모두 우리가 앞으로 살펴볼 낭비의 유형이다. 하지만 이런 낭비의 근원을 살펴본다 해도 우리는 문제의 핵심을 건드리지조차 못할 것이다. 더 멀리 물러서면 낭비로 채워진 더 큰 세상이 보인다. 빈곤 속에서 살다 간 생명의 잠재력 낭비, 불필요하게 죽어간 한 개인의 낭비, 그 이상을 보게 된다.

낭비는 어디에나 있다. 그리고 낭비를 찾는 데 초점을 맞추면 당신 주변이 온통 낭비로 둘러싸여 있음을 알게 될 것이다. 차에 기름을 넣을 때 불가피하게 휘발유 몇 방울이 땅바닥에 떨어질 것이고 그렇게 떨어진 기름방울들이 다 더해지면 그 양은 엑슨 발데즈Exxon Valdez호에서 유출된 기름 규모를 떠오르게 할 것이다. 해마다, 미국만 따져도 말이다. 그리고 나서 잔디 깎는 기계나 정원 장비에 휘발유를 채우다가 흘리면 또다시 유출된 휘발유 총량이 늘어나 또 다른 엑슨 발데즈 기름 유출 사건을 해마다 일으키는 셈이 된다.

유조선이 파손돼 운반 중이던 기름이 유출되거나 송유관이 터지면 그 일은 뉴스 헤드라인감이다. 하지만 바닥에 흘린 1온스의 휘발유를 문제로 인식하는 경우는 거의 없다. 물론 약간의 손실을 의식하기는 하지만 일상에서 무심코 이뤄지는 낭비나 비효율이 모두 더해져 궁극적으로 어떤 일이 벌어지는지는 조금도 생각하지 않는다.

이 책을 집필하면서 우리는 현대인의 삶에서 필연적으로 생길 수밖에 없는 낭비를 이해하기 위한 여정을 떠났다. 얼마 지나지 않아 우리 두 사람은 얼마나 많은 것이 낭비와 연관돼 있는지 전혀 모르고 있었다는 사실을 깨달았다. 그래서 우리는 무수히 많은 질문을 하기 시작했다.

- 주방에서 흘린 액체를 키친타월로 닦는 것이 나을까, 젖은 걸레로 닦는 것이 나을까?
- 어떤 전쟁도 일어나지 않았다면 세계는 지금과 얼마나 다를까?
- 대량 물품을 구입해 절약한 돈이 버려진 상품의 양을 상쇄할까?
- 하루 24시간 중 낭비하는 시간의 비중은 얼마나 될까?
- 다이어트를 해서 체중을 줄인다면 감량된 살덩어리는 실제로 어디로 갈까?

어떤 문제의 답은 쉽게 찾을 수 있다. 키친타월 질문에서는 젖은 걸레가 자원을 덜 낭비한다. 수도꼭지에서 더운물이 나올 때까지 기다리지 않거나 걸레를 쓸 때마다 빨지 않는다면 말이다. 만약 찬물은 흘려보내거나 걸레를 쓰고 나서 빤다면 키친타월을 사용하는 편이 더 낫다.

체중 감량의 경우 감량된 무게의 84퍼센트는 숨을 내쉴 때 이산화탄소 형태로, 16퍼센트는 소변, 땀, 눈물을 통해 수분으로 체내에서 방출된다. 인간이 방출한 이산화탄소가 낭비인지에 관한 질문은 이 책 후반부에서 다룰 예정이다. (당신이 소변에 포함된 물질을 재활용할 타입이 아니라는 가정하에) 소변은 낭비지만 땀은 딱히 낭비라고 하기 어렵다. 체온을 조절한다는 분명한 기능을 수행하기 때문이다. 어느 정도의 눈물을 낭비라고 할지 결정하는 일은 당신에게 맡길 것이다.

그건 그렇고 체중은 절대 연소되거나 몸의 힘이나 열로 곧바로 전환되지 않는다. 우리 몸은 분자 결합을 헐겁게 해 몸에서 열기나 에너지를 얻는다. 결과적으로 우리가 음식을 한 입 먹을 때마다 결국 공기나 물이 되어 돌아온다. (당신의 대변은 최근 먹은 음식으로 만들어진 것이며 애초에 체중에는 포함돼 있지 않았다.)

그러나 다른 분야에서의 낭비는 좀 더 미묘하고 직관에 반한다. 분명 낭비처럼 보이는 것들을 들여다볼 때 약간만 깊이 들어가도 종종 그 체례에서 인간의 광기가 드러난다. 예를 들어 바위에서 알루미늄을 추출하기 위해 그 바위를 배에 실어 지구 반대편으로 운송하는 것이나 슈퍼볼에서 우승하지 못한 팀을 슈퍼볼 우승자가 된 것처럼 선전하는 모자나 티셔츠를 찍어내는 것이 왜 의미가 있을까?

낭비하고 싶어 하는 사람은 없다. 그리고 사람들은 낭비를 피하기 위해 많은 정신적 에너지를 쓴다. 그런 노력은 칭찬받아 마땅하다. 하지만 세계에는 낭비를 막으려다 오히려 더 낭비를 초래하는 좋은 의도의 시도들이 많다.

최근 버려지는 음식을 먹고 살기로 결심한 '프리건freegan'(돈으로 식품을 사지 않고 버려지거나 폐기될 음식만 구해 먹는 사람을 가리키는 용어_옮긴이) 가족을 조명한 다큐멘터리가 방영됐다. 그들은 매립장으로 보내졌을 음식을 자신들이 소비한다면 세상을 쓰레기와 비효율에서 구할 수 있다고 믿는다. 그러나 그들은 재생 가능한 자원인 음식을 회수하기 위해 차를 타고 이곳에서 저곳으로 이동하며 재생 불가능한 자원인 휘발유를 사용했다. 뿐만 아니라 그들이 운전하는 데 쓴 시간 그리고 차량의 감가상각 등도 낭비다.

이 책의 중요한 주제 중 하나는 눈에 보이는 것과 눈에 보이지 않는 것을 다룬다. 우리가 낭비에 관해 생각할 때 버려진 음식을 머릿속에 떠올리기는 쉽다. 하지만 애초에 낭비를 피하기 위해 애쓰다가 발생하는 2차 그리고 3차 결과를 파악하기는 훨씬 어렵다. 많은 경우 낭비를 이해하기 위해서는 여러 층위를 더 깊이 들여다봐야 하고 처음에 낭비적(또는 효율적)인 것처럼 보이는 행동이 사실은 그렇지 않다는 사실을 알게 된다.

종이 대 플라스틱 혹은 비행기 대 자동차 같은 단순한 질문들은 지독히도 복잡하다. 종이 재활용은 재활용 트럭이 와서 폐지를 수거해 간다면 멋진 일임이 밝혀졌다. 하지만 이 폐지들을 차에 싣고 동네를 누빈다면 득보다 실이 더 많은 행동을 하는 셈이다.

이런 판단을 내리는 데는 메탄과 이산화탄소 중 어느 쪽이 환경에 더 나쁜지 혹은 다량의 담수를 소비하는 것과 소량의 연료를 소비하는 것 중 어느 쪽이 더 나은지와 같이 무수히 많은 균형점trade-off이 포함된다.

질문의 답은 연료가 무엇이냐와 수원이 어디냐에 좌우된다. 또 아일랜드인의 답과 이슬라마바드인의 답이 다르다. 뿐만 아니라 우리는 직관에 의지해 결정할 수도 없다. 많은 부분이 직관에 반하기 때문이다. 반려견이 가족용 SUV보다 더 많은 탄소 발자국carbon footprint을 남긴다고 누가 짐작이나 할 수 있겠는가?

이런 지식이 우리 행동에 어떤 영향을 미칠까? 그리고 누가 여기에 시간을 투자할까? 삶의 모든 세부 사항을 통제하는 1,000가지 규칙을 배우고 싶어 하는 사람이 있을까? 플라스틱 용기에 담긴 케첩을 사야 할지 병에 담긴 케첩을 사야 할지 고민하다 그저 대다수 규칙이 보편적이지 않고 상황에 따라 다르다는 사실을 발견하는 데?

우리는 종종 '기후변화에 가장 큰 영향을 미치는 길을 선택해야만 하나? 하나는 억압적인 정권을 지지하는 길이고 다른 하나는 브라질 열대우림에 사는 종들의 멸종에 기여하는 길인데?' 같은 결정을 해야 하는 상황에 놓인다. 비교적 명쾌한 답을 낼 수 있는 젖은 걸레 사례와 달리 우리는 모든 선택에 확신이 없고 어떤 선택을 하든 결국은 왠지 모를 죄책감을 느낀다.

누군가가 소비한 막대한 양의 자원과 다른 누군가가 경험하는 극도의 자원 부족을 생각할 때 더해지는 불편함과 죄책감은 상황 파악을 더 어렵게 한다. 이런 종합적인 혼란과 마비의 감각은 현실적이고 뚜렷하다.

다수에게 이 같은 혼란을 해소하는 방법은 그 문제를 생각하지 않는 것이다. "한 사람이 뭐 얼마나 큰 차이를 만들 수 있겠어"라는 말로 슬그머니 백기를 들고 만다. 그러나 한 방울씩 흘린 휘발유가 더해져 또 다른 엑슨 발데즈호 사건이 될 수 있는 것처럼 우리의 집단행동은 정말 중요하다. 그리고 사실 우리 대다수는 모든 형태의 낭비를 줄이고 싶어 한다. 그리고 '최선'의 선택이 뭔지 안다면 대부분 그것을 선택할 것이다.

이것이 우리 두 사람이 우리 자신에게서 찾아낸 역설이다. 우리는 정보화시대를 살고 있으며 따라서 이론적으로는 거의 모든 것을 알 수 있다. 하지만 현실에서는 꼭 그렇지도 않다. 현대적 삶의 상호 연관성 정도로는 수많은 제도의 상호작용을 이해하는 데 오히려 장애가 되기도 한다. 토머스 홉스Thomas Hobbes 는 "지옥은 너무 늦게 보이는 진실"이라고 말했다. 하지만 우리의 과제는 어쨌든 진실을 보는 것이다.

일각에서는 결국 소비를 줄이기 위해 노력해야 한다고 주장한다. 적은 물자로 그럭저럭 살아야 한다는 뜻이다. 그리고 이런 조언에는 반박하기 어려운 명백한 진실과 지혜가 담겨 있다. 하지만 이것이 미래를 위한 탄탄대로는 아니다. 얼마를 줄이고 무엇을 덜 써야 한다는 것일까? 잠김 방지 브레이크 장치나 산전 검사를 줄이라는 말인가? 아니면 냉장고나 암 치료제를 덜 사용하라는 뜻인가? 그것도 아니면 토핑을 덜 올려 먹으라는 뜻인가? 대다수 서양인은 모든 소비와 세속적 쾌락을 삼가는 금욕적 삶을 살 수도 없고 살고 싶어 하지도 않는다. 그러므로 이것도 질문의 답이 되지 못한다.

이 문제들은 당혹스럽지만 냉소적으로 접근하거나 그 복잡함에 좌절해 포기하면 안 되는 중요한 문제다. 낭비를 최소화하거나 적어도 줄일 수 있는 방법은 분명 있다. 그런데 줄일 수 있는 쓰레기양은 얼마나 될까?

이 질문이 이 책의 주제를 바꿨다. 이 책은 낭비 연구에서 시작됐다. 그러나 우리가 좀 더 흥미롭다고 생각한 질문은 낭비가 없는 세상의 모습과 관련 있다. 그 어떤 쓰레기도 없는 세상. 폐지도 없고 음식물 쓰레기도 없고 버려진 시간도 없고 버려진 마음도 없고 버려진 삶도 없다.

이런 질문을 하는 목적은 무엇일까? 거의 모든 것에 대한 완벽한 지식이 없으면 낭비 없는 세상에서 살 수 없고 앞으로도 결코 그럴 수 없다. 하지만 이 책이 깊은 관심을 가진 문제 중하나는 바로 최대한 가능한 것이 무엇인지와 그것을 달성하는 방법을 알아내는 일이다.

수평선 하나를 생각해 보자. 오른쪽 끝에 완벽한 효율성을 자랑하는 세상이 있고 그 세상에는 낭비가 없다. 모든 것의 잠재력을 최대한 활용하는 데 익숙해진다. 왼쪽 끝에는 순전한 낭비로 가득한 세상이 있다. 모든 시간을 낭비하고 모든 돈을 낭비한다. 모든 것을. 우리는 이 책의 집필을 위한 연구를 진행하면서 우리가 사는 이 세상이 온통 낭비로 이뤄진 곳에 상당히 가깝다는 사실을 알았다. 이유가 뭘까? 어떻게 그럴 수 있을까?

우리는 사람들이 낭비에 관해 잘 모르기 때문에 너무 많은 것을 낭비한다고 믿게 됐다. 어떻게 비효율성과 잘못된 정보가 만나 지금과 같은 낭비로 가득한 세상에 살게 됐을까?

이 책에 담고자 한 메시지는 수평선 이쪽의 낭비로 가득한 세상에서 저쪽의 낭비 없는 세상으로 옮겨 갈 수 있고, 그곳에서 모두 좀 더 행복하고 건강하게 살 수 있다는 것이다.

이 책은 정책서가 아니다. 물론 정책적 문제, 예를 들어 공병 보증금 제도가 효과가 있는지, 비닐봉지 사용 금지 효과가 있는지 언급하겠지만 정치적 선택 문제보다는 과학, 경제학 그리고 시스템을 논하는 데 더 많은 시간을 할애한다. 더불어 누군가를 비난하거나 수치심을 느끼게 하려는 의도는 없다. 대신 우리가 경험한 것을 독자도 똑같이 경험해 보게 할 생각이다. 즉, 낭비가 유발되는 이유를 이해하고 낭비가 없을 때의 세상은 어떤 모습인지 상상해 보게 하는 것이다.

낭비란 무엇인가?

소크라테스는—적어도 플라톤의 증언에 따르면—"지혜는 용어 정의에서 시작된다"라고 말했다. 정의 내리는 일이 분명한 시작점처럼 보이기는 하지만 개념 자체가 어려운 것들은 대부분 정의 내리기가 쉽지 않다.

예를 들어 인생에 대한 보편적 정의는 없다. 인생은 우리 대부분이 직접 경험하는 생물학적 사실이기 때문에 정의 내리는 것 자체가 이상해 보인다. 마찬가지로 죽음에 대한 정의도 몇 가지가 있다. 시간이나 공간에 대한 정의는 열띤 논쟁의 대상이며 지능에 대한 정의를 놓고 가족끼리 옥신각신하다 추수감사절 저녁 식사를 망치는 경우도 허다하다.

사실 인생에서 가장 복잡한 개념 대부분은 정의한다기보다 직관적으로 느끼는 것에 더 가깝다. 옳고 그름, 사랑과 증오, 가족과 친구, 가정, 건강, 신념, 예술 등은 우리 대다수의 머릿속에서 모호하게 정의 내려지고 당신이 알고 있는 이 용어들의 개념은 주변 사람의 것과 다를 수 있다.

그리고 여기 낭비가 있다. 낭비란 무엇일까? 처음에 얼핏 보면 낭비는 정의 내리기에 그다지 어려운 개념으로 보이지 않는다. 우리 모두 지금 무슨 이야기를 하고 있는지 어느 정도는 알고 있다. 그렇지 않은가? 어쩌면 우리는 정의라는 것 자체를 포기해야 할 수도 있다. 그러나 소크라테스는 실망스럽다는 듯 고개를 좌우로 저으면서 이 생각은 시작하기에 좋은 방법이 아니라고 말할 것이며 정말로 그렇다.

낭비란 사실상 우리 생각을 마비시키는 어려운 개념이다. 주된 이유는 우리가 이 단어를 굉장히 다양한 문맥에서 사용하기 때문이다. 쓰레기는 원치 않는 부산물이거나 혹은 손상을 입거나 파괴되면 오히려 유용한 무엇일 수 있다. 우리 몸은 낭비될 수 있고 전직 미국연방통신위원회Federal Communications Commission 위원 뉴턴 미노Newton Minow가 TV 프로그램 제작 환경을 묘사했던 것처럼 은유적으로 그리고 지리적 특징으로서 '불모지wastelands'라고 할 수 있다. 하지만 우리는 시간도 잠재력도 낭비할 수 있다.

그런데 가끔 우리는 실제로 낭비하지 않은 것을 묘사할 때도 쓰레기라는 단어를 사용한다. 예를 들어 전기를 생산하는 수소 연료전지의 경우 유일한 부산물은 물이다. 비록 이 물은 일상 대화에서 쓰레기라고 하지만 그걸 진짜 쓰레기라고 생각하는 사람은 거의 없다. 이는 화석연료를 태워 에너지를 생산한 대가인 이산화탄소를 바라보는 시선과 확연히 다르다.

낭비에 대해 광범위한 정의부터 해보기로 하자. 어떤 경우든 낭비는 최적의 결과를 도출할 수 없을까? 과연 하루 24시간 중 우리가 불필요하거나 원치 않는 일을 할 때 소비한 시간을 전부 세서 그 시간을 '낭비했다'고 말할 수 있을까? 목적지에 가기 위해 조금 더 걸었거나 교통 체증으로 도로에 서 있었던 시간을 모두 낭비됐다고 간주할 수 있을까?

물론 낭비라고 볼 수 있다. 그러나 이런 방식으로 낭비를 판단하는 것은 두 가지 이유에서 부적절하다. 첫째, 낭비에 대한 판단은 한 개인의 이해일 뿐이다. 절대적 기준이라기보다는 상대적 기준이라는 뜻이다. 심장 발작을 일으킨 환자를 응급실로 호송하는 구급차 때문에 길에서 꼼짝없이 1분간 멈춰 있었을 수 있다. 사회적 관점에서 도로에서 그냥 흘려보낸 시간 1분이 적당했을 수도 있고 아닐 수도 있다. 그 답을 우리가 알 수는 없다. 둘째, 인간의 능력이나 이해의 한계를 감안할 때 특정 사건은 불가피할 때가 있어서 이를 낭비로 규정지을 수 없다. 인도에 생긴 싱크홀 때문에 주위로 돌아가야 하면 의도치 않게 몇

걸음 더 걸을 수밖에 없을 것이다.

우리가 앞서 대강 설명한 낭비를 광의의 개념으로 정의하는 데도 몇 가지 문제점은 있다. 하지만 낭비를 이해하는 데 포함해야 하는 세 가지 요소를 강조한다는 점에서 광범위한 정의는 유용하다. 첫째, 낭비는 바람직하지 않다. 다시 말해 초콜릿 칩을 구울 때 오븐에서 퍼지는 기분 좋은 향은 쓰레기가 아니다. 반면 공장 굴뚝에서 나는 유황의 악취는 쓰레기다. 둘째, 낭비는 반드시 상쇄될 수 있는 순이익 없이 모종의 비용만을 발생시킨다. 그러므로 광란의 파티를 즐기는 옆집에서 흘러나온 음악 소리 때문에 잠을 자지 못한 저녁을 반드시 낭비라고 말할 수는 없다. 그 밤이 당신에게는 이익이 아니었지만 누군가에게는 이익이었기 때문이다. 그리고 셋째, 낭비는 반드시 회피할 수 있어야 한다. 만약 쓰나미가 휩쓴 섬마을이 입은 피해처럼 피할 수 없는 일이었다면 그 사건을 비극이라고 부를 수는 있지만 낭비라고 부를 수는 없다.

낭비는 바람직하지 않고 순전히 부정적 비용만을 발생시키며 피할 수 있어야 한다는 부분을 고려할 때 드는 의문이 하나 더 있다. 대체 낭비란 어떤 것일까? 단어 그 자체는 명사일 수도 동사일 수도 형용사일 수도 있다. 문제를 더욱 어렵게 만드는 것은 낭비는 뭔가를 창조하거나 뭔가를 파괴하는 것, 아니면 두 가지 모두 포함하는 것일 수 있다는 점이다. 이 책에서 당신은 낭비라는 단어가 대부분 명사로 사용됨을 발견할 것이다. 그리고 우리는 이 단어를 쓰다 버린 물건은 물론 일어난 일과 일어날 가능성 사이의 실현되지 않은 차이를 의미하는 데도 사용한다.

이 책의 어떤 지점에서 우리는 현재로서는 피할 수 없지만 이론적으로는 해결할 수 있는 기술적 방법이 존재하는 결과를 고찰한다. 거기에는 설명이 필요 없다.

낭비를 이런 식으로 이해하기 위해서는 홍역, 석유 유출 사고, 조기 사망 등의 폭넓은 의미도 포함해야 한다. 그러나 낭비라는 카드를 지나치게 빨리 내지 않기 위해 신중해야 한다. 물은 파괴되거나 창조되는 것이 아니므로 낭비되는 물도 있을 수 없을까? 만약 종이가 재생 가능한 자원일 때도 종이 낭비는 문제가 될까? 만약 마리화나나 피우면서 시간을 보내는 게으름뱅이가 그것이 진정으로 자신이 원하는 일이라고 한다면 과연 그가 인생을 낭비한다고 말할 수 있을까? 만약 당신이 잠을 덜 자고 살 수 있는데도 몇 시간 더 잔다면 당신이 시간을 낭비한다고 말할 수 있을까? 이 책에서는 이 질문들을 좀 더 꼼꼼하게 들여다볼 예정이다.

하지만 마지막으로 낭비에 관해 좀 더 살펴봐야 하는 측면이 하나 더 있다. 카메라 렌즈를 줌아웃(축소) 해서 충분히 멀리 떨어져 20억 년 된 은하계를 바라보면 우리는 근본적으로 모든 것이 의미가 없고 그래서 우주를 배경으로 볼 때 모든 활동이 쓸모없다고 주장할 수 있다. 셰익스피어의 《맥베스Macbeth》에 묘사돼 있듯이 우리가 이야기한 모든 것은 "한 멍청이가 하는 의미 없는 소음으로 가득한 쓸모없는 이야기"다. 이런 식으로 보면 인생에서 우리가 행하는 최선의 행동도 침몰하는 배에서 황동에 윤을 내는 것처럼 쓸데없는 짓에 불과하다.

그러나 낭비에 대한 이런 관점이 유효하려면 인간 존재 자체에 내재적 그리고 영속적 가치가 없어야 한다. 그리고 허무주의는 어느 정도 재고할 필요가 있다.

낭비를 정의할 때 중요한 속성 중 하나는 바람직하지 않다는 것이다. 여기에는 낭비가 '인간'에게 바람직하지 않다는 뜻이 내포돼 있다. 우리가 수십억 마리의 박테리아를 박멸하기 위해 항생제를 복용할 때 현대 의학의 무분별한 사용으로 인해 제 수명을 다하지 못하고 죽어가는 박테리아의 생명 따위는 고려하지 않는다. 이와 비슷하게 우리 대부분은 베이컨을 먹는다. 그런데 돼지 입장에서 베이컨은 그들의 목숨이 헛되이 사용됐다고 볼 수 있다. 하지만 우리는 항생제 복용이나 베이컨 소비를 헛되이 자원을 낭비한 일로 보지는 않는다.

우리 대부분은 마치 인간만이 사물에 가치를 귀속할 수 있는 것처럼 삶을 살아간다. 아름다운 석양 그 자체는 아름답지 않다. 우리가 그걸 아름답다고 분명하게 말할 때 비로소 아름다워진다. 동물의 생명 역시 우리가 그들에 가치를 부여할 때만 가치 있어진다. 물론 우리가 그 동물들이 귀엽거나 우리에게 도움이 된다고 생각할 때 가치 유무가 결정된다는 점에서 그 근거가 다소 불명확하기는 하다. 그래서 우리는 바퀴벌레를 살충제로 대량 살상하면서도 아기 물개를 보호하는 법률은 통과시킨다. 그러나 우리는 진정 인간의 생명, 모든 인간의 생명을 근본적으로 가치 있다고 간주하며 이 생각이 인권 개념의 기초가 된다. 이 책에서는 바로 이런 관점에서 낭비를 논의할 것이다.

그럼 철학을 잠깐 들여다보면 어떨까? 소크라테스의 말대로 낭비의 정의에는 이것이 순전히 가치 판단 문제라는 점을 포함해야 하기 때문이다. 쓰레기로 몸살을 앓는 수려한 풍경은 보기 흉하다고 생각할 때만 흉한 것이다. 그러므로 모든 낭비는 탑처럼 배열된 가치 위계를 통해 바라봐야만 한다. 많은 것이 이 탑 위에 위치한다. 마음속에 떠오르는 몇몇은 개인의 자유, 대자연, 부족과 비참의 종식, 모든 생명체의 조화로운 공존, 누군가의 자녀 혹은 그들의 조국 혹은 그들을 보호하는 신의 의지 등이다.

우리 모두는 각기 다른 가치 체계를 갖고 있으므로 무엇이 낭비인지 아닌지 판단할 때 항상 의견이 같을 수는 없다. 이런 상대적 가치 체계가 이 책을 불가능한 것처럼 보이게 할 수 있다. 그러나 상황이 그렇게 절망적이지만은 않다. 잭 케네디Jack

Kennedy가 이를 가장 적절하게 설명했다. "우리의 가장 근본적인 공통점은 우리 모두 이 작은 행성 지구에 살고 있고 같은 공기를 마시고 있고 우리 아이들의 미래를 중요하게 생각하며 우리 모두 언제가 죽는다는 것이다." 대부분의 경우 우리의 가치 시스템에는 상당한 공통분모가 있기에 서로 평화롭게 조화를 이루면서 살 수 있다. 만약 그렇지 않다면 인간 문명은 존재하지 않았을 것이다.

그래서 우리는 이 책을 집필하면서 인간이 공통의 핵심 가치를 갖고 있다고 가정했다. 즉, 우리는 인간 모두가 청정한 공기, 바다에서 밀려들어 온 주사기가 없는 해변, 인간 고통의 최소화 등을 원한다고 믿는다. 우리는 또한 인간이란 존재는 근본적으로 가치가 있다고 생각한다. 심지어 이 우주가 동사한 후에도 인간 생명의 가치는 여전히 살아 있을 것이라고 생각한다.

다시 말해 우리 모두가 지금 이곳에 살고 있다는 것이 중요하다.

차례

WASTE AND OUR PLANET

낭비와 우리 지구

01

100만 년 후 후손은
우리를 발포폴리스티렌으로
기억할 것이다

In a Million Years, They Will Know Us by Our Polystyrene Foam

100만 년 후 우리가 아는 인류는 사라진 지 오래일 것이다. 당신의 철학, 우주론, 종교관이 무엇이든 상관없이 우리는 이곳에 없을 것이다. 그때쯤이면 우리는 호모섬싱엘시우스Homo somethingelsius로 진화해 있거나 우리 자신을 컴퓨터에 업로드해뒀거나 아니면 안드로이드처럼 강한 인간 로봇이 돼 있을지 모른다. 생태학적 대재앙에 굴복해 이 땅에서 멸종되거나 소행성과 충돌했을 수도 있다. 혹은 이때쯤 초신성이 돼 있을 볼프레예별Wolf-Rayet star, WR104에 의해 완전히 파괴됐을지 모른다. 아니면 이 행성을 버리고 그 별들로 옮겨 갔을지 모른다. 아니면 카이사르라는 이름의 카리스마 넘치는 지도자가 이끄는 지능이 뛰어난 유인원들의 손에 멸망했을 수도 있고 다른 수백 가지 결

031

말 중 하나를 맞았을 수도 있다. 어쨌든 오늘날의 삶과 비슷한 방식으로 지구에 살고 있지 않으리란 것은 분명하다.

하지만 오늘 아침 당신이 뜨거운 커피를 마실 때 사용한 폴리스티렌 컵은 형태도 알아볼 수 있고 심지어 사용도 가능한 상태로 어딘가에 묻힌 채 여기 그대로 남아 있을 것이다.

토성의 고리들도 사라지고 없을지 모른다. 북극성이 더는 북극의 별이 아닐 수도 있다. 밤하늘은 북두칠성, 오리온자리, 나머지 별자리들이 사라져 지금과는 완전히 다른 모습일 수도 있다. 하지만 커피가 담겼던 그 하얀 컵은 여전히 여기 남아 있을 것이다. 내용 연한이 분 단위로 측정되는 제품치고는 상당히 인상적이다.

그러나 그 컵과 컵의 기원, 운명에 관한 이야기는 이 간단한 설명보다는 약간 더 복잡하다. 따라서 루이스 캐럴Lewis Carroll의 조언을 받아들여 스티렌이라고 불리게 된 유기화합물에서 시작해 보자. 스티렌의 화학공식은 $C_6H_5CH=CH_2$다. 스티렌은 다량의 석유(연간 대략 3,000만 톤)로 만들어지는 액체다. 라텍스, 합성고무를 만드는 데 사용될 수 있지만 대부분의 경우 폴리스티렌, 즉 플라스틱으로 중합된다.

다시 폴리스티렌은 온갖 종류의, 예를 들면 화재경보기나 은식기류 쟁반같이 경질플라스틱 물품을 제조하는 데 사용될 수 있다. 폴리스티렌은 끓는점까지 열을 가하면 원래 크기보다

40배까지 늘어난 발포폴리스티렌expanded polystyrene, EPS으로 변한다. 40배 확장된 EPS는 약 97퍼센트가 공기라 훌륭한 단열재와 완충재가 될 수 있어 일회용 쿨러, 테이크아웃용 음식 용기, 포장용 충전재인 패킹 피넛packing peanuts, 앞서 이야기한 커피컵 등 특정 응용 제품의 재료로 이상적이다.

이런 형태의 EPS는 일상적으로 스티로폼이라고 불리지만 기술적으로 정확한 명칭은 아니다. 스티로폼은 듀퐁DuPont사가 만든 제품의 상표명이다. 이 제품은 XPS, 즉 확장된 것이 아니라 압출된extruded 폴리스티렌으로 만들어진다. 진짜 스티로폼은 일회용 제품 제조 분야가 아닌 건축 분야에서 사용된다. 듀퐁사 관계자들은 다른 종류의 제품에 자사 제품명이 일반명사로 사용되는 것을 달가워하지 않는다. 심지어 이들은 자사 웹사이트에 이런 글을 게재하고 있다. "스티로폼은 컵이 아니다." 컵이나 용기를 만드는 데 사용되는 EPS는 진짜 스티로폼과는 완전히 다른 기술임을 설명하는 것이다.

EPS는 꽤 오랫동안 현대의 '일회용 소비문화'를 조장하는 원흉으로 지탄받아 왔다. 예를 들어 맥도날드는 1990년 발포 용기 사용을 중단한다고 발표했다. 이후 EPS를 콧수염을 비비 꼬면서 미친 듯이 웃어대는 악당이라고 노골적으로 묘사하지는 않아도 그것의 악행을 부정하지는 않는다.

EPS의 부정적 특징은 부인하기 어려울 만큼 분명하다. EPS

01. 100만 년 후 후손은 우리를 발포폴리스티렌으로 기억할 것이다

는 생분해되지 않지만 빛에 노출되면 분해돼 먹이사슬로 들어가 동물들의 목숨을 앗아 간다. 게다가 재활용도 어렵다. 무엇보다 재활용 업체들이 EPS를 극도로 싫어하는 이유는 EPS가 재활용 스트림(분리 시설)에서 분해돼 다른 재활용 가능한 품목을 오염시켜 재활용할 수 없게 만들어 버리기 때문이다. EPS를 경제적으로 재활용할 수 있다고 하더라도 음식이 묻어 있는 경우가 많아 상황이 복잡해진다. 무게가 거의 나가지 않으므로 바람에 날려 바다로 들어가기 쉽고 하수관을 막기 때문에 EPS의 제조나 분해 모두 환경에 해를 끼치는 경우가 많다.

EPS는 대부분 공기로 채워져 있고 세계적으로 많이 사용되기 때문에(연간 약 1,500만 톤 정도) 생산 규모도 엄청나다. 일각에서는 매립장에 버려지는 전체 쓰레기양의 무려 30퍼센트를 EPS가 차지한다고 추산한다. 이보다 작은 추정치를 제시하는 경우도 있긴 하다. EPS의 막대한 생산량은 사실상 재활용의 필요성도 약화한다. 알루미늄이 실린 세미트레일러(조종부와 트레일러가 분리되는 대형 화물자동차_옮긴이) 1대가 있다면 자녀를 대학에 보낼 수 있다. 하지만 EPS가 한가득 적재된 트럭은 약간의 플라스틱이 박힌 공기 한 트럭에 불과하다. 그걸 재활용 공장으로 운반하는 데 소요되는 연료비만큼의 가치도 없다. EPS는 환영받지 못하는 손님으로 취급되며 미국 다수의 시와 주는 물론 전세계 많은 국가가 EPS 사용을 금지할 만큼 기피 대상이다.

그러나 영화 속 많은 매력적 안티히어로처럼 EPS도 적어도 대체 포장재와 비교하면 나름대로 장점은 있다. 먼저 생산 원료가 상당히 적게 들고, 무게 대비 강도가 높아서 다른 포장재에 비해 운송비가 덜 비싸다. 따라서 에너지 소비 및 이산화탄소 배출을 줄일 수 있다. 이 때문에 EPS는 주로 식품이나 전자장치 포장 등에 사용된다. 이런 용도로 사용 가능한 재료는 거의 없고 EPS처럼 가격이 저렴하지도 않다. 이 장점들이 함의하는 바는 상당히 크고 현실적이다. 그러나 EPS에 가해지는 비판 역시 적어도 부분적으로는 사실이다.

좀 더 심도 있게 살펴보기로 하자. 우선 EPS는 분해될까? 매립장에서는 사실상 분해되지 않는다. 물론 그래도 아주 조금은 분해된다. 매립장에 빛이 도달하지 않는 것이 EPS의 가장 큰 적이다. 그러나 바닷물 위에 떠 있을 때는 분해가 된다. 그리고 고분자 EPS가 단량체 스티렌monomer styrene으로 분해되면 바다 생태계에 해를 끼칠 수 있다. EPS가 바스러지면 그 파편을 수생동물이 삼킬 수 있다.

EPS는 재활용이 가능할까? 앞서 언급한 것처럼 가능하다. 하지만 EPS보다 밀도 높은 플레인 폴리스티렌plain ol' polystyrene만 재활용이 가능하다. 폴리스티렌 제품 밑바닥에 찍혀 있는 재활용 코드 6 도장을 본 적 있을 것이다. 미국에서는 100개가 넘는 기업이 EPS를 재활용하고 있으나 대다수 회사가 이를 달가워하

01. 100만 년 후 후손은 우리를 발포폴리스티렌으로 기억할 것이다

지 않는다. 운송 및 오염 같은 물류 문제는 해결 가능하지만 재활용된 재료의 가치보다 재활용에 투입되는 비용이 더 비싸다. 그리고 EPS는 화석연료의 부산물이기 때문에 2차 생산품(재활용)의 가격은 석유 가격만큼이나 변동성이 크다.

따라서 앞으로 EPS가 대량으로 재활용될지는 여전히 미지수다. 2013년 뉴욕시가 명예롭게도 EPS 사용을 금지했다. 뉴욕시는 곧바로 소송당했으며 2015년 사용 금지 조치는 일시적으로 유예됐고 EPS의 경제적 생존 가능성 조사가 진행됐다. 2017년 뉴욕시는 〈식품에 사용되는 발포 고무의 재활용 가능성 판단Determination on the Recyclability of Food-Service Foam〉이라는 제목의 보고서를 공개하고 다음과 같은 연구 내용을 소개했다. "식품 포장용 발포 고무는 수거용 트럭에서 짓눌려 작은 조각으로 분쇄되고 음식 찌꺼기에 뒤덮여 자재 회수 시설material recovery facility, MRF에 도착하면 쓸모없는 것으로 변해 있다. 이렇게 수거된 EPS는 MRF 시설 전체를 날아 돌아다니다가 분류 담당자들이 놓치거나 실수하는 바람에 폐지와 함께 이동해 재활용 프로그램에서 가장 지속적으로 가치 있는 자재로 평가받는 종이를 비롯해 다른 재활용품을 오염시킨다." 이 보고서는 경제적으로 EPS 재활용이 불가능하다는 결론으로 마무리된다. 소송 담당 판사는 뉴욕시 연구보고서가 충분히 설득력 있다고 판단하고 EPS 사용 금지 법안의 입법을 허가했다.

사용 금지 조치가 적절한 해답이 될 수 있을까? EPS 지지자들은 금지 조치가 근본적으로 역효과를 초래하고 정치 논리에 영향을 받는다고 주장한다. 정치인 입장에서 도로변에서 재활용품을 수거하는 힘든 일을 하기보다 EPS 사용 금지 조치를 내리는 것이 자신을 환경운동가처럼 보이게 하는 좀 더 쉬운 방법이라는 게 이들의 주장이다.

　그러나 모두가 알면서도 언급하기 꺼리는 문제는 바로 "EPS 사용을 금지한다면 과연 사람들은 대체품으로 무엇을 사용해야 할까?"다. 기름 먹인 가드보드 혹은 경성폴리스티렌 같은 대용품은 EPS보다 더 환경에 해가 될 가능성이 꽤 높다. 만약 사람들이 하나의 재료를 다른 것으로 교체한다면 쓰레기 총량의 순감소는 없다. 그리고 음식물에 의해 오염된 새로운 물질은 재활용이 불가능하기는 EPS와 마찬가지일 것이다. 많은 환경운동가가 EPS, 비닐봉지, 플라스틱 빨대와 같은 개개의 물품에 가하는 금지 조치보다 모든 플라스틱 제품에 적용되는 더 포괄적인 입법 조치를 선호하는 이유도 이 때문이다. 그들은 중요한 것은 이 모든 일회용 플라스틱 제품이 결국 매립장으로 가게 된다는 점이고 우리는 여기에 주목해야 한다고 주장한다. 게다가 매립장으로 보내지는 플라스틱 폐기물이 많다는 것이 문제가 아니라 오히려 애초에 그런 일회용 플라스틱 제품이 만들어지는 것이 문제다. 특정 플라스틱 품목을 금지하는 것은 좋게 말

01. 100만 년 후 후손은 우리를 발포폴리스티렌으로 기억할 것이다

하면 보여주기식 홍보 전략이고 나쁘게 말하면 진짜 문제를 들여다보지 못하게 하는 연막이다.

이 난제를 해결할 방법은 딱 세 가지뿐이다. 첫째, 모든 종류의 일회용 플라스틱 사용을 근절하는 획기적인 행동 변화를 모색하는 것이다. 아니면 흡연에 부정적 인식을 씌운 것처럼 일회용 플라스틱 사용도 부정적 행동으로 인식시키는 것이다. 둘째, 비용에 상관없이 EPS를 재활용하는 것이다. 당연히 이 재활용은 절대 수익을 낼 수 없다는 점을 인정할 필요가 있다. EPS를 트럭 한가득 적재해도 경제적 가치는 음의 값이다. 셋째, 기술을 통해 문제를 해결해야 한다. 다수의 스타트업 기업이 이 장에서 논의한 EPS 재활용 관련 장애물을 극복할 방법을 모색하거나 좀 더 지속 가능한 방식으로 EPS를 대체할 새로운 재료를 찾기 위해 노력 중이다. 예를 들어 워싱턴주립대학교 연구자들은 셀룰로스 나노크리스털을 이용해 EPS보다 단열/절연 기능이 우수한 재료를 발명했다고 주장한다. 이들에 따르면 셀룰로스 나노크리스털은 가장 흔하게 접할 수 있는 식물성 재질이다. EPS 문제를 해결할 수 있는 다른 흥미롭고 잠재적인 생물학적 해결책도 존재한다. 최근 한 연구에서 다량의 순수 EPS를 먹고 산 딱정벌레가 겨를 다량 섭취한 딱정벌레만큼 성장 속도가 빠르다는 사실이 확인됐다. 물론 이는 겨에 대한 통렬한 비난처럼 해석될 수 있기는 하다. 어쨌든 딱정벌레의 내장 미생물이 EPS

를 완벽하게 분해할 수 있다는 것이 밝혀졌다.

인류는 과연 낭비 없이 EPS를 사용할 수 있을까? 아마 가능할지도 모른다. 단열용 건축자재처럼 문제 소지 없이 EPS를 다양한 용도로 활용할 수 있다. 그러나 대체로 일회용 EPS 용기 사용은 지나치게 낭비적이고 이보다 덜 낭비적인 선택지도 있다.

매립장은
친환경적 선택일까?

Are Landfills the Green Choice?

70억이 넘는 세계 인구는 전문용어로 도시 폐기물이라고 하는 쓰레기를 매년 약 20억 톤 정도 생산한다. 대략 환산하면 1인당 매일 1.5파운드(약 680그램)의 쓰레기를 버리고 있다는 뜻이다. 이 수치는 1인당 GPD와 연관 지을 경우 국가별로 큰 차이를 보인다. 간단히 말해 가용할 돈이 많으면 많을수록 쓰레기를 더 많이 버린다. 미국을 예로 들면 세계 평균보다 약 3배가량 더 많은 쓰레기를 생산한다. 달리 말하면 1인당 1일 폐기하는 쓰레기양이 5파운드 조금 안 된다.

전 세계 모든 쓰레기 중 약 20퍼센트가 재활용되거나 퇴비가 된다. 세계은행의 통계에 따르면 나머지 80퍼센트 중 절반은 공공연히 버려지거나 소각되고 나머지 절반은 쓰레기 세계에서 빌런으로 치부되는 매립장으로 보내진다. 하지만 이게 공정한 역할일까?

어쨌든 우리는 쓰레기 매립장이 차고 넘친다는 말을 많이 듣지만 일상생활에서 쓰레기 매립장을 본 사람은 거의 없다. 감당하기 어려운 양의 쓰레기로 몸살을 앓으면서 주변 환경을 파괴하고 있는 매립장이 길모퉁이마다 있는 건 아니다. 사실 미국에서 적극적으로 활용되는 쓰레기 매립장은 약 2,000개 정도밖에 되지 않는다. 이 숫자는 시간이 지나면서 더 줄어들 것이다. 왜냐하면 신규 매립장의 경우 그 규모가 점점 더 커지고 있기 때문이다. 쓰레기 매립장의 수가 많지 않고 대부분 우리 눈에 띄지 않는다고 해서 쓰레기 매립장이 문제가 되지 않는다는 이야기는 아니다. 사실 쓰레기 매립장 문제는 이보다는 좀 더 복잡하다.

우선 쓰레기 매립장은 어떻게 운영될까? 그 방식은 아주 간단하다. 먼저 거대한 구덩이를 판 다음 아무것도 새어 나가지 못하게 라이닝을 한다. 그러고 나서 매일 쓰레기를 압축해 구덩이에 버린다. 악취가 안에서 밖으로 새어 나가지 않게 그리고 쓰레기가 바람에 날아가지 않게 구덩이 위를 덮개로 덮는다. 이 과정은 구덩이가 완전히 꽉 찰 때까지 계속된다.

그런데 이 간단한 이야기를 복잡하게 만드는 것이 있다. 쓰레기 매립장은 두 가지 폐기물을 만든다. 하나는 침출수라고 불리는 것으로 매립장 바닥에 모이는 물을 말한다. 침출수는 매립장에 떨어진 후 쓰레기 사이를 통과해 흐르는 빗물로 이뤄진다. 이건 정말 끔찍한 부산물이다. 생각해 보자. 침출수는 낡은 건전지, 지저분한 기저귀, 버려진 약품, 전동기 오일, 부패한 음식, 오래된 전자장치로 흘러 들어간다. 그리고 나머지 침출수는 생활 쓰레기 속으로 침투한 뒤 바닥에 고였다가 거기서 부패한다. 매립장에 침출수가 너무 많으면 구덩이 벽면을 가린 막이 터질 수 있다. 따라서 침출수를 퍼내 처리해야 하는데 쉽지는 않지만 가능한 일이다. 이 과정에서 에너지가 필요하고 비용이 발생한다.

그러나 그 비용은 두 번째 부산물인 매립장 가스로 상쇄될 수 있다. 매립장 가스는 메탄과 이산화탄소가 혼합된 것으로 매립장에서 쓰레기가 분해되는 과정에서 방출된다. 이 때문에 쓰레기 매립장은 내용물들이 생분해되지 못하도록 설계돼 있다. 그러나 음식처럼 생분해성이 높은 모든 종류의 것들이 매립장으로 들어가 거기서 박테리아에 의해 잘게 부서지고 분해된다.

매립장에서 온실가스 형태로 방출되는 이산화탄소도 문제지만 단기적으로는 메탄이 훨씬 더 큰 문제다. 메탄은 이산화탄소보다 30배나 더 많은 열을 대기에 가둔다. 미국에서 인간이 만든 메탄 배출원 중 쓰레기 매립장은 세 번째로 배출량이 많다. (최대 배출원은 석유 및 천연가스 생산이며 두 번째는 미국 환경보호국

Environmental Protection Agency, EPA이 '장의 발효'라고 지칭한 소의 배변이다. 이건 인간이 만든 것은 아니지만 인간이 유발한 문제다. 인간이 없다면 세상에 존재하는 소의 수는 지금보다 훨씬 적을 것이다.)

1990년 이후 미국은 쓰레기 매립장이 어떤 방식으로든 메탄을 처리하도록 의무화했다. 가장 근본적 차원에서 일부 쓰레기 매립장은 메탄을 그냥 태운다. 메탄에 불을 붙이는 것이다. 메탄 1파운드를 태우면 이산화탄소 2.75파운드가 발생한다. (메탄을 태우려면 환경적 산소를 더해야만 한다. 연소로 생성된 물질이 처음에 불을 붙인 물건보다 더 무거운 이유가 여기에 있다.)

그러나 매립장 가스를 활용할 수 있는 훨씬 좋은 방법이 있다. 만약 당신의 쓰레기 매립장이 충분히 크다면 이 가스를 이용해 동력을 생산할 수 있다. 매립장 가스 속 메탄은 조탄만큼의 에너지를 포함하고 있지만 훨씬 깨끗하게 연소된다. 에너지를 얻기 위해 메탄을 연소하면 과거 침출수를 증발시키기 위해 사용했던, 오염원이 더 많은 연료를 대체할 수 있을 뿐만 아니라 사용 가능한 여분의 에너지를 제공할 수 있다.

미국에서 가장 큰 쓰레기 매립장은 로스앤젤레스 근처의 푸엔테힐스Puente Hills로 초당 약 500제곱피트(46제곱미터)의 매립장 가스를 생산한다. 이 가스를 태우면 4만 가구에 전력 공급이 가능할 만큼의 전기를 더 생산할 수 있다. EPA는 미국 전역에서 오염이 더 심각한 전력원을 교체하고 메탄 배출량을 저감하는

02. 매립장은 친환경적 선택일까?

방법으로 매립장 가스를 태우면 캘리포니아주만 한 크기의 숲을 조성하는 것과 맞먹는 환경 효과가 있다고 말한다.

매립장 가스를 에너지로 전환하려면 완벽한 폐기물처럼 보이는 것에서 가치를 창출하는 방법을 가장 분명하게 보여준 사례를 살펴볼 필요가 있다. 쓰레기 매립장은 만병통치약이 아니다. 쓰레기양을 줄이고 근본 속성을 바꾸지 않으면 잘 만들어진 매립장에 도시 폐기물을 저장하는 것보다 더 나쁜 선택이 없다는 것만은 분명하다.

물론 쓰레기 매립에는 여전히 주요한 단점이 있다. 매립장 가스 속에는 메탄이나 이산화탄소만 있는 게 아니다. 수은 및 인간이나 환경에 해로운 다른 독성 물질도 포함돼 있다. 그리고 매립장 차수시설 역시 누출에 완벽하지 않다. 누출이 생길 수 있고 실제로 생긴다.

노화된 매립장의 경우 누출은 비교적 흔하게 일어난다. 사실 너무 빈번하게 일어나는 나머지 1980년대 EPA는 침출수가 쌓이면 차수막이 찢기기 때문에 또는 독성 화학물질이 매립장을 부식시키기 때문에 모든 쓰레기 매립장에는 결국 누수가 발생할 수밖에 없다는 이론을 제시했다. 그러나 모든 쓰레기 매립장을 개선하는 건 어려운 문제다. 많은 경우 매립장의 땅을 파내야 하는데 이는 상당히 위험한 일이다.

누출이 생기지 않는 쓰레기 매립장을 조성할 수 있을까? 이 질문은 상당히 논쟁이 많은 문제로 가능론자와 불가능론자 사이에 열띤 논쟁이 오가고 있다. 이 문제의 최고 권위자들도 여기에 인간이 답하기는 어렵다고 고백한다.

어쨌거나 쓰레기는 계속 만들어질 수밖에 없는데 이 모든 문제를 고려할 때 과연 매립장을 전부 없애려는 도전이 여전히 의미 있을까?

많은 도시가 그렇다고 답하고 매립장으로 보내지는 쓰레기가 없는 '매립장 제로'주를 만들기 위해 노력 중이다. 미국에서 가장 야심 차게 이 전략을 실행하고 있는 도시가 바로 샌프란시스코다. 2003년 샌프란시스코시는 2020년까지 쓰레기 매립장 사용을 전면 중단하겠다는 목표를 발표했다.

이들은 목표 달성에 실패했고 2030년까지 그 기한을 연장했다. 그러나 이를 위해 노력하는 과정에서 괄목할 만한 변화를 가져오는 데는 성공했다. 평균적으로 미국인은 쓰레기 중 약 33퍼센트가량을 재활용하거나 퇴비로 사용하는 데 비해 샌프란시스코 시민은 자신들이 생산한 쓰레기의 80퍼센트를 같은 용도로 사용하며 그 비중은 현재도 증가하고 있다.

그러나 이런 성과에는 비용이 따랐다. 샌프란시스코시는 비료화 처리를 의무화하는 법을 제정하고 일부 품목에 세금을 부과하고 쓰레기통 크기를 줄이고 수수료를 인상하며 다수의 기술을 도입하는 등 대대적인 조치를 시행했다.

유럽에서는 콘타리나Contarina라는 회사가 샌프란시스코시의 인상적인 실적을 바탕으로 쓰레기 처리 관행을 개선할 수 있었다. 이 회사는 이탈리아 북부 인구가 5,000만인 도시의 쓰레기를 처리하고 있으며 매립장 쓰레기의 85퍼센트 이상을 전용하면서 더 저렴한 가격에 서비스를 제공한다. 이들은 광범위한 교육을 통해 다섯 가지 종류의 쓰레기통을 사용하는 시스템을 제도화하고 있다. 하나는 유리, 플라스틱, 깡통을 버리는 용도로 쓰고 나머지 쓰레기통은 각각 정원 쓰레기, 종이, 유기물 쓰레기, 기타 쓰레기를 버리는 용도로 사용한다. 각기 다른 쓰레기를 수거하는 트럭이 와서 각기 다른 쓰레기통을 수거하고 각기 다른 장소에 이를 배달한다.

모두 감탄스럽게 들리는 개선이지만 환경적 관점에서 이 모든 노력이 가치 있을까?

한 가지 면에서 쓰레기 매립장 자체가 끔찍한 문제가 되지는 않는데 이유는 이렇다. 마음속에서 쓰레기 매립장으로 향하는 모든 쓰레기를 2개의 들통에 나눠 넣어보라. 하나에는 인간이 상상할 수 있는 시간 동안 절대 분해되지 않는 것들을 넣는다(이론적으로 재활용되거나 다른 용도에 맞게 사용될 수 있다). 이 통에 담기는 자재는 금속, 플라스틱, 유리 등이다. 그리고 다른 통에는 전자 폐기물부터 바이오매스(식품과 종이), 유해한 화학물질에 이르는 나머지 모든 것이 들어 있다.

두 번째 통을 매립하는 것은 분명 문제가 된다. 이 모두를 구 덩이에 던져버리고 할 일을 다 했다고 생각하고 싶지는 않을 것이다.

하지만 첫 번째 통은 어떨까? 그것들은 환경에 거의 해를 끼치지 않고 매립할 수 있다는 사실이 확인됐다. 이 재료들은 분해되지 않고 버려진 장소에 얼마간의 시간 동안 그대로 남아 있다. EPA에 따르면 매립으로 인한 배출물이 분리, 운송 및 재활용 시 배출되는 가스보다 훨씬 적다. 여기에 대해 생각해 보자. 재활용 가능한 쓰레기를 처리할 때 발생하는 온실가스가 매립된 쓰레기에서 방출되는 것보다 더 많다.

더욱이 매립장에 매립된 자재들을 전용할 때 그들이 영구적으로 쓰이지는 않는다. 물병을 우비로 만들 수 있고 이렇게 만들어진 우비를 다시 공원 의자로 제작할 수 있다. 그러나 조만간 이들은 매립장이나 다른 장소에 폐기될 것이다. 다시 말해 폐기 장소를 바꾸는 건 일시적인 해결책일 뿐이다.

그러나 당신은 '그런 쓰레기를 매립하는 것은 그래도 문제'라고 생각할지 모른다. '그래도 이 모든 플라스틱, 유리, 금속을 재활용하고 재사용해 원래 자원과 그걸 만드는 데 소비되는 에너지를 절약하는 편이 더 나을 거야.'

하지만 정말 그럴까? 재활용을 하면 실제로 원래 자원을 절약할 수 있을까?

02. 매립장은 친환경적 선택일까?

직관적으로 이 질문에 답하면 '그렇다'다. 그러나 트레버 징크Trevor Zink 박사와 롤랜드 가이어Roland Geyer 박사는 자신들의 논문 〈자재 재활용과 매립장 전용 신화Material Recycling and the Myth of Landfill Diversion〉 그리고 〈순환 경제 부활Circular Economy Rebound〉에서 재활용과 관련한 우리 직관이 틀렸다고 주장한다. 예를 들어 가장 흔하게 재활용되는 재료인 알루미늄 1파운드를 재활용한다고 해서 그만큼의 알루미늄을 덜 채굴하거나 정제하지는 않는다는 것이다.

우리는 이런 반직관적 결론에 관해 징크 박사와 이야기를 나눴다. 열정적인 환경운동가인 그는 우리와 대화하는 것조차 조심스러워했다. 자신의 관점이 왜곡돼 환경보존주의에 부정적 영향을 미치는 경우를 목격해 왔기 때문이다. 하지만 진정한 해결책에 관심 있는 그와 그의 공동 연구자들은 동일한 조건하에서 원래 자원을 대체하는 것과 재활용은 절대 같을 수 없다고 생각한다.

그들은 어떤 자재의 재활용품을 시장에서 팔면 공급이 증가해 가격이 떨어지고 원생산자는 경쟁을 위해 제품 가격을 내릴 수밖에 없다고 말한다. 결국 가격 인하는 다시 수요를 증가시키고 소비자는 전보다 그 재료를 더 많이 사용한다.

이론상으로는 말이 된다. 당신도 앞으로 알게 되겠지만 알루미늄 캔의 2차 생산이 없으면 캔 하나를 생산하는 비용이 분명 더 늘어날 수 있고 결국 캔 소비가 줄어들 수 있다.

이 현상은 흥미로운 학술 이론 그 이상의 의미가 있다. 징크와 가이어 박사는 얼마만큼의 1차 생산을 재활용으로 상쇄할 수 있는지 정확한 수치로 산출하는 노고를 마다하지 않았다. 수치는 물질에 따라 다르지만 알루미늄을 예로 든다면 알루미늄 캔 10파운드를 재활용하면 알루미늄 1차 생산량을 1파운드 줄일 수 있다. 철의 경우는 결과가 더 좋다. 철 10파운드를 재활용하면 처음 생산되는 양을 6파운드 줄일 수 있다.

매립장에 매립된 이 물질들을 수집하기 위해 매립장을 채굴하는 날이 오지 않을까? 일부에서는 제한된 범위 내에서 이미 그렇게 하고 있다. 자석으로 철질 자재를 끌어내고 컨베이어 시스템으로 다른 물질을 골라낸다. 그러나 이는 대체로 어려운 작업이며 매립된 모든 쓰레기를 뒤지는 일 자체가 환경에 심각한 위해를 가할 수 있다. 그럼에도 디즈니의 그래픽 애니메이션 영화 〈월 E_{Wall E}〉에서처럼 미래에 로봇이 이미 매립된 쓰레기를 분류하는 일은 충분히 가능하다.

03

플라스틱

One Word: Plastics

플라스틱은 일상생활 어디에나 존재하기 때문에 이것이 상당히 최근에 등장한 물질이라는 사실을 잊기 쉽다. 합성된 성분으로 최초의 플라스틱을 생산하기 시작한 것은 겨우 100년이 조금 넘었다. 플라스틱의 상업용 명칭은 베이클라이트Bakelite며 화학명은 폴리옥시벤자일메틸렌글리콜란하이드르리드polyoxybenzylmet hylenglycolanhydride다. 여기에 이 사실을 적은 주된 이유는 오디오북을 녹음하는 사람에게 도전거리를 주기 위해서다.

　인간용 플라스틱은 상아, 가죽, 나무, 뼈, 뿔 그리고 금속이 주었던 제조업 틈새시장을 메웠다. 이 재료들은 가격이 비싸거나 공급이 제한적이거나 품질 차이가 심하거나 작업이 어렵거나 정제가 힘들거나 혹은 이 모든 단점을 동시에 갖기도 한다.

반면 플라스틱은 저렴하고 거의 모든 형태로 변형이 가능하다. 사실 우리가 지금 사용하는 플라스틱이라는 이름은 '성형이 가능한'이라는 뜻의 그리스어에서 유래했다. 어떤 의미에서 플라스틱은 인간에게 현대적 세상을 가져다줬고 일상의 모든 순간에 연관돼 있다.

그러나 흑백TV 시절 영화 혹은 TV 프로그램을 본 적이 있다면 아마도 전화는 물론이거니와 어떤 장면에서도 플라스틱을 찾아보기 힘들 것이다. 1967년 영화 〈졸업The Graduate〉에 이르러서야 플라스틱은 미래 물질로 광고된다. 현실이 된 대중문화 예측 중 하나다. 오늘날 모든 가정, 자동차, 사무실 그리고 이 외에 거의 모든 장소에서 플라스틱을 흔하게 볼 수 있다. 당신이 지금 어디 있든 상관없이 손을 뻗으면 플라스틱으로 만들어진 물건이 여러 개 손에 잡힐 것이다. 그리고 당신이 지금 폴리에스터 재질의 옷을 입고 있다면 플라스틱을 입고 있는 셈이다.

수백만 가지 제품이 플라스틱으로 만들어지지만 아주 작은 예 하나만 들어보자. 바로 빵 클립이다. 당신도 알고 있듯이 (역시 플라스틱으로 만들어졌을 가능성이 있는) 빵 봉지를 봉인하는 딱딱한 플라스틱 소품이다. 놀랍게도 거의 모든 빵 클립이 가족이 운영하는 한 회사에서 만들어진다. 이 회사는 매년 수십억 개—정말 수십억 개다—의 빵 클립을 생산한다. 그리고 이들은 좋은 용도로 사용된다. 빵 클립으로 인해 예방된 모든 쓰레기를 생각해 보자. 이 간단한 도구 덕에 수없이 많은 빵을 신선하게 보관할 수 있다. 빵 클립은 아주 작은 플라스틱 제품에 불과하다.

플라스틱은 장점이 매우 많다. 특히 내구성이 뛰어나다. 어떤 것은 분해되는 데 최대 1,000년이 걸린다. 그런데 이 내구성은 양날의 검이다. 제조사와 소비자에게는 매력적이지만 동시에 폐기하기는 어렵기 때문이다.

현대사회에서 우리가 사용하는 대부분의 플라스틱은 화석연료로 만들어진다. 플라스틱이 석유에서 유래한다는 것을 아는 사람은 많지만 투명한 물병이 끈적한 검은색 원유 혹은 에테르성의 눈에 보이지 않는 천연가스로 만들어진다는 것을 아는 사람은 많지 않다. 이런 연금술을 어떻게 손에 넣게 됐는지 살펴보기로 하자.

플라스틱은 중합체polymer, 즉 여러 개의 단순한 화학 단위로 구성된 긴 분자다. 오늘날 우리가 사용하는 플라스틱 대부분을 이루는 이 분자들은 수소와 탄소, 즉 탄화수소로 이뤄진다. 수소와 산소는 지구상의 생명체를 구성하는 중요 요소로 화석연료에서 다량 발견된다. 어떤 의미에서 플라스틱이 대체한 물질(예를 들면 상아로 만든 당구공)을 천연 물질로 생각하지 않는 것처럼 플라스틱을 '천연'이라고 생각하진 않지만 둘 다 생물학적 기원을 갖는다.

탄화수소 같은 물질을 단량체라 불리는 작은 분자들로 분해한 다음 이 단량체들이 서로 들러붙게 하는 촉매를 더해주면 우리가 플라스틱이라고 부르는 중합체가 형성된다. 물론 플라스틱을 화석연료로 만들 필요는 없다. 타피오카 녹말, 글리세린 그리고 식초만 있으면 가정에서 직접 바이오플라스틱을 쉽게 만들 수 있다. 심지어 우유와 식초로도 만들 수 있다. 사실 주철로 만든 냄비를 극도로 뜨거운 열로 길들일 때(시즈닝)도 실제로는 냄비 표면에 바이오플라스틱 코팅을 만드는 것이다.

합성 플라스틱은 일반적으로 다른 물질로 생분해되지 않는다. 생명주기가 끝난 플라스틱은 폐기물이 되기 쉽다. 그리고 오랜 기간 분해되지 않고 그대로 있을 가능성도 있다. 그러나 플라스틱도 광분해photodegrade가 된다. 햇빛에 노출되면 훨씬 작은 조각들로 분해되는 것이다. 이 작은 조각들은 먹이사슬에 들어가 종국에는 플랑크톤에 의해 소비된다. 플랑크톤은 상위 먹이사슬에 들어가 인간과 다른 최상위 포식자에게까지 이른다.

진짜 생분해되거나 탄소, 산소, 수소(이산화탄소와 물 형태)처럼 구성 요소로 분해돼 안전하고 지속 가능한 방법으로 세계에 재진입하는 생분해성 플라스틱은 두 가지 형태가 있다.

첫째, 농업 폐기물, 옥수수, 사탕수수처럼 바이오매스로 이뤄진 바이오플라스틱이다. 그러나 바이오플라스틱이라고 해서 자동적으로 생분해된다는 뜻은 아니다. 이 플라스틱이 생분해되도록 특수 처리를 해야 한다. 현재 이런 플라스틱은 탄화수소 기반 플라스틱보다 가격이 약 3배 정도 더 비싸다.

합성 플라스틱보다 더 비쌀 뿐 아니라 활용도도 더 낮아서 사용 범위가 훨씬 좁다. 하지만 가격이나 용도의 다양성 같은 한계는 바이오플라스틱 산업이 신생 분야이자 규모가 작음을 뜻한다. 따라서 언젠가 생분해성 바이오플라스틱이 합성 플라스틱에 비해 가격이나 기능 면에서 경쟁력을 가질 것이 분명하다고 믿을 만하다. 그러나 현재 기술 발전 추이를 보면 그런 날이 빠른 시일 내에 도래하지는 않을 수도 있다. 합성 플라스틱이 500파운드 생산될 때마다 바이오플라스틱은 단 1파운드 생산된다.

생분해성 플라스틱을 얻을 수 있는 두 번째 방법은 생분해될 수 있게 석유 기반 합성 플라스틱을 제조하는 것이다. 이는 기술적으로 가능한 반면 기능, 원가, 부정적 외부효과와 관련해 심각한 과제를 안고 있는 접근법이다. 이로 인해 발생하는 상당한 비용은 생산자도 소비자도 부담하지 않는다.

뿐만 아니라 뭔가가 생분해될 수 있다는 것이 그렇게 될 것이라는 뜻은 아니다. 생분해되려면 환경이 맞아야 한다. 생분해되는 플라스틱과는 다르지만 퇴비로 쓸 수 있는 플라스틱 생산은 이론적으로는 가능하다. 하지만 궁극적으로 쓰레기 감축 효과를 보기 위해서는 그 플라스틱들의 최종 목적지가 퇴비 더미

여야만 한다. 그러나 퇴비를 만들 수 있다고 여겨지는 것조차 실제로 퇴비가 되는 경우는 극히 드물다.

그럼 재활용은 어떨까? 철과 알루미늄처럼 플라스틱도 반복해 재사용하면 되지 않을까? '플라스틱'은 유용하고 보편화된 용어다. 폴리옥시벤자일…(뭐가 됐든)은 폴리염화비닐polyvinyl chloride과는 다르다. 폴리염화비닐은 폴리에스터와 다르다… 우리가 무슨 말을 하고 싶은지 당신이 이해하리라 믿는다. 각기 다른 촉매와 첨가제가 다양한 형태의 플라스틱에 고유의 성질을 부여한다. 한 배합이 수축포장을 생산하고 또 다른 배합이 짜서 쓸 수 있는 용기를 생산하고 그리고 또 다른 배합이 배관용 PVC관을 생산한다.

소비자와 재활용 업체를 돕기 위해 숫자를 이용한 플라스틱 분류 체계가 수립됐다. 이는 1) 폴리에틸렌 테레프탈레이트PET 2) 고밀도 폴리에틸렌 3) 폴리염화비닐 4) 저밀도 폴리에틸렌 5) 폴리프로필렌 6) 폴리스티렌 7) 기타 플라스틱류 등 총 7개의 각기 다른 변종 혹은 플라스틱 유형으로 이뤄져 있다. 일각에서는 숫자가 낮으면 재활용 가능성이 더 높다고 생각한다. 그러나 숫자 자체에 특별한 의미가 있진 않다.

각 유형의 플라스틱은 재활용할 때 서로 다른 과정을 거쳐야 하며 숫자들이 아주 조금만 섞여도 처리를 전부 망칠 수 있다. 하지만 여기서 끝이 아니다. 플라스틱 색깔은 재활용 가능

여부를 결정하는 데 아주 큰 영향을 미친다. 투명한 플라스틱이 가장 좋다. 좀 더 쉽게 재활용해 좀 더 투명한 플라스틱으로 재탄생되기 때문이다. 흰색 플라스틱은 염색이 가능하므로 일반적으로 괜찮다. 그러나 그 외 거의 다른 모든 플라스틱, 특히 검은색 플라스틱은 상업적으로 재사용이 불가능한 탓에 재활용 공장에서 매립하는 경우가 많다. 물론 기술혁신을 통해 쓰레기를 줄이기 위한 노력이 이뤄지고 있다. 쓸모없는 플라스틱을 단열재, 벽돌, 놀이터 장비 등으로 재생하기 위한 다른 계획도 있다.

심지어 인테리어 디자이너들도 이런 노력에 동참하고 있다. 1944년 처음 알루미늄으로 제작한 해군 의자Navy chair를 선보인 미국 가구회사 에메코Emeco는 코카콜라와 컬래버레이션을 통해 111개 재활용 플라스틱 콜라병에서 얻은 PET(1번)로 '해군 의자와 동일한 형태의 의자(111 Navy Chair)'를 탄생시켰다. 재활용 소재로 만든 이 의자는 알루미늄으로 제작된 해군 의자 가격의 절반보다 약간 높은 가격에 판매되고 있다.

여기서 다소 황당한 생각을 좀 해보자. 사용된 플라스틱을 태우는 것만으로 쓰레기를 덜 생산할 수는 없을까? 대부분의 플라스틱은 결국 화석연료로 만들어지며 우리는 일상적으로 전기를 얻기 위해 화석연료를 태운다. 사실 플라스틱은 석탄보다 열량 밀도가 더 높다. 석탄은 전력 생산의 주 연료원이다. 전기를 생산하기 위해 플라스틱을 연소하는 일은 실제로 꽤 일반적이다. 현재 연료로 사용되는 폐플라스틱은 15퍼센트로 재활용에 이용되는 플라스틱 10퍼센트에 비해 훨씬 더 많다. 물론 플라스틱을 연소할 경우 그 자체로 문제가 생긴다. 다이옥신과 산성 가스가 폐기물로 발생되기 때문이다. 오늘날 엄격한 환경 규제가 시행되고 있고 첨단 기술 공장은 이 부산물을 포집할 수 있지만 그렇게 하는 데 막대한 비용이 든다.

폐기물 관점에서 폐플라스틱을 별다른 문제가 되지 않을 만한 연료로 전환하는 다른 방법도 있다. 산소가 없는 고온 환경에서의 가스화는 플라스틱을 녹인다. 그리고 이는 다수의 독성 물질이 생성되는 것을 막는다. 또 열분해를 통해 잘게 조각낸 플라스틱을 디젤연료로 분해할 수 있다. 그러나 가스화나 열분해 모두 반대 의견과 해결해야 할 과제를 안고 있어 이 과정에서 사용되는 플라스틱 원료의 대부분은 그냥 매립된다.

플라스틱 쓰레기의 문제가 바로 이것이다. 만들기는 쉽지만 재활용이나 사용 가능한 에너지로의 전환은 어렵다. 그러나 땅속에 구멍을 파서 버리거나 바다로 흘러가는 강물에 던져버리기는 쉽다.

우리는 매년 태우거나 재활용으로 처리한 양의 3배가 넘는 플라스틱을 생산하고 있다. 그렇게 플라스틱은 매년 불어나는 쓰레기 더미 형태로 차곡차곡 축적된다. 인류는 아주 짧은 기간 동안 플라스틱을 사용해 왔지만 이제까지 사용한 2마일(약 3킬로미터) 높이의 플라스틱 쓰레기 더미 아래 맨해튼 하나를 묻을 수 있다. 하루 100만 톤씩 빠른 속도로 새로운 플라스틱을 만들어 내기 때문에 이를 인지하기가 어렵다. 우리 중 어느 누가 100만 톤의 플라스틱을 상상이나 할 수 있을까? 그런데 우리는 매일 100만 톤의 플라스틱을 만들어 내고 있다.

이렇게 생각해 보자. 인간은 8시간마다 엠파이어스테이트 건물 무게만큼의 플라스틱을 생산한다. 아니면 좀 더 구체적으로 4초마다 평균적인 집 무게만큼의 플라스틱을 생산한다. 하루하루, 한 해 한 해가 지날수록 플라스틱은 점점 쌓여만 간다.

뿐만 아니라 플라스틱 생산 속도는 실제로 증가하고 있다. 논문 〈지금까지 생산된 모든 플라스틱의 생산, 사용 및 운명 Production, Use and Fate of All Plastics Ever Made〉의 공동 저자들은 지금까지 생산된 모든 플라스틱의 50퍼센트가 지난 30년 동안 생산됐다는 결론을 내렸다. 인간에 관해 윌리엄 컬런 브라이언트William Cullen Bryant가 썼듯이 "지구에 발자취를 남긴 모든 것은 그 품에서 잠자는 부족에게는 소수에 불과하다". 그러나 플라스틱은 그 반대다. 만약 이 상황이 계속된다면 우리가 이제껏 소각해 버리고 매립해 버리고 혹은 바다로 흘려보낸 플라스틱보다 훨씬 많은 양이 만들어질 것이다.

어떻게 하면 이 쓰레기 고리에서 벗어날 수 있을까? 그 방법은 최소 세 가지가 있다. 첫째, 인간 행동과 플라스틱을 다루는 방식을 바꿔야 한다. 우리는 여러 가지 방법으로 변화를 유도할 수 있다. 예를 들어 법 제정, 대중 인식 제고, 매립 계획 등등이 있으며 이 책에서 이 모든 방법을 고찰해 볼 것이다.

둘째, 기술로 플라스틱 자체를 바꾸는 것이다. 싸고 다목적으로 활용 가능한 플라스틱을 정상적인 환경하에서 안전하게 생분해될 수 있게 제조할 수 있다. 그러나 경제적으로 이런 기술을 아직은 개발하지 못하고 있으며 빠른 시일 내에 개발할 가능성도 없다.

셋째, 플라스틱이 나무, 주석, 뿔, 뼈를 대체한 것처럼 플라스틱보다 우월한 성질을 가진 다른 물질을 생산할 방법을 찾아낼 수 있을지 모른다.

하지만 이런 해결책 중 하나를 찾아내기 전까지 플라스틱은 계속 쌓여만 갈 것이다.

플라스틱 천지야!

They're Everywhere, Man!

앞 장에서 언급했듯이 우리는 재활용이나 소각을 통해 폐기하는 속도보다 3배 빠른 속도로 플라스틱을 생산하고 있다. 그래서 플라스틱 쓰레기는 끝도 없이 쌓여만 간다. 비닐봉지부터 플라스틱 빨대, 식스팩 링(6개들이 맥주나 음료수 포장재_옮긴이), 세안용품 속 미세플라스틱 조각에 이르기까지 플라스틱 쓰레기의 영향은 플라스틱 자체만큼이나 일상적으로 마주하는 화제다.

많은 플라스틱의 최종 도착지는 매립장이다. 그러나 매립장을 다룬 장에서 살펴본 대로 매립장이 가장 나쁜 장소는 아니다. 이 외에도 소수의 다른 플라스틱은 해양에 이르는데 여긴 매립장보다 훨씬 더 안 좋은 장소다. 어떤 플라스틱은 빛 또는 기계적 방법을 통해 미세플라스틱으로 분해돼 결국 공기나 토양으로 흘러 들어간다. 그리고 많은 양이 은유적으로 카펫 밑에 치워지거나 논밭에 섞이거나 어딘가에 무더기로 쌓인다.

해양으로 흘러 들어가는 플라스틱양은 실로 어마어마해서 1초마다 플라스틱 쓰레기 500파운드가 바다로 간다. 그러나 우리는 최근까지도 이 문제를 심각하게 여기려는 수고를 하지 않았다. 결국 저명한 자연사학자 데이비드 애튼버러David Attenborough 경이 설명한 대로 "수년간 우리는 해양이 너무나 광활하고 해양생물의 개체 수가 무한대였기 때문에 인간의 행위가 해양은 물론 해양생물에 아무런 영향도 미치지 않는다고 생각했다. 그러나 이제 우리는 그 생각이 틀렸다는 것을 안다".

우리가 1초마다 500파운드의 플라스틱을 바다에 버린다고 가정하고 이를 1년으로 환산하면 약 800만 톤의 플라스틱 쓰레기를 바다에 폐기하는 셈이다. 매년 4억 톤의 플라스틱이 생산된다는 점을 감안하면 이 수치가 그리 크게 와 닿지 않을 수도 있다. 그러나 일단 플라스틱이 바다로 흘러 들어가면 바닷속에 그저 쌓여 있을 가능성이 상당히 높다. 바닷물이 강으로 흘러 들어가는 경우는 사실상 없기 때문이다. 세계경제포럼World Economic Forum, WEF은 2050년까지 해양에 축적된 플라스틱 쓰레기의 총무게가 바닷속에 살고 있는 모든 물고기의 무게를 상회할 것이라고 추정하기도 했다. 그러나 엄밀히 따지면 WEF의 이 같은 주장은 사실이 아닐지 모른다. 바닷속에 사는 모든 물고기의 무게를 정확하게 추산할 방법이 없기 때문에 이 추정치는 과학적이라기보다는 정치적 측면이 더 강하다. 그렇다 하더라도 이런 비교가 대략적으로는 사실이라는 점에서 진지하게 관심을 가져볼 필요는 있다.

그런데 애초에 플라스틱이 어떻게 바다로 흘러 들어갈 수 있을까? 매년 바닷속에 버려지는 플라스틱의 20퍼센트는 배에서 나온다. 이 수치에는 화물선, 해군함선, 크루즈 여객선 그리고 유람선 등이 버리는 쓰레기가 포함돼 있으며 가장 비중이 큰 출처는 어선들이 버리는 어망이나 통발이다.

다른 30퍼센트는 강물을 통해 바다에 도달한다. 지구상에는 165개의 큰 강이 있고 이 중 단 10개의 강이—8개 강은 아시아에서, 나머지 2개는 아프리카에서 발원—바다로 흘러 들어가는 거의 모든 플라스틱 쓰레기의 근원지다. 그리고 중국의 양쯔강 하나가 매년 150만 톤의 플라스틱을 바다로 실어 나르고 있다. 1초에 100파운드 이상을 바다로 흘려보낸다는 뜻이다.

배와 강 외에 잡다한 근원지를 통해 해양 플라스틱의 나머지 절반이 바다에 도달한다. 예를 들어 불법 방류, 바람에 실려 온 쓰레기, 매립장에서 탈출한 플라스틱 그리고 자연배수나 빗물 하수구를 통해 쓸려 들어온 플라스틱 재료들을 꼽을 수 있다.

어떻게 플라스틱이 바다로 모일 수 있을까? 이는 복잡한 질문이다. 아마 태평양 위의 플라스틱 쓰레기로 가득한 텍사스 크기만 한 지역, 쓰레기 섬Great Pacific Garbage Patch에 대해 들어본 적 있을 것이다. 쓰레기 섬을 다루는 기사는 쓰레기로 빼곡하게 채워진 바닷물을 보여주는 스톡 사진을 사용하는 경우가 많다. 그러나 이런 사진은 몇 가지 이유에서 이 섬을 단적으로 보여주기에 충분하지 않다. 첫째, 플라스틱 무게의 절반은 오로지 하나의 품목으로만 이뤄져 있다. 바로 낚시용 어망이다. 둘째, 쓰레기가 가장 많을 때 이 섬 주변 바다에는 1제곱마일마다 약 1,000파운드의 플라스틱이 떠 있다. 섬 중간에 있으면 플라스틱을 전혀 볼 수 없다. 사실 이 섬의 플라스틱 총무게는 고작 8만 톤에 불과하다. 이 양은 4일마다 바다에 버려지는 쓰레기 무게다. 해양 플라스틱 쓰레기는 청소하기 편한 장소에 축적되지 않는다. 어떤 플라스틱은 해양 구석구석으로 흘러 들어간다. 심지어 마리아나해구처럼 바닷속 가장 깊은 곳까지 떠밀려 흘러가기도 한다.

바닷속에는 모두 합쳐 약 1억 6,000만 톤의 쓰레기가 있다. 플라스틱은 광분해될 수 있지만 사실 물에 젖지 않았을 때만 그렇다. 그래서 물이 마르지 않는 지구의 바다는 플라스틱의 광분해를 방해한다. 심지어 플라스틱이 분해된다고 하더라도 독성 물질을 방출하거나 화학적 변화 없이 그대로 아주 미세한 크기로 분해돼 먹이사슬 안으로 들어간다.

아무리 광범위하게 퍼져 있다 하더라도 바닷속 플라스틱은

04. 플라스틱 천지야!

상당한 해를 끼친다. 해양 플라스틱 쓰레기는 무수히 많은 끔찍한 방식으로 해양생물을 해친다. 세계 어떤 지역에서는 거의 모든 바닷새의 소화기관에서 플라스틱이 발견된다. 그리고 이들이 자신들의 새끼 새에게 플라스틱을 먹인다. 플라스틱 섭취는 새끼 바닷새들의 사망 원인 1위며 이로 인해 일부 종의 경우 개체 수 절반이 목숨을 잃기도 한다. 뿐만 아니라 플라스틱 자체가 바닷속에 포함된 유기 오염물을 흡수하므로 이를 섭취하면 해양 생명체가 훨씬 큰 위해를 입을 수 있다.

플라스틱은 해양 이외에 토양이나 공기 중으로도 흘러 들어간다. 논문 〈미세플라스틱의 대기 중 이동 및 오지 산악 지대 저수지 퇴적Atmospheric Transport and Deposition of Microplastics in a Remote Mountain Catchment〉의 공동 저자들은 가장 뜻밖의 장소에서 미세플라스틱을 발견했다. 바로 프랑스 피레네산맥의, 사람의 발길이 닿지 않는 외딴 산 정상이었다. 연구자들은 바이러스 크기만 하고 큰 모래알 크기만 한 미세플라스틱이 그토록 인적이 드물고 산업화의 영향을 거의 받지 않은 장소의 토양 및 물 표본에서 발견된 이유가 뭔지 궁금했다. 그들은 대기 측정 장비를 이용해 대기 중에 이런 미세플라스틱이 포함돼 있는지 찾기 시작했으며 다량의 미세플라스틱을 발견했다. 최적 표본은 이 미세플라스틱들이 최소 113킬로미터 떨어진 곳에서, 어쩌면 그보다 더 먼 곳에서 바람에 실려 날아왔음을 시사하고 있다. 오늘날 지구 표면을 뒤덮은 미세플라스틱 입자층은 공룡을 멸종시킨 유성에 의해 축적된 고농축 이리듐층이 백악기와 고제3기의 경계를 구분하는 데 쓰인 것처럼 먼 미래에 사는 고고학자들에게는 유용할지 모른다.

〈인류의 미세플라스틱 소비Human Consumption of Microplastics〉라는 제목의 논문에 따르면 개인마다 큰 차이가 있기는 하지만 미국인은 연평균 10만 조각의 미세플라스틱을 들이마시거나 소비한다. 세계보건기구World Health Organization, WHO는 평균적으로 생수병에 1갤런(약 3.8리터)당 1,000조각 이상의 미세플라스틱이 들어 있다고 추정한다. 그들이 검사한 수백 병의 생수병 중 무려 90퍼센트가 넘는 생수병에 일정량의 플라스틱이 떠 있었다.

이렇게 다양한 방식으로, 이렇게 많은 양의 플라스틱을 소비하고 있다는 사실을 걱정해야 하지 않을까? 결국 우리가 음식을 통해 섭취하는 이물질은 너무나도 입맛을 떨어뜨린다. 미국 식품의약국Food and Drug Administration, FDA은 계피 1온스(약 28그램)에 200마리 곤충의 신체 일부가 포함되는 것을 허용한다. 또 다른 식품에도 계측이 가능할 정도의 곰팡이와 설치류 배설물이 포함되는 것을 허용한다. FDA 규정에 따르면 20온스의 토마토 깡통 속에는 온전한 구더기 1마리가 들어 있어도 괜찮다. 그러나 그것이 구더기든 플라스틱이든 장기적으로 문제가 되는 것은 우리가 섭취하는 이 물질들의 양이다. 16세기 스위스 의사 파라켈수스Paracelsus가 말했듯이 "투여량이 독을 만든다". 다시 말해 섭취량이 많으면 모든 것이 독이 되는 반면 섭취량이 적으면 어떤 것도 해롭지 않다고 해석할 수 있다. 그렇다면 플라스틱 섭취와 그것이 인간에게 미치는 영향은 어떨까? 매년 10만 입자를 섭취한다면 위험하지 않을까?

직관적으로 우리는 그럴 것이라고 생각할 수 있다. 그러나 환경과학 분야의 많은 권위자는 환경에서 우리가 마주하는 미세플라스틱 정도가 인간이나 해양생물에 해가 될 만큼 심각하다는 통념에 동의하지 않는다. 해양독성학 박사학위자이자 환경독성학 분야에서 최고로 권위 있는 학술지 편집장이기도 한 미시간대학교 앨런 버튼Allen Burton 교수는 심각한 환경 위협을 언급한 미세플라스틱 연구들이 권위 있는 학술지에 계속해서 실리는 것이 걱정스럽다는 취지의 논문을 출간한 바 있다. "우리가 봐왔다시피 이런 연구들은 곧바로 대중매체의 기삿거리가 되고 다른 사람들이 주지한 대로 대중이나 정책 결정자에게 잘못된 정보를 제공한다."

그렇게 성급한 결론을 내려서는 안 된다는 버튼과 동료 학자들의 주장은 옳다. 그러나 진실은 우리도 모른다. 우리가 입으로 먹는 플라스틱은 결코 유해한 영향을 미치지 않으면서 우리 체내를 통과하고, 공기 중에 떠다니는 다른 오염물들과 비교해도 우리가 호흡하며 들이마시는 플라스틱의 영향은 미미하다는 것이 다수의 주장이다. 이들 중 많은 수가 미세플라스틱에만 집착할 경우 진정한 환경 및 보건 문제를 들여다보지 못할 수 있다고 경고한다. EU 집행위원회의 과학정책자문위원회European Commission's Science Advice for Policy는 이 상황을 이렇게 요약한다. "현재로서 가장 확실한 것은 미세플라스틱이나 나노플라스틱이 인간이나 환경에 미치는 영향은 미미하며 포괄적 위협을 가하지는 않는다는 점이다. 그러나 그런 증거는 제한적이며 만약 오염이 현재 속도로 계속된다면 상황은 달라질 수 있다."

이것이 플라스틱의 문제다. 우리가 모르는 것이 너무 많다. 우리는 드넓은 해양을 이해하기 어렵다. 그 속에 존재하는 미세플라스틱양의 추정치도 바다 면적에 따라 다르다. 우리는 어떻게 플라스틱이 세상 구석구석에 도달하는지 모른다. 또 바다가 그 속에 던져진 플라스틱에 어떤 영향을 미치는지도 정확히 알 수 없다. 우리는 이 모든 것이 지구 생태계와 우리 삶에 어떤 영향을 줄지 확신할 수 없다. 플라스틱 확산은 응당 관심과 우려의 시선을 받을 가치가 있다.

일회용 플라스틱 문제

The Problem with Single-Use Plastics

플라스틱은 내구성이 상당히 좋지만 모든 플라스틱의 절반 정도가 일회용, 특히 포장용으로 제작된다.

일회용 플라스틱 중 가장 눈에 띄고 가장 상징적인 아이템은 비닐봉지와 플라스틱 물병이다. 두 형태의 플라스틱 사이에는 아주 중요한 유사성이 존재하는데 그중에서도 이 두 종류가 거의 비슷한(엄청난) 속도로, 분당 약 100만 개가 매일 매분마다 소비된다는 사실은 특히 중요하다. 통계에 따르면 미국인은 대략 1인당 매일 생수병 1병과 비닐봉지를 사용한다.

이런 일회용 플라스틱 품목을 하나하나씩 살펴보고 비닐봉지나 플라스틱 병 관련 쓰레기를 없앨 수 있는 세상으로 가는 과정에서의 도전 과제는 뭔지 알아보자.

젊은 세대는 생수병이 무슨 신문물이라도 되느냐고 반문할지 모른다. 그러나 1980년대까지만 해도 대다수 사람이 유일하게 경험해 본 생수통은 사무실 냉각기 위에 놓여 있는 무겁고 거대한 생수통뿐이었다. 그리고 이 생수병들은 다시 유리로 만들어져 세척 단계를 거친 후 재사용됐다. 초창기에 생수병은 어처구니없는 발상이었다. 왜냐하면 사람들은 수도꼭지만 틀면 사실상 공짜로 얻을 수 있는 물에 휘발유 가격을 지불하는 것이 말도 안 된다고 생각했기 때문이다. 희극인 짐 개피건Jim Gaffigan은 코미디 센트럴Comedy Central 방송국의 스페셜 쇼에서 생수를 사 먹는 일을 이렇게 조롱했다. "어쩌다 생수병에 돈을 지불하는 지경에 이르렀을까요? 좀 이상한 마케팅 회의가 프랑스에서 개최됐던 것이 분명합니다. 그 회의에 참석한 어떤 프랑스인이 이렇게 말했을 겁니다. 미국인들이 얼마나 멍청한 줄 아십니까? 분명 그 바보들에게 물을 팔아먹을 수 있을 거예요."

그러나 오늘날 우리는 완전히 다른 세상에 살고 있다. 이제 생수는 너무 보편적인 물품이 됐으며 새로 지어진 스포츠 경기장에서는 병당 5달러짜리 생수를 팔 기회를 위해 더는 음수대를 설치하지 않는다.

미국 인프라 구축의 꽃 중 하나인 도시 용수는 몇몇 눈에 띄는 그리고 뉴스거리가 되는 예외를 제외하면 생수와 비교해 상대적으로 품질이 낮다고 여겨지는 경우가 많지만 정확한 사실

05. 일회용 플라스틱 문제

은 아니다. 《위크The Week》지에 글을 기고하는 존 주얼John Jewell은 생수를 '20세기의 마케팅 사기'라고 특징지었다.

생수병 자체가 문제기 때문은 아니다. 문제는 일회용 플라스틱 병이다. 코카콜라라는 단일 회사가 전 세계 플라스틱 병의 20퍼센트를 사용하는 것으로 추정된다. 그리고 이 플라스틱 병 중 대다수는 깨끗한 물로 채워져 있지 않다.

대부분의 플라스틱 병은 재활용할 수 있지만 앞선 장에서 살펴봤듯이 재활용률은 국가마다 다르다. 미국의 경우 병의 약 25퍼센트가 재활용된다. 일반적으로 미국 평균 플라스틱 재활용률과 비교했을 때 25퍼센트는 상당히 높은 수치다. 대체로 플라스틱 병은 재활용이 가능하다는 사실을 누구나 알고 있기 때문이다. 재활용품 수거함 위에는 표식의 하나로 플라스틱 음료수 병이 인쇄돼 있는 경우가 많다. 그러나 미국의 재활용률 25퍼센트는 다른 국가와 비교했을 때 턱없이 낮다. 일례로 노르웨이인은 플라스틱 병의 무려 97퍼센트를 재활용한다.

사실 노르웨이의 재활용은 매우 발전적이고 효율적이어서 투명한 플라스틱 병을 새로운 투명한 플라스틱 병으로 몇 번이고 다시 만드는 것이 경제적이다. 다른 국가는 못하는 일을 노르웨이는 어떻게 해낼 수 있었을까?

두 가지 유형의 금전적 유인책이 있다.

첫 번째는 플라스틱 병 제조사와 관련 있다. 노르웨이 정부는 플라스틱 병에 세금을 부과한다. 그러나 이 세금은 국가 전체가 어떻게 재활용을 하는지에 따라 0까지 줄어든다. 만약 노르웨이가 전국적으로 95퍼센트의 재활용률을 달성할 경우 세금을 전혀 부과하지 않는다. 지난 10년 동안 노르웨이 정부는 매년 95퍼센트 재활용률을 달성했다.

두 번째는 플라스틱 병을 사용하는 소비자와 관련 있다. 노르웨이 국민은 플라스틱 병 1개 구매 시 10~25센트 사이의 비교적 높은 병 보증금을 지불해야 한다. 이 보증금은 재활용 센터에 해당 병을 제출할 경우 환불받을 수 있다. 노르웨이에는 이런 재활용 센터가 많으며 전자동화돼 있어 노르웨이 국민은 플라스틱 병을 재활용 시설에 가져다 놓는 일을 쉽고 가치 있다고 여긴다.

노르웨이에서 재활용률이 높은 또 다른 이유는 플라스틱 병을 죄악시하지 않는 것이다. 노르웨이 재활용 프로그램을 관리 감독하는 인피니텀Infinitum의 물류 및 운용 부문 책임자 스텐 너랜드Sten Nerland는 이렇게 설명한다. "당신은 아마도 우리가 환경 회사기 때문에 플라스틱 처리를 피해야 한다고 생각할지 모릅니다. 그러나 효율적으로 재활용할 수만 있다면 플라스틱은 사용 가능한 가장 좋은 상품 중 하나예요. 가볍고 가단성 있고 또 저렴하죠."

독일도 유사한 시스템으로 유사한 성과를 거두고 있다. 독일

05. 일회용 플라스틱 문제

에서는 병당 보증금 25센트를 플라스틱 물품 제조사에 지급해야 한다. 제조사는 약간의 이득으로 환불되지 않은 약 2퍼센트의 병에 붙은 보증금을 얻는다.

그 결과 이제 독일에서 제조되는 병은 유리처럼 재사용 가능한 재료보다 플라스틱으로 만들어지는 비율이 상당히 높다. 이는 독일이 보증금, 징수 및 환불을 관리할 수 있는 예측 가능하고 선진화된 인프라를 갖추고 있기 때문이다.

노르웨이나 독일 모두 일반 국민이 재활용의 효용을 충분히 인지하고 있지만 높은 재활용률을 달성한 이유는 경제적으로 삶이 어려운 국민들 때문이다. 이들은 버려진 플라스틱 병을 찾으면서 어려운 살림살이를 근근이 꾸려간다. 일부 시민에게 이런 관행은 문화적으로 빈곤층에 혜택을 제공하는 부유층에 대한 세금이나 경제적 지원을 받지 못하면 결국 충분한 일거리를 찾지 못했을 사람들에게 일할 기회를 제공하는 하나의 메커니즘으로 수용 가능하다고 여겨진다. 그러나 독일이나 노르웨이의 모든 국민이 집단적 재활용 시스템에 동참하고 있다는 생각에는 이의를 제기한다.

플라스틱 병과 달리 비닐봉지는 재활용률이 가장 낮은 항목 중 하나다(약 1퍼센트). 왜일까? 몇 가지 이유가 있다. 첫째, 비닐봉지는 플라스틱 필름이다. 드라이클리닝한 옷의 커버나 비 오는 날 신문이 젖지 않게 하기 위한 포장 비닐을 생각해 보자. 비닐봉지는 물병을 재활용할 때 사용하는 절차와는 다른 절차로 재활용돼야 한다. 둘째, 대부분의 장소에서 비닐봉지는 재활용 센터가 원하지 않기 때문에 재활용품 수거함에 넣는 것조차 허락되지 않는다.

대체 왜? 부분적으로는 비닐봉지가 컨베이어 벨트에서 분류될 수 없기 때문이다. 비닐봉지는 가장 약한 바람만 불어도 재활용 공장 한 구역에서 다른 구역으로 날아갈 수 있고 기계에 걸릴 수 있다. 한 재활용 공장의 보고에 따르면 사람들이 재활용품 수거함에 (잘못) 넣은 비닐봉지들이 1~2시간마다 공장의 모든 기계를 멈추게 했다. 새너제이시는 비닐봉지 때문에 고장난 재활용 장비를 수리하는 데 1년에 100만 달러 이상을 지출한다고 말한다. 재활용 센터 입장에서 비닐봉지는 큰 골칫거리라 껌을 밟는 것이나 마찬가지다.

일회용 비닐봉지는 특히 분해되는 데 걸리는 시간에 비해 사용률이 지나치게 짧아 비난받는다. 비닐봉지의 평균 사용 시간은 약 30분 정도지만 분해되기까지는 한 세기가 더 걸린다. 지나치게 오래 머물러 환영받지 못하는 손님이다. 뿐만 아니라 비닐봉지는 가시성 높은 쓰레기다. 컨베이어 벨트 위에 올라갈 수 없는 것과 동일한 이유로 비닐봉지는 매립장에 매립되지 않으며 찰리 브라운의 연과 거의 동일한 이유로 나뭇가지에 걸리는 것처럼 보인다.

비닐봉지가 전체 쓰레기에서 차지하는 비중은 크지 않지만 해양생물에 미치는 영향은 지나치게 파괴적이다. 돌고래, 고래, 거북이 들이 비닐봉지를 해파리로 착각해 집어삼키는 경우가 많다. 또 해조류가 비닐봉지에 들러붙기도 한다. 조류에서 나온 효소가 비닐봉지의 분해를 유발하기 때문에 그 과정에서 다른 동물이 먹이라고 착각하는 냄새가 생긴다. 비닐봉지는 육지 생물에도 해를 미친다. 특히 소들이 비닐봉지를 자주 먹어치운다. 비닐봉지를 먹는 것이 이로울 리는 결코 없다.

비닐봉지 사용률은 국가별로 크게 다르다. 미국인은 1년 평균 350장을 사용하는데, 하루에 거의 1장을 사용한다는 뜻이다. 덴마크인은 평균적으로 단 4장만을 사용한다. 왜 4장일까? 덴마크의 비닐봉지 사용률이 낮은 이유는 비닐봉지에 세금을 부과하고 비닐봉지 대신 편리하고 내구성 좋으며 재활용 가능한 다른 대안을 제공하기 때문이다. 덴마크인이 사용하는 평균 4장의 비닐봉지도 생선가게에서 생선을 싸주거나 식당에서 테이크아웃 음식을 포장할 때 사용될 것이다. 비닐봉지는 식료품 상점에서는 볼 수 없다. 우리가 이 책을 집필할 때 (미국 내 다수의 대도시처럼) 덴마크도 비닐봉지 사용을 전면 금지하는 조치와 더불어 재사용 불가능한 봉지의 무상 제공 금지 역시 고려 중이었다. 적어도 2020년 3월경까지는 그랬다.

일회용 비닐봉지와 모든 종류의 일회용 플라스틱 사용을 포기하는 트렌드는 코로나19 팬데믹으로 갑작스럽게 중단됐다. 소비자는 더는 자신들의 에코백을 갖고 다닐 수 없게 됐다(식료품 쇼핑 방법을 배달 수령으로 바꾼 경우 특히 그렇다). 일회용 비닐봉지 사용을 포기하게 하거나 심지어 사용 금지 기준에 대한 법률을 제정한 몇몇 주는 시행을 유예했다. 캘리포니아주가 그중 하나로 믿을 만한 추산치에 따르면 사용된 비닐봉지 수가 5억 장 증가했다. 일부에서는 그런 조치들이 부활한다고 하더라도 소비자 행동이 너무 많이 변해 신중하게 비닐봉지를 사용하던 과거로 돌아가기는 쉽지 않을 것이라고 걱정한다.

코로나19 대유행 이전 유럽에서는 대부분 비닐봉지에 세금을 부과했으며 인도, 프랑스, 이탈리아를 포함해 전 세계 많은 국가가 비닐봉지 사용을 금지했다. 중국에서는 비닐봉지의 무상 제공이 금지돼 있다. 케냐를 비롯해 대부분의 아프리카 국가도 비닐봉지 사용을 금지하고 있다. 전체 소 절반의 배 속에 비닐봉지가 들어 있는 것으로 파악된 케냐는 가장 엄격한 법률을 시행 중이다. 비닐봉지를 생산하거나 판매하는 경우 4만 달러 벌금 및 4년 이하 징역이 선고된다. 심지어 비닐봉지를 사용하는 경우 500달러를 더 내야 하고 1년간 징역을 살아야 한다. 유엔 보고에 따르면 전 세계 3분의 2에 해당하는 국가가 비닐봉지 사용에 관한 법령을 마련해 놓고 있다.

팬데믹 이전에 비닐봉지 관련 정책이 이미 오랫동안 시행됐

05. 일회용 플라스틱 문제

기 때문에 이제 우리는 세금 부과와 금지법 중 어느 쪽이 더 효율적인지 판단할 만큼의 충분한 데이터를 확인할 수 있다. 흥미롭게도 비닐봉지 사용에 10센트 정도의 아주 적은 세금만 부과해도 사용률을 거의 90퍼센트나 줄일 수 있다. 이 수치는 비닐봉지 사용 전면 금지령을 시행하는 것과 거의 비슷한 결과다. 미국 워싱턴에서는 비닐봉지 사용에 5센트 세금을 부과하고 유사한 결과를 얻었다.

대체로 환경운동가들은 금지령을 선호하는 반면 소비자 의견은 양분돼 있다. 한편에서는 특수한 상황에서는 일회용 비닐봉지를 사용할 수 있는 선택권을 그대로 갖고 있길 원하고 또 다른 한편에서는 비닐봉지에 세금을 부과하는 것 역시 그들이 납부해야 하는 세금의 증가로 본다.

물론 플라스틱 제조사는 금지령과 세금 부과 모두 싫어한다. 그리고 소매업자는 일반적으로 도시별 시행을 반대한다. 자신들의 고객이 비닐봉지 사용 금지나 세금 부과를 시행하지 않는 도시로 넘어가서 쇼핑할까 봐 걱정하기 때문이다. 뿐만 아니라 이런 세금은 빈곤층이나 부유층 모두 비닐봉지 1장 사용에 동일한 세금을 납부해야 한다는 점에서 역진세로 간주된다.

플라스틱 병과 비교하면 비닐봉지 보증금 제도는 무엇보다도 물류적 이유에서 거의 들어본 적이 없다. 플라스틱 병은 바코드가 인쇄돼 있어 쉽게 반납할 수 있지만 비닐봉지의 경우 이런 체계적 처리가 불가능하다. 그러나 비닐봉지에 세금을 부과하고 플라스틱 병에 보증금 제도를 적용하는 것은 둘 다 효과적이다. 세금이나 보증금은 소비자에게 해당 물품을 사용하는 비용을 증가시켜 소비자가 이들의 사용(그리고 나중에 이들을 버리는 것)을 줄일 수 있다.

쓰레기를 줄이기 위해 노력할 때 비닐봉지나 플라스틱 병을 어떻게 처리해야 할까? 두 물품의 사용을 전면 금지해야 할까? 아니면 세금을 부과해야 할까? 아니면 보증금 제도를 시행해야 할까? 극단적으로 일회용 플라스틱 사용을 불법화하고 이를 위반하는 경우 사형을 구형할 수도 있다. 그러면 일회용 플라스틱 사용은 거의 0에 가깝게 줄어들 것이다. 마찬가지로 비닐봉지나 병에 보증금 100달러나 세금 100달러를 부과할 수 있다. 이 경우에도 비닐봉지와 플라스틱 병 사용은 거의 0으로 줄어들 것이다. 아니면 두 품목 사용에 그 어떤 제약도 없던 이전의 상태로 되돌아갈 수도 있다. 과연 이 선택지들을 손에 든 우리는 어떤 결정을 내려야 할까? 어떤 전략이 가장 덜 소모적일까?

최적의 전략을 결정하는 일은 적어도 이론상으로는 상당히 간단하다. 우선 비닐봉지로 인한 모든 비용을 수량화해야 한다. 즉, 소와 거북이의 죽음, 나뭇가지에 걸린 봉지로 인한 도시 황폐화, 비닐봉지 쓰레기를 매립장까지 운송하는 비용 그리고 그렇게 함으로써 발생하는 환경 영향 등을 수량화해야 한다는 뜻이다. 비닐봉지를 생산하고 운송하는 비용, 즉 생산 및 운송의 외부효과 등은 애초에 비닐봉지 가격에 포함돼 있지 않다.

매년 사용한 5,000억 장의 비닐봉지가 세계적으로 총 5,000억 달러의 비용을 초래한다는 결론에 도달한다고 가정해 보자. 이는 비닐봉지 1장이 세계에 1달러의 외부비용을 부과한다는 것이고 따라서 1달러의 세금이 부과돼야 한다는 뜻이다. 만약 비닐봉지 1장이 당신에게 이 세계에 초래한 손상 비용 1달러보다 더 큰 가치가 있다면 당신은 그 1달러를 지불할 것이다. 만약 그렇지 않다면 1달러를 지불하려 하지 않을 것이다.

보증금 1달러도 동일한 결과를 가져올까? 꼭 그렇지는 않다. 쓰레기통에 버려진 (혹은 길바닥에 버려진 쓰레기로서의) 병의 사회적 비용이 1달러지만 병 하나를 재활용 센터에 보내는 사회적 비용이 0이라고 가정하면 결과는 같을 것이다. 이 경우 우리는 (1) 보증금 1달러를 지불하고 비닐봉지를 사용한 다음 그걸 버려 세상에 1달러의 손해를 끼치거나, 아니면 (2) 보증금 1달러를 내고 비닐봉지를 사용한 뒤 그걸 재활용 센터에 반납함으로써 사회적 비용을 발생시키지 않고 보증금 1달러를 돌려받을 것이기 때문이다.

그러나 현실은 재활용 센터에 반납한 병도 여전히 사회적 비용을 발생시킨다. 생산 외부효과의 다른 사례는 추후 논의할 것이다.

이 경우 보증금은 플라스틱 병의 사회적 비용을 실질적으로 반영하지 못한다. 만약 보증금으로 1달러를 지불하고 나중에 90센트만 환불받는다면 사회적 비용을 반영한 것일 수 있다. 그러나 여기서 차감된 10퍼센트는 사실상 세금이다.

앞서 제시한 독일 사례가 이 원리를 아주 잘 보여준다. 플라스틱 병에 부과된 모든 보증금은 거의 환불받기 때문에 병 생산을 줄이는 효과가 전혀 없었다. 즉, 플라스틱 병을 생산하지 못할 이유가 없다는 뜻이다. 게다가 독일은 사람들이 병을 재활용하게 하는 것보다는 병을 아무대나 버리지 않게 하는 것이 더 큰 목적이었다. 따라서 병 보증금이 없을 때보다 생산이 더 늘어날 수밖에 없었다.

사용 금지는 가장 비효율적인 결과를 가져올 것이다. 적어도 법을 준수하는 국민이 많은 국가의 경우 법 제정과 시행에 비용이 덜 들지 모르지만 암묵적인 가정은 비닐봉지가 환경에 미치는 비용이 무한대라는 것이다. 다시 말해 비닐봉지를 사용할 당시 당신에게 그 봉지의 가치가 수십 달러 혹은 수백 달러에 달한다고 하더라도 당신은 비닐봉지를 1장도 살 수 없다. 특정 사회가 금지하려는 대상이 해당 사회에 아무런 혜택을 주지 못하는 쓸모없는 것이라는 결론에 도달하면 사용 금지는 최고 효과를 낳는다. 그 예로 메타암페타민이나 수류탄 사용의 전면 금지를 꼽을 수 있다. 그러나 비닐봉지는 이와 동일한 범주에 포함되지 않는다.

그러므로 비닐봉지 쓰레기를 줄이는 방법을 결정하려면 한 품목을 생산할 때 그것이 사회에 미치는 피해가 어느 정도인지 그리고 해당 품목의 폐기가 사회에 미치는 해가 어느 정도인지 판단해야 한다. 이 두 가지 데이터를 확보했을 때 세금 부과가 됐든 사용 금지가 됐든 혹은 보증금 제도가 됐든 무엇이 최선의 선택인지 판단할 수 있다.

재사용 가능한 면 재질 식료품 에코백 같은 대체품에 대해서도 같은 선택적 판단을 해야 한다. 이 경우 대체품에는 비닐봉지 생산 및 폐기에 따른 경제적 비용보다 훨씬 높은 비용이 필요할지 모른다. 2013년 펜실베이니아대학교와 조지메이슨대학교 학자들이 수행한 연구에 따르면 샌프란시스코의 경우 해당 시가 비닐봉지 사용 금지법을 통과시킨 이후 식품 매개 질환으로 응급실을 방문한 환자 수가 증가했다. 그리고 2020년 코로나19를 경험하면서 재사용 가능한 플라스틱의 순가치를 재평가해야 한다는 목소리가 전 세계적으로 높아졌다. 순가치란 플라스틱이 어느 정도까지 쓰레기인지 판단하는 데 중요한 요소다.

시드니대학교의 한 연구자가 수행한 또 다른 연구에 따르면 캘리포니아주의 시들이 일회용 비닐봉지 사용을 금지하자 소비자들은 실제로 비닐봉지 사용을 줄였으며 이는 약 4,000만 파운드의 쓰레기를 줄이는 효과를 가져왔다. 그러나 동시에 해당 도시에서 소형 쓰레기봉투 판매가 증가했으며 그 결과 줄어든 쓰레기의 총무게는 2,800만 파운드에 불과했다. 이는 소비자가 재사용 가능한 비닐봉지 대신 공인된 쓰레기봉투를 사용했기 때문으로 이해할 수 있다.

만약 이 정책의 모든 파급효과를 알 수 있다면 쓰레기를 줄일 수 있다. 그러나 결코 그 정도의 통찰력을 가질 수는 없을 것이다.

결과를 모두 안다고 하더라도 모든 것의 수치화는 사실상 불가능하다. 바다거북의 가치는 얼마인가? 비닐봉지가 걸려 있지 않은 나무의 가치는 얼마인가? 이는 모두 결국 가치판단 문제가 될 것이고 광범위한 합의는 아직 도출되지 않았다.

알루미늄,
할 수 있는 것과
할 수 없는 것

The Aluminum Cans . . . and Cannots

뒤에서 다시 이야기하겠지만 우리가 마시는 탄산수와 맥주 캔의 소재인 알루미늄을 채굴하는 과정에서 엄청난 양의 낭비가 생긴다. 보크사이트bauxtie 광석을 찾아내기 위해 수천 톤의 흙을 치우는 작업은 아무리 좋게 포장하더라도 비효율적 과정임을 부인할 수 없고 광석을 이용 가능한 알루미늄 금속으로 전환하는 데 필요한 에너지양은 어마어마하다.

그런데 재활용 알루미늄은 낭비를 줄일 수 있을까? 기존 알루미늄 재료로 새 알루미늄을 제조하는 것, 즉 재활용을 2차 생산이라고 부른다. 땅에서 알루미늄을 채굴하는 1차 생산과 반대되는 개념이다. 미국은 알루미늄의 60퍼센트를 1차 생산으로 얻으며 나머지 40퍼센트는 2차 생산을 통해 얻는다.

앞으로 다른 장에서 고찰하겠지만 다수의 다른 재료와 달리 알루미늄, 구리, 철 같은 금속의 경우 사용 가능한 금속을 생산하는 좀 더 효율적인 방식은 재활용이다. 특히 알루미늄의 경우 재활용이 신속하고 저렴하며 사실상 무제한 재활용이 가능하기 때문이다. 만약 오늘 탄산수를 마시고 탄산수 캔을 재활용품 수거함에 넣으면 불과 2개월 후엔 다른 누군가가 당신이 버린 그 알루미늄 캔에 담긴 음료수를 마시고 있을 가능성이 크다.

그럼 알루미늄의 2차 생산은 얼마나 더 효율적일까? 전기 사용만 보더라도 기존 알루미늄을 새 알루미늄으로 재활용하는 데 필요한 전기는 1차 생산에 사용되는 전기의 단 15분의 1정도다. 그래서 1차 생산에 소비된 1만 5,000킬로와트시kWh 대신 동량의 알루미늄을 재활용하는 데 소요되는 전기는 단 1,000킬로와트시에 불과하다.

전기 사용을 줄일 수 있다는 점을 감안하면 재활용 공장을 전력 비용이 아주 싼 곳에 지을 필요가 없다. 실제로 북미에 알루미늄 1차 생산 제련공장은 소수인 데 반해 2차 생산 제련공장은 캐나다 2개 주와 미국 31개 주 모두 합쳐 100개 이상이다.

재활용품 수거함이 어디 있든 당신이 버린 캔이 200~300킬로미터를 이동해 제련공장으로 옮겨져 재활용될 가능성은 낮다. 1차 생산을 위해 알루미늄 원료를 3,000마일이나 이동해야 하는 것과 비교하면 많은 낭비가 사라진 셈이다.

운송 문제를 제외하고 재활용의 또 다른 이점은 무엇이 있을까? 하나는 화석연료 소비 감소다. 세계 전력 생산 대부분은 화석연료를 전원으로 사용한다. 그리고 화석연료 중 석탄은 단연코 최대 전원으로 전체 발전량의 거의 40퍼센트를 차지한다. 전기 약 1킬로와트시를 생산하는 데 석탄 약 1파운드가 필요하다. 그러므로 우리가 알루미늄 1톤을 재활용하면 석탄 1만 4,000파운드의 연소를 피할 수 있다. (매립장에 관해 논한 장에서 이야기했듯이 반드시 그런 것은 아니지만 알루미늄 1톤을 재활용하면 1톤을 덜 채굴해도 된다는 가정이 가능하다.)

게다가 석탄 1만 4,000파운드를 연소하지 않아도 되므로 이산화탄소 4만 파운드를 대기 중으로 방출하지 않아도 된다. 이는 철자 오류가 아니다. 연소 시 탄소는 대기 중 산소와 결합해 연소된 석탄 무게보다 더 많은 이산화탄소를 생산한다. 이 정도의 이산화탄소를 줄인다는 것은 나무 210그루를 심어 10년간 성장하게 하는 것과 마찬가지다.

이 분석은 단순하게 1차 그리고 2차 알루미늄을 생산하는 데 소비된 전기가 석탄을 기반으로 한다고 가정한다. 그러나 실제로는 그렇지 않다. 1차 생산에서는 주로 더 깨끗한 에너지를 사용하는 것이 일반적이다. 제련소가 대체로 저렴한 에너지원을 얻을 수 있는 지역 가까이 건설되기 때문이다. 그래서 1차 생산 온실가스 배출량은 2차 생산 온실가스 배출량보다 약 7배 더 많다(상대적 에너지 소비가 시사하는 것처럼 15배가 더 많다는 것과는 대조적이다).

재활용 알루미늄을 통해 낭비를 대폭 줄일 수 있음을 감안할 때 모든 알루미늄을 2차 생산으로 얻지 않는 이유는 무엇일까? 동일한 알루미늄을 계속 반복해 사용할 만큼 알루미늄을 충분히 채굴하지 않은 것은 아닐까?

결과적으로 말하면 그렇다. 알루미늄의 수요는 매년 약 300만 톤씩 증가하고 있으며 앞으로도 계속 증가하리라 예상된다. 우리가 사용하는 알루미늄은 장기적으로 볼 때 대개 인프라 구축, 주거 및 상업용 건축 등에 사용된다. 그래서 새로운 1차 생산 알루미늄이 계속 필요하다.

코로나19 팬데믹은 캔 산업─그리고 예상과 다른 몇몇 산업─에 흥미로운 영향을 미쳤다. 술집과 식당이 영업을 중단하면서 모든 종류의 캔 음료 수요가 증가했다. 가정용 식수대와 맥주 통이 일회용 용기로 대체됐기 때문이다. 한편으로는 재활용 처리 시설 인력 부족으로 재활용 처리 용량이 감소했다. 이는 캔 부족 혹은 좀 더 구체적으로 말하면 알루미늄 부족으로 이어졌다. 미국 제조사들은 손에 넣을 수 있는 거의 모든 알루미늄을 구매하고 있었다. 특히 갑작스럽게 알루미늄이 남아돌게 된 멕시코와 브라질에서 알루미늄을 수입했다. 그도 그럴 것이 브라질이나 멕시코의 식당이나 술집에서는 통상적으로 캔 음료를 판매했지만 그 수요가 사라지면서 깡통류 총매출이 급감했기 때문이다.

개인이 2차 알루미늄 생산 사업을 시작한다면 어떤 모습일까? 뒤에서 보크사이트 캔을 집 지하실에서 제련하는 것이 경제적인지에 관한 문제를 살펴볼 예정이라 지금은 어떤 힌트도 주지 않을 것이다. 물론 당신은 직관적으로 예비 답안을 갖고 있을지도 모른다. 그런데 알루미늄 2차 생산 사업은 과연 가내공업cottage industry이 될 수 있을까? 일반인이 1톤의 2차 알루미늄을 생산하려면 무엇이 필요할까?

첫째로 원재료, 즉 재활용 가능한 알루미늄을 입수해야 한다. 알루미늄은 다양한 용도로 사용된다. 모든 알루미늄의 10분의 1은 전기 장비를 만드는 데 사용된다. 5분의 1은 건축, 5분의 1은 수송 그리고 5분의 1은 식품 및 음료 포장에 사용된다. 재활용과 관련해 우리가 가장 빈번하게 떠올리는 것은 바로 마지막 항목, 즉 알루미늄 캔이다.

단 1톤의 알루미늄을 생산하기 위해 알루미늄 캔이 6만 개이상 필요하다는 점을 고려하면 음료수를 아무리 마셔도 그만큼의 알루미늄을 얻을 수 없을 것이다. 그래서 알루미늄을 돈을 주고 사야 한다.

12온스 캔 32개가 있어야 1파운드가 된다. 재활용 공장은 캔 1파운드를 평균 약 45센트에 구입한다. 만약 당신이 가격을 비슷하게 맞출 수 있다면 사용된 알루미늄 1톤을 약 900달러에 매입할 수 있다. 알루미늄을 처리하는 데 필요한 전기를 주거용으로 환산하면 약 100달러의 비용이 발생한다. 그리고 재활용 알루미늄은 화학적으로 1차 생산 알루미늄과 동일하기 때문에 동일한 가격, 즉 1톤 정도를 1,500달러에 팔 수 있다.

따라서 우리가 가정용 제련기Smelt-O-Matic의 고정비용을 무시하면 자가 제련이 수익성 높은 가족 비즈니스로서 암웨이Amway 혹은 매리케이Mary Kay를 대체할 수 있을 것처럼 보인다. 그러나 늘 그렇듯 그렇게 간단한 문제는 아니다.

우선 이 과정에서 무수히 많은 기타 비용이 발생한다. 그리고 이 알루미늄 1톤을 다음번 중고 세일 때 처분할 수 없을지도 모른다. 여기에 더해 산업용 재활용 공장보다 더 작은 규모에서 재활용 시설을 운영하는 일은 투입재 가격, 즉 원재료 가격 변화에 좀 더 민감할 수 있음을 뜻한다. 또 다른 비용이 당신의 이윤을 잠식할 것이고 재택 사업의 수익성을 대규모 사업에 비해 떨어뜨릴 것이다(예를 들어 이 책을 집필하고 있을 때 온라인 법률 서비스 회사인 로켓 로여Rocket Lawyer는 원자재 인도 계약 초안 작성이나 이 사업을 합법적으로 운영하는 데 반드시 필요한 허가 신청 등을 스스로 할 수 있는 옵션을 제공하지 않았다.)

최종 알루미늄 가격에 영향을 미치는 모든 요인을 고려하면—중국의 에너지 보조금부터 인도 관세에 이르기까지—소규모 제련 사업을 직접 하는 것보다는 지금의 본업에 집중하는 편이 더 나은 선택일지 모른다.

진실의 재활용

Recycling the Truth

재활용되는 물건에는 어떤 일이 일어날까? 물병을 파란색 분리수거함에 던져 넣으면 그 병은 어디로 갈까? 폐지를 재활용하면 어떤 메커니즘을 통해 다른 곳에서 재사용될까? 이 모든 일이 어떻게 일어나며 재활용 산업을 이끄는 근본적인 경제학은 무엇일까? 그 답을 들으면 놀랄지도 모른다.

자, 그럼 지금부터는 재활용 과정이 어떻게 이뤄져야 하는지부터 알아보자.

가장 일반적인 시나리오의 경우 쓰레기와 재활용품을 각기 다른 2개의 통에 분류한다. 재활용품은 공장으로 보내져 유형별로 좀 더 세분화된 분류 작업—플라스틱류, 종이류, 판지류, 유리 등—을 거친 후 큰 덩어리로 묶인다. 각 품목은 서로 다른 재활용업자에게 서로 다른 가격에 팔려나간다. 이렇게 들어온 돈이 재활용 사업을 움직이는 자금이 된다. 이 모든 노력에는 에너지, 운송, 인프라, 노동 등이 필요하지만 이들의 내재적 가치가 모든 간접비를 충당해 주리라고 기대한다.

만약 우리가 '해를 끼칠 수 있는 처방은 절대 따르지 않겠다'는 접근법을 취할 경우, 즉 일명 재활용 히포크라테스 선언을 한다고 친다면 적어도 우리가 하는 행위가 쓰레기를 매립하고 재활용품을 1차 생산으로 대체하는 것과 비교했을 때 쓰레기나 오염의 순증가를 초래하지 않을 것이라고 가정한다. 대신 우리는 '요람에서 요람까지' 접근법을 수립하려고 노력한다. 하나의 과정이나 상품에서 발생한 쓰레기가 또 다른 과정이나 상품의 원재료가 되는 것이다. 이런 생태계는 처음부터 시작하는 과정보다 쓰레기를 덜 생산한다.

이론은 그렇다. 재활용이라는 과정을 단적으로 떠올리게 하는 순환 경제의 이 같은 평화로운 묘사는 노먼 록웰Norman Rockwell(20세기 미국 화가로 중산층의 생활 모습을 친근하고 인상적으로 묘사했다_옮긴이)의 그림에서나 보게 되리라 기대할 수 있다. 현실은 이와 동떨어져 있다. 특정 원재료의 경우 재활용이 잘된다. 예를 들어 대다수 산업용 폐기물은 종류가 균질하고 금속 스탬핑 시설 혹은 제지공장에서 재활용하기에도 용이하다. 고철 재활용은 쓰레기가 많이 생산되지 않는 활발한 비즈니스다.

그러나 재활용 과정으로 그리는 전체 그림은 사실 그렇게 긍정적인 현실은 아니다.

왜일까? 플라스틱, 종이, 유리 수요가 높지 않아서? 아니면 재활용품의 경제적 가치가 그다지 높지 않아서?

우리가 생산하는 대다수 쓰레기와 마찬가지로 문제는 인간 행동에 있다. 재활용품 중 최대 25퍼센트가 어떤 식으로든 오염된 상태에서 재활용 시설에 도달한다. 범인은 우리다. 웨이스트 매니지먼트Waste Management에 따르면 우리는 재활용 분리수거함에 뭔가를 넣을 때 4번 중에 1번은 잘못 분리해 넣는다. 이는 꽤 높은 오류율이다.

무엇이 이런 실수를 저지르게 할까? 첫째, '기대형 재활용 aspirational recycling'이 문제다. 우리 대다수는 좋은 의도를 갖고 있다. 그게 지나친 나머지 쓰레기통에 넣어야 할 것을 재활용 분리수거함에 던져 넣으면서 스스로를 도덕적인 사람이라고 생각한다. 그러나 그 작은 엔도르핀 작용은 조심하지 않으면 쓰레기를 생산하게 한다.

옷걸이는 재활용될까? 누가 알겠는가? 혹시 모르니 옷걸이 분리수거함에 넣는 게 좋다. 그럼 플라스틱 병 뚜껑은 어떨까? 주스 상자는? 호스는? 크리스마스 장식용 전구는? 달걀 상자는? 여기서 언급한 그 어떤 것도 재활용 가능하지 않다. 그러나 모두 분리수거함에 담기는 경우가 많다.

07. 진실의 재활용

상황을 더욱 악화하는 것은 재활용이 가능하고 가능하지 않다는 기준이 시간과 장소에 따라 크게 다르다는 사실이다. 사무실에서는 재활용 가능한 품목이 집에서 혹은 휴가 중인 호텔에서는 불가능할지 모른다.

게다가 개별적으로는 재활용 가능한 재료들로 만들어졌어도 최종 상품은 재활용이 불가능할 수도 있다. 플라스틱 입구에 왁스로 코팅된 판지 우유 상자를 생각해 보자. 물고기도, 가금류도 아니고 사실상 매립장이나 소각로에 속한다. 그러나 이 우유 포장재는 재활용 분리수거함에 담기는 경우가 많다. 재활용될 것처럼 보이기 때문이다.

일각에서는 미국에서 논란이 되는 문제는 단일 스트림 재활용single-stream recycling이라고 주장한다. 이는 세계 다른 국가에서 일반적으로 이뤄지고 있는 재활용 처리 방식은 아니다. 단일 스트림이란 재활용 분리수거함 하나에 재활용 가능한 모든 품목을 다 넣은 다음 나중에 분리하는 시스템을 말한다. 단일 스트림 재활용 과정은 쓰레기를 양산하는 경우가 많다. 만약 신문이나 유리 음료수 병이 같은 수거함에 들어가고 수거 트럭에 던져지는 과정에서 이 병이 깨지면 신문지 전체를 못 쓰게 된다. 안에 물이 들어 있는 플라스틱 병은 재활용 가능한 판지 포장재를 쓸모없는 종이 곤죽으로 만들어 버린다. 의심의 여지 없이 이중 혹은 삼중 스트림 방식을 활용하고 일반 시민에게 재활용품을 분류하는 책임을 지우면—철저한 분류 규정을 따라주지 않을 가능성이 있기는 하지만—오염 문제를 줄일 수 있다.

단일 스트림의 장점은 소비자 입장에서 편하다는 것이다. 우리는 소비자가 두 가지, 세 가지 혹은 네 가지 각기 다른 분리수거함에 재활용품을 계속 분리수거하리라고 기대하지 않는다. 개인은 실수를 할 수 있고 단일 스트림을 주장하는 사람은 전문가가 이 모든 것을 분류하는 편이 더 낫다고 말한다. 또 다중 스트림 방식의 처리 공장은 오염되지 않은 재활용품을 받는다고 예상하므로 수거된 모든 물품을 분류하는 시설을 갖춰놓지 않았을 것이다. 단일 스트림 재활용 시설에서 훈련된 직원이 더 나은 성과를 낼 수 있다.

이론상으로 우리는 깨끗한 물품을 확보하기 위해 재활용 시설에 더 많은 노동자를 고용해야 할지 모른다. 그러나 더 많은 노동력을 투입한다는 것은 근근이 버티고 있는 재활용 비즈니스 모델에 더 많은 비용을 부담시킨다는 뜻이다. 이 부분은 앞으로 다시 논의할 것이다.

결국 기술이 우리에게 도움의 손길을 내밀어 줄지 모른다. 인공지능AI을 이용해 품목을 인식하고 분류할 수 있는 로봇이 이미 몇몇 현장에 도입돼 사용되고 있으며 이런 기술은 점점 더 낫게, 빠르게 그리고 더 저렴하게 발전될 것이 분명하다. 장기적으로 보면 물품 분류도 인간보다 기계가 훨씬 더 잘할 것이다. 불행히도 아직 그 단계까지는 가지 못했지만 말이다.

이 장 도입부에서 기술된 이상적인 과정으로서의 재활용이 '제대로' 효과를 발휘한 적이 있는지 질문해야겠다.

한 가지 관점에서 이 질문의 답은 '그렇다'인데 우리가 지름 길을 선택했기 때문이다. 우리는 수거된 쓰레기를 중국으로 보 냈고 거기서 낮은 임금을 받는 중국 노동자가 모든 품목을 신중 하게 분류하는 고된 작업을 우리 대신 수행했다. EPA에 따르면 매년 미국 재활용 센터를 통해 6,000만 톤의 재활용품이 해외로 이송된다. 최근까지도 중국은 이렇게 해외로 빠져나가는 모든 쓰레기의 25퍼센트를 수입했다. 중국은 꽤 흥미로운, 그러면서 도 쓰레기를 줄이려는 목적으로 쓰레기를 수입해 왔다. 오랫동 안 중국산 제품을 가득 채운 컨테이너 선박이 미국으로 들어왔 다가 빈 채로 본국으로 돌아갔다. 그 결과 컨테이너 하나를 미 국에서 중국으로 돌려보내는 비용은 중국에서 미국으로 보내 는 비용의 극히 일부에 불과했다. 사실상 그 컨테이너 선박에 진짜 쓰레기를 실어 보내는 것이 합당할 정도로 저렴했다. 그래 서 우리는 그렇게 했다.

초반에 이 관행은 몇몇 중국인에게는 축복임이 입증됐다. 가 장 눈에 띄는 예가 세계에서 가장 부유한 자수성가 여성 중 한 명인 얀청Zhang Yin이다. 그는 중국의 아주 평범한 가정에서 태어 났고 제지 산업에 종사하게 됐다. 중국에 종이 원료 공급이 부족하고 품질도 나쁘다는 것을 알게 된 그는 1980년대 남편과 함께 미국으로 건너와 닷지 캐러밴Dodge Caravan을 몰고 미국 전역을 돌아다니면서 넘쳐나는 폐지를 찾아냈다. 그들은 이렇게 수집한 폐지를 밴에 싣고 항구로 달려가 조금씩 조금씩 컨테이너 선박에 채웠다. 꽉 찬 컨테이너 선박은 중국으로 건너갔고 폐지는 골판지 상자로 재탄생했다. 이 상자는 중국 제조업체에 판매됐으며 제조업체는 상품을 가득 채운 상자를 배에 실어 미국으로 보냈다. 이 순환이 계속 반복됐다. 얀청은 제지 왕국을 건설했으며 이런 비즈니스 모델을 바탕으로 수십억 달러를 모았다.

그러나 환경이 180도로 달라졌다. 2018년 3월 중국은 해외에서 수입되는 쓰레기를 거의 차단하기 위해 '궈먼리젠國門利劍, Operation National Sword' 정책을 시행했다. 이 새로운 정책은 많은 자재의 수입을 금지하고 다른 것들의 순도 요건을 99.5퍼센트로 상향 조정했다. 많은 사람이 이 요건을 충족하기는 사실상 불가능하다고 말한다. 노련한 분류 노동자가 컨디션이 가장 좋은 날이라고 해도 이런 정확성을 계속 유지할 수는 없는 노릇이다. 이 정책의 영향은 극적이었다. 1년 동안 미국 재활용품 수입이 90퍼센트나 줄었다.

중국이 이런 정책을 그렇게 갑작스럽게 도입한 이유는 무엇일까? 중국인에 따르면 이 정책은 국민 건강과 오염 저감을 위한 것이었다. 분명 신빙성 있는 주장이다. 쓰레기를 수입한 중

07. 진실의 재활용

국 기업은 이 쓰레기를 책임감 있게 처리하지 않았고 결국 중국 환경에 부정적 영향을 미쳤다. 또 주변 시선도 문제였다. 세계 초강대국을 지향하는 중국 이미지와 쓰레기 수입국 이미지가 잘 부합하지 않기 때문이다. 마지막으로 중국 시장에는 처리할 재활용 쓰레기가 충분히 많았다. 흥미롭게도 2018년 이전 중국 재활용 산업의 경제성 변화가 미국 내에서 대량 판매되던 페이퍼백의 쇠락을 가속화했다. 양장본과 달리 판매되지 않은 페이퍼백은 할인된 가격에 팔리지 않고 표지를 떼어낸 다음 폐지로 전락한다. 중국의 폐지 산업이 활발했던 수십 년 동안 소매업자들이 페이퍼백 재고를 보유하는 것은 납득할 만한 일이었다. 그 책들이 팔리지 않으면 책의 매입 비용 중 일부는 폐지를 팔아 회수할 수 있었기 때문이다. 그러나 폐지 산업이 몰락하면서 팔리지 않은 페이퍼백을 서점에 진열하는 것 자체가 순전한 부채였고 그 결과 소매상은 페이퍼백이 차지하던 책꽂이 선반에 좀 더 이윤이 많이 남는 서적을 배치하는 선택을 할 수밖에 없었다.

그럼 이제 우리의 재활용 쓰레기는 어디로 보낼 수 있을까? 인도처럼 인건비가 낮은 다른 국가가 비슷한 수입제한 조치를 단행했다. 몇몇 작은 국가가 여전히 재활용 쓰레기를 수입하지만 어떤 국가도 중국이 감당하던 만큼의 양을 수용하지 못하고 있다. 그렇다면 다른 선택지는 무엇일까? 이는 쉽게 답을 낼 수 없는 문제며 많은 사람이 쓰레기를 수출해서는 안 된다고 생각한다. 만약 한 국가가 일정량의 쓰레기를 생산한다면 그 쓰레기는 생산한 국가 스스로 처리해야 한다고 믿기 때문이다.

귀먼리젠 정책의 시행이 분수령이었다. 하루아침에 재활용 산업의 경제가 무너졌다. 한때 1톤에 50달러 혹은 100달러에 판매되던 쓰레기들이 갑자기 한 푼도 받을 수 없게 되다시피 했다. 어떤 경우 경제가 완전히 반전되기도 했다. 예를 들어 지방자치 정부는 재활용 쓰레기 묶음을 주고 돈을 받는 대신 오히려 재활용 쓰레기를 치우는 대가로 1톤에 50~100달러를 지급해야 한다. 그런 비즈니스를 생각해 보라. 재활용품을 수집할 트럭이 있고 돈을 주고 인부를 고용해 수집된 재활용 쓰레기를 분류해야 하며 그러고 나서 최종 상품, 즉 온갖 종류가 뒤섞인 폐지 한 묶음을 받아 들면 이제 누군가에게 돈을 주고 그 묶음을 다른 곳으로 가져가 달라고 부탁해야 한다. 이 비즈니스의 전망이 밝지 않다는 것 정도는 당신이 워런 버핏이 아니라도 쉽게 알 수 있다.

재활용 산업이 겪은 불행의 책임이 전적으로 중국에 있다고 말하는 것은 옳지 않다. 수압파쇄법(고압 액체로 광석을 파쇄하는 채광법_옮긴이) 같은 신기술의 도움으로 인한 천연가스 및 석유 가격의 하락은 1차 플라스틱 생산이 과거에 비해 덜 비쌈을 뜻한다. 그 결과 당신이 사용한 고도의 가공 처리된 물병 역시 과거

07. 진실의 재활용

에 비해 가치가 덜하다. 재활용 물병이 새로 생산된 물병과 가격 경쟁을 해야 하기 때문이다.

이 모든 경제적 요인 때문에 지방자치 정부는 어쩔 수 없이 재활용 전략을 다시 수립하거나 완전히 폐기할 수밖에 없다. 어떤 지역에서는 소비자가 직접 재활용품을 쓰레기에서 분류하면 두 가지 유형의 트럭이 각각을 수거한 다음 매립장에서 이들을 다시 함께 섞는다. 이런 관행이 해당 지역에만 국한된 일은 아니다. 〈뉴욕타임스New York Times〉의 최근 기사에 따르면 "재활용 프로그램을 폐지한 미 전역 수백 개 소도시와 시 들이 허용 가능한 재활용품 형태를 제한하거나 수거 비용을 대폭 인상했다".

필라델피아 같은 지방자치 정부의 경우 재활용품 대다수가 조용히 소각돼 전기를 생산한다. 이런 관행은 소비자가 자신의 재활용품의 최종 도착지가 용광로나 매립장이라는 사실을 알면 재활용을 중단할 것이고 나중에 재활용 산업의 경제성이 제자리를 찾았을 때 소비자 행동을 다시 바꿔놓아야만 한다는 두려움 때문에 소리 소문 없이 진행되는 경우가 많다. 소도시가 주민을 피로하게 하거나 혼란스럽게 하지 않으면서 재활용 가능한 것과 가능하지 않은 것을 바꾸는 경우는 수없이 많다. 또 신중하게 분리수거된 물품을 결국 매립장에 매립한다고 하더라도 주민이 그들의 쓰레기를 계속 분류하도록 놔두는 편이 더 낫다는 것이 자치 정부의 논리다. 다른 소도시는 이제 비용이 많이 들어가는 재활용 프로그램을 그냥 폐기하고 있다.

재활용 프로그램이 전부 중단된 것은 아니다. 재활용품을 배에 실어 중국으로 보내기 위해 추가 비용을 지출해야 하는 내륙 지역의 경우 중국의 쓰레기 수입 금지 조치 영향이 덜 했다. 너무 무거워 배로 운송하는 것이 결코 경제적이지 않은 유리의 경우 경제성이 그렇게 나쁘지 않다. 구리, 알루미늄, 철 같은 고부가가치 품목도 마찬가지다. 뿐만 아니라 미국 내에서 수익을 내면서 물품을 재활용하는 일부 지역에는 지역 역학이 작용하고 있다. 그러나 전반적으로 우리가 재활용 분리수거함에 넣는 것이 대체로 수익을 내면서 재활용되리라는 생각은 틀렸다.

경제적 측면에서 말하면 재활용은 언제나 살얼음판을 걷고 있었다. 재활용의 전반적 경제성을 분석할 때 관련된 모든 외부 요인을 측정하는 경우는 드물다. 당신은 재활용품 수거 트럭의 경제적, 환경적 비용을 계산할 수 있고 때때로 사람들은 그렇게 한다. 그러나 재활용품을 세척하는 데 사용된 물 혹은 사람들이 쓰레기를 분류하는 데 쓴 시간 같은 다른 요인을 포함하는 경우는 드물다. 이 모든 요인을 고려해 보면 많은 상품의 경우 재활용이 어떤 의미 있는 경제적 방식으로 효과가 있는지는 불분명하다.

그러나 그게 중요한가? 사회로서 우리는 재활용을 주로 경제활동이 아니라 도덕적 행동으로 간주하는 결정을 내릴 수 있다. 경제성이 널리 퍼진 재활용을 뒷받침한다면 분명 다행일 것이다. 그러나 만약 그렇지 않더라도 문제가 되진 않는다. 비용이 조금 더 들더라도 재활용은 단순히 해야 할 옳은 일이기 때문이다. 만약 국가로서 그것이 집단적 결정이라면 공공정책이 재활용 산업을 이끄는 동인으로서의 자유 시장에 대한 허상을 대체해야만 한다. 그 경우 쓰레기에 세금을 부과해야 하며 재활용에 보조금을 지급해야 하고 재활용 가능한 자재의 매립 행위를 불법화하고 모든 종류의 자재에 환불 가능한 보증금 제도를 시행해야 한다.

세금, 보조금 그리고 사회적 압박을 통해 높은 재활용률을 달성한 국가들이 있다. 대만이 그중 하나다. 대만 기업은 쓰레기를 스스로 처리하거나 국가의 재활용 노력에 보조금을 지원해야 한다. 소비자는 재활용이 불가능한 쓰레기를 담을 쓰레기봉투를 구매해야 한다. 반대로 재활용품은 자유롭게 버릴 수 있다. 마치 미국의 아이스크림 판매 트럭처럼 재활용 수거 트럭이 음악을 틀어놓고 길거리를 돌아다니면서 주민에게 집에 있는 재활용품을 갖고 나올 시간이라고 알리며 현장 자원봉사자는 더 효과적인 재활용 방법을 알려준다. 마지막으로 정부는 재활용품으로 만든 상품을 제조하기 위한 기술혁신 노력에 보조금을 지급한다. 이 마지막 옵션은 그런 물품의 실제적 비용을 낮추고 이용을 증가시키는 의도치 않은 결과를 낳을 수 있다. 그래서 정책은 충분히 신중하게 수립해야만 한다.

그러나 단순한 시장 세력이 지푸라기를 비단신으로 바꿀 수 있는 길이 있을까? 전국적으로 확대된 규모에서 수익적인 재활용을 할 수 있을까?

시장은 강력한 사회적 작용력이며 원재료 플라스틱 대신 재활용 플라스틱으로 새로운 물병을 제조해 수익을 낼 수 있다면 이는 모두가 승자가 될 수 있는 해결책이다. 그렇게 할 수 있다고 생각할 만한 이유는 충분히 많고 그중 상당 부분은 기술과 직접적 연관이 있다.

기술혁신은 무수히 많고 중요하며 점점 빠른 속도로 진행되고 있다. AMP의 로봇은 AI에 기반한 코텍스Cortex라는 명칭의 로봇 시스템으로, 최대 98퍼센트의 정확성으로 재활용 쓰레기를 분류할 수 있다고 개발사 측은 주장한다. 이 로봇은 쓰레기 위에 인쇄된 바코드까지 읽어 해당 물품이 어떤 재질로 만들어졌는지도 알 수 있다. 텍사스 A&M 어그리라이프 리서치A&M AgriLife Research 연구소는 폐지를 고품질 탄소섬유로 재생하는 방법을 찾아냈다. 이 탄소섬유는 새 상품을 생산하는 데 사용될 수 있다. 리복Reebok은 면과 옥수수로 퇴비로 활용할 수 있는 신발을 생산 중이다. 한편 레고LEGO는 자사 상품 일부를 식물 기반 플라스틱으로 만들고 있다. 호주 멜버른에는 아스팔트와 재활용 플라스틱을 혼합한 재료로 만든 고속도로가 있다. 원래 재료와 품질 면에서 경쟁해도 손색없을 만한 재활용 플라스틱을 만들 수 있는 신기술도 개발하는 중이며 재생 유리에도 비슷한 시도가 이뤄지고 있다. 재활용 분야의 기술혁신에 자금을 제공하기 위한 새로운 벤처 자본 기금도 조성 중이다. 그리고 지금 자라고 있는 젊은 세대는 무의식적으로 재활용을 생활화하고 있다. 쓰레기 수거비 지불 난제를 풀기 위한 100만 가지 사업 계획이 젊은이의 마음속에서 구상되고 있다.

재활용은 상당히 복잡한 주제며 변동성이 무수히 많다. 재활용 생태계에서 작동하지 않는 모든 요인으로 인해 재활용을 포기하기는 쉽다. 그렇다고 "음, 그렇다면 이제부터 난 전부 쓰레기통에 버리고 말겠어" 하고 끝나는 일이 돼서도 안 된다. 차이를 만들고 싶다면 확실한 방법 하나가 있다. 바로 소비를 줄이는 것이다. 버뱅크Burbank의 재활용 코디네이터 크레이 햄펠Kreigh Hampel이 〈로스앤젤레스타임스Los Angeles Times〉와의 최근 인터뷰에서 말했듯이 "재활용은 소비에 의한 손상을 원상태로 되돌릴 수 없다".

재활용은
낭비를 증가시킬까?

Does Recycling Increase Waste?

500년 전 마틴 루터Martin Luther는 오늘의 독일 비텐베르크성교회 문에 95개조 반박문을 붙였다. 가톨릭교회에 대한 루터의 비판문 중 적어도 40가지는 면죄부 판매와 관련된 것이었다. 면죄부란 특정한 죄의 벌을 완전히 혹은 부분적으로 면해주는 명령을 말한다. 루터의 비판문은 만약 누군가 죄를 짓고도 감옥 탈출 카드를 살 수 있다면 그 카드를 살 수 없을 때보다 더 많은 죄를 저지르게 된다는 사실을 강조했다.

오늘날 탄소발자국을 걱정하는 사람들도 면죄부를 살 수 있다. 이들은 탄소배출권—기본적으로 다른 사람에게 돈을 주고 자신들의 행동으로 발생한 과도한 탄소를 흡입해 줄 나무를 심게 하는—을 구매할 수 있다. 방출한 탄소를 상쇄해 줄 나무를 심었는데 연료 먹는 하마인 SUV를 타면 안 될 이유가 있을까?

2007년 기후변화를 인류 최대 위협이라고 말한 영국 찰스 왕자는 환경주의와 관련된 상을 받기 위해 20명의 수행원을 데리고 미국으로 날아왔다. 당시 한 재담가가 상이 얼마나 무겁길래 이렇게 많은 수행원과 동행했는지 물었다. 왕자는 거센 비난을 받자 미국 비행으로 발생한 탄소발자국을 상쇄하기 위해 미국에서 스위스로 날아가 스키를 즐기려던 계획을 취소했다. 당신의 자동차가 보통의 자동차보다 더 많은 오염 물질을 방출한다는 사실을 알게 됐을 때 이를 상쇄하기 위해 스키 여행을 취소했다고 말하는 것으로 SUV를 운전하는 행위를 정당화할 경우 반응이 어떨지 상상해 보자.

근본적으로 상쇄라는 행위에 잘못된 점은 전혀 없다. 그러나 만약 당초 그런 프로그램이 없을 때와 비교해 이것이 인간의 행동을 더 나쁜 쪽으로 유도하고 그래서 낭비가 증가하고 대기 중에 순탄소가 더 늘어난다면 상쇄 프로그램이 비난받는다. 그리고 그 비난은 정당하다. 이 때문에 상쇄 프로그램이 처음 목표한 성과를 거두고 있는지에 관한 논의가 오랫동안 지속돼 왔다. 정말로 상쇄 프로그램은 점진적 변화를 달성하고 있을까?

재활용은 어떨까? 과연 재활용도 면죄부 매입 행위의 또 다른 현현일까? 〈뉴욕타임스〉에 과학기사를 기고하는 존 티어니 John Tierney는 그렇다고 생각한다. 1996년 티어니는《뉴욕타임스 매거진》에 "재활용은 쓰레기"라는 제목의 기사를 기고하면서 재활용은 그저 시간, 돈 그리고 천연자원의 낭비라고 주장했다. 그는 또 "미국인들은 윤리적 보상 행위, 즉 초월적 경험으로 재활용을 실천하고 있다. 우리는 쓰레기를 재사용하지 않으며 그저 과도한 죄에 대한 속죄 의식을 수행 중이다"라고 말했다. 이후 2015년 그는 후속 기사로 동일한 메시지를 담은 기사를 사설란에 실었다. 1996년 기사를 실었을 당시《뉴욕타임스매거진》은 지금까지 받았던 그 어떤 기사보다 더 많은 비판의 메일을 받았다. 2015년 기사 역사 그 당시와 거의 비슷한 수준의 비판을 받았다.

티어니의 말대로 재활용이 일종의 속죄 의식일까? 그렇다고 그게 해가 될까? 약간의 속죄가 우리 모두에게 조금이나마 득이 될지 모른다. 불행하게도 이런 분석은 그렇게 간단하지 않다.

이 책에서는 앞으로 다양한 유형의 재활용이 어떻게 많은 상품의 1차 생산에서 불가피하게 발생하는 낭비를 줄일 수 있고 결과적으로 얼마나 극적으로 에너지 소비를 줄일 수 있는지 고찰해 볼 예정이다. 그러나 이 과정에서는 재활용의 1차 효과만 살펴볼 것이다. 즉, "다른 모든 조건이 동일하다는 전제하에 재활용은 어느 정도의 낭비를 초래하는가?"라는 질문에만 답할 것이다.

그런데 우리가 질문을 달리하면 어떨까? 다른 모든 조건이 같지 않다면?

재활용 자체로 사람들의 행동을 바꿀 수 있을까? 사실은 재활용을 하면 하지 않을 때보다 더 많은 쓰레기가 생길까?

다행히도 이는 검증하기가 꽤 간단한 가설이다. 보스턴대학교 모닉 선Monic Sun과 레미 트루델Remi Trudel 교수는 자신들의 논문 〈재활용 효과 대비 소비한 대로 쓰레기 버리기The Effect of Recycling Versus Trashing on Consumption〉에서 일련의 실험을 통해 이 가설을 입증했다.

첫 실험에서 이들은 일단의 실험 참가자를 모아 4개의 각기 다른 과일 주스 맛을 비교하는 실험에 참여 중임을 알려줬다. 두 연구자는 스스로 따라 먹을 수 있는 용기 4개를 설치하고 하나의 용기 옆에 일회용 컵을 쌓아뒀다. 두 연구자가 실제로 알고 싶었던 것은 실험 참가자가 주스를 시음할 때 일회용 컵 하나를 여러 차례 사용하는지 아니면 샘플 하나를 시음할 때마다 새로운 일회용 컵을 사용하는지 여부였다. 두 연구자는 참가자 절반의 탁자 옆에는 전통적인 쓰레기통만 놔뒀고 나머지 절반 옆에는 재활용품 수거함을 놔뒀다. 실험 결과 일반 쓰레기통이 놓여 있던 사람들과 비교했을 때 재활용품 수거함이 놓여 있던 자리에 있던 참가자들이 30퍼센트 더 많은 일회용 컵을 사용했다.

이후 그들은 또 다른 실험을 진행했다. 실험 참가자들에게 선물을 포장하라고 요청하고 두루마리에서 포장지를 어느 정도로 잘라냈는지 측정했다. 그리고 동일한 실험 환경을 조성했다. 즉, 절반의 탁자 옆에는 일반 쓰레기통을 두고 나머지 절반 옆에는 재활용품 수거함을 뒀다. 재활용품 수거함이 놓여 있던 참가자의 경우 나머지 참가자에 비해 포장지를 20퍼센트 더 사용했다.

세 번째 실험에서는 일련의 임무를 완수한 사람에게 공짜 볼펜 한 자루를 제공했다. 이 볼펜은 포장지에 싸여 있었으며 연구자들은 참가자에게 원하는 만큼 볼펜을 가져가도 좋다고 말하면서 포장지를 벗겨 버린 다음 실험장을 떠나라고 말했다. 또다시 참가자 절반은 재활용품 수거함을 봤고 나머지 절반은 일반 쓰레기통을 봤다. 재활용품 수거함을 본 참가자들이 일반 쓰레기통을 본 참가자들보다 30퍼센트 더 많은 볼펜을 가져갔다.

실험 결과는 상당히 흥미로웠다. 침을 흘리는 대신 쓰레기를 버린다는 것만 빼면 우리 반응은 파블로프 조건반사 실험 결과와 거의 비슷했다.

이 실험 결과를 통해 우리는 어떤 결론에 이르러야 할까? 재활용은 나쁜 것이라고 말해야 좋을까? 꼭 그렇지 않다고 로욜라메리마운트대학교 징크 교수는 말한다. 그에 따르면 우리의 진정한 문제는 소비다. 그는 "만약 사람들이 재활용도 쓰레기 매립처럼 환경에 이롭지 않다고 생각한다면 쓰레기 매립이나 재활용 둘 다 부정적으로 보고 '그렇다면 좀 덜 써야겠군'"과 같은 태도를 취할 것이라고 말한다.

그런데 징크 교수의 이론은 재활용에 대한 양가감정 그 이상이다. 그는 근본적으로 세상에는 '녹색 상품'도 '비녹색 상품'도 없다고 주장한다. 대신 환경에 나쁜 상품과 약간 덜 나쁜 상품이 존재한다. 실제로는 상품의 폐기 시점이 아닌 구매 시점, 생산 시점에서 환경이 손상된다는 것이 그의 주장이다.

영화 〈위험한 게임War Games〉에서 매튜 브로데릭Matthew Broderick이 연기한 인물은 사고할 수 있는 컴퓨터에 핵전쟁의 공허함을 알려주려는 실험을 준비한다. 이를 위해 그는 컴퓨터 자신을 상대로 삼목 게임을 하라고 반복적으로 지시한다. 수백만 번을 그렇게 한 후 이 AI 컴퓨터는 삼목 게임이 '이상한 게임'이며 '이기기 위한 유일한 수는 게임을 하지 않는 것'이라는 결론에 도달한다. 징크 교수에게는 쓰레기 매립장, 재활용, 녹색 상품 그리고 나머지 모든 것이 다 마찬가지다. 그에게 승리를 위한 유일한 수는 소비를 하지 않는 것뿐이다.

물론 한계는 있다. 적어도 지금 이 순간을 살기 위해서는 먹어야 하고 숨을 쉬어야 하고 그리고 어느 정도는 쓰레기를 버려야 한다. 쓰레기를 버리는 것이 필요한 일일 수는 있지만 이를 제한할 수 있어야 한다. 어떤 소비 패턴에 관한 한 면죄부란 있을 수 없기 때문이다.

09

물은 어디에나 있…나?

Water, Water . . . Everywhere?

라디오 해설가 폴 하비Paul Harvey, 미네소타와 사우스다코타 농기구협회 그리고 공자까지, 각기 다른 세 가지 출처에서 나온 것으로 추정되는 인용구가 하나 있다. 이에 따르면 "우리의 모든 업적에도 불구하고 우리가 살아 있는 것은 6인치(약 15센티미터) 남짓한 표토층과 비 덕분이다".

이 말의 정확한 출처가 어디든 그것이 명백한 사실임은 틀림없다. 물은 지구 생명체에 가장 중요한 것이다. 육지에 서식하는 동물은 절대 바다에서 떨어져 살지 않는다. 실제로 우리는 물주머니(태포)에서 태어난 다리 달린 생명체일 뿐이다. 사실 인간의 혈액 중 액체 부분인 혈장에는 염분과 다른 이온이 포함돼 있는데 이 농도가 바닷물의 농도와 놀라울 정도로 비슷하다.

우주에서 보면 지구는 마치 물로 이뤄진 행성처럼 보인다. 학생들은 지구 3분의 2 이상이 물로 이뤄져 있다고 배우며 지구 부피가 아닌 표면적만 생각하면 이 말은 사실이다. 그러나 이런 생각은 기만적이다. 왜냐하면 문제의 물은 돌로 이뤄진 행성 표면 위에 있는 얇은 베니어합판에 지나지 않기 때문이다. 지구 부피는 2,600세제곱마일이며 이 중 바다가 차지하는 비중은 1,000분의 1에 불과하다.

최근 몇 년간 과학자들이 엄청난 양의 물(모든 해양을 합친 크기의 1~3배 양)이 땅 밑에 숨어 있다고 믿게 됐다는 사실에도 불구하고 지구는 전체적으로 뼈처럼 말라 있다. 사실 뼈보다 훨씬 더 말랐다. 뼈는 30퍼센트의 물로 이뤄진 반면 지구는 체적의 불과 1퍼센트만이 물로 구성된다.

담수는 훨씬 더 드물다. 해양에는 약 3억 세제곱마일의 물이 있지만 지구의 담수는 불과 전체 물의 단 1퍼센트만 차지한다. 비록 우리가 남극과 그린란드를 덮고 있는 수십 킬로미터 두께의 빙하를 비롯해 지구상의 모든 얼음까지 포함해 계산한다 하더라도 단 3퍼센트만이 담수임을 알 수 있다.

위태롭게도 이 얼마 안 되는 담수가 우리 모두의 생명을 유지하고 있다. 그래서 이런 현실을 거의 무의식적으로 인식하고 있는 우리는 물을 낭비해서는 안 된다는 경고를 종종 듣는다. 그러나 실제로 물을 낭비할 수 있을까? 오늘 우리가 마시는 물은 공룡이 지구를 배회하던 당시에도 있었던 똑같은 물이다. 그리고 지구상에는 실제로 100만 년 전과 동일한 양의 물이 존재한다. 물 낭비를 이해하기 위해서는 물의 파괴와 다른 뭔가를 생각해야만 한다. 왜냐하면 그런 일은 현실에서 일어나지 않기 때문이다. 그러나 인간에게 물이 지니는 가치의 관점에서 물은 오염될 수도 있고 깨끗할 수도 있고 염분이 있는 물일 수도 있고 담수일 수도 있다는 점에서 여전히 낭비될 수 있다. 그리고 필수적으로 물은 '여기'에 있거나 '여기 아닌 다른 어디'에 있을 수 있다.

인간이 겪는 물 문제를 모두 이해하려면 우리가 사용하는 물이 어디서 오는지 그리고 우리가 사용할 수 있는 물이 얼마나 있는지 아는 것이 중요하다.

그 기원부터 시작해 보자. 매일 약 300세제곱마일의 물이 바다에서 증발한다. 이렇게 증발한 물이 구름이 되고 그 구름이 비가 돼 내린다. 그 비의 약 90퍼센트가 다시 바다로 떨어지는데 이는 아무짝에도 쓸모없는 노력처럼 보인다. 하지만 아주 중요하게도 이 비의 10퍼센트가 땅에 떨어진다. 만약 이 물을 지구의 5,700만 세제곱마일에 이르는 땅 위에 펼쳐놓으면 1년 동안 약 11인치의 비를 얻는 셈이다.

그러나 육지에도 비가 내리는데 이 비의 근원지는 바다가 아니다. 땅에 내리는 평균 16인치의 추가적인 비는 증발산

evapotranspiration(나는 1,000달러에 이 18자 단어를 사겠어, 알렉스.—미국의 장수 퀴즈쇼 제퍼디에서 나오는 유행어_옮긴이)이라는 과정을 통해 지구의 땅덩어리에서 발원한다. 증발산이란 토양과 식물에서 대기 중으로 들어오는 물을 말한다. 우리 눈에는 대개 보이지 않는 과정으로 식물은 엄청난 양의 물을 발산한다. 예를 들어 다자란 참나무 잎은 하루 100갤런(약 380리터)의 물을 발산하고 1에이커의 옥수수는 하루 무려 3,000갤런의 물을 발산한다.

증발산을 통해 나중에 비가 되는 물은 평균적으로 총 27인치의 비를 지구에 퍼붓는다. 그러나 전체적으로 볼 때 증발산을 통해 생성된 물은 사실 제로섬게임에 참가한 선수다. 식물과 토양은 물을 발산하지만 나중에 이 물을 재흡수한다. 참나무 잎은 마법처럼 매일 출처를 알 수 없는 100갤런의 물을 발산하기만 하는 것이 아니라 땅과 공기 중에서 하루 100갤런의 물을 흡수한다.

따라서 물 낭비를 이해하려고 할 때 사실상 증발산은 무시할 수 있고 바다에서 발원해 추가적 비로 땅 위에 떨어지는 물에만 집중할 수 있다. 증발산으로 대기 중에 들어온 물이 식물의 재흡수로 상쇄되는 것처럼 매일 땅 위에 떨어지는 30입방마일(1입방마일은 약 4조 1,700억만 리터_옮긴이)의 비는 다시 바다로 돌아온다. 우리 모두가 알다시피 물은 스스로 수위를 조절해 해수면을 만든다. 결국 물은 언제나 원래 근원지인 바다로 돌아오는 것이다.

게다가 바다는 하루 총 30입방마일의 비를 그냥 땅에 양보하지 않는다(만약 그랬다면 지금쯤 우리 바다는 텅 비어 있을 것이다). 오히려 나중에 상환받는 일종의 대출에 가깝다. 이 물은 우리가 생명을 유지하기 위해 적어도 일시적으로 다른 곳에서 유용할 수 있는 물이다. 이는 여기서 굉장히 중요한 개념인 지구의 재생 가능한 담수다. 증발산 이후 땅으로 비가 돼 내리는 순수한 물일 뿐 아니라 지하 바위 구조로 지하수를 저장하거나 수송하는 지구 대수층에서 방출된 집단적 배출물이기도 하다.

물 낭비를 충분히 이해하기 위해서는 두 개념, 저수량water stock과 급수량water supply을 알아야 한다. 저수량이란 특정 시기, 특정 장소의 총담수량을 뜻하며 호수, 강, 습지 및 대수층의 물로 이뤄져 있다. 급수량은 매년 대수층에서 나오는 물에 더해 내리는 비의 총량을 말한다. 저수량은 예금계좌에 예치된 돈, 즉 은행 잔고와 같다. 급수량은 한 해 수입과 같다. 바로 사용하지 않으면 저축에 더해지고 수입이 매일의 지출을 온전히 감당하지 못하면 거기서 조금씩 돈을 꺼내 사용할 수 있다.

예를 들어 미국 오대호Great Lake는 저수량의 일부다. 오대호에만 약 5,500세제곱마일의 담수가 있다. 이는 미국의 재생 가능한 급수량, 즉 수입량의 거의 8배에 해당한다. 그리고 재정과 마찬가지로 언제나 저축한 돈을 쓰는 것보다는 수입에 비해 적은 돈을 쓰는 쪽이 현명한 일이다. 저수량을 전부 사용하는 것

—이 사례에서는 오대호의 물을 모두 빼서 쓰는 것—은 좋은 생각이 아니다.

이런 역학 작용을 알기 위해 아랄해Aral Sea를 생각해 보자. 1960년대 구소련연방은 아랄해로 유입되는 강물을 전용해 목마른 작물로 유명한 목화의 재배 관개수로 사용하기로 했다. 아랄해는 당시 세계에서 네 번째로 큰 내륙호였다. 이 물의 전용은 결과적으로 아랄해 부피를 80퍼센트 이상 줄였고 민물고기나 식물을 지원하는 담수로서의 역할을 더는 수행할 수 없을 만큼 남아 있는 물의 염분을 증가시켜 아랄해는 해수 생태계를 가진 소금물 호수가 됐다. 한때 6만 개의 일자리를 창출했던 이지역의 생명력 넘치는 물고기 생태계는 호수와 함께 말라버렸고 한때 어업으로 번성했던 도시들은 결국 해안에서 40마일 멀어졌다. 엎친 데 덮친 격으로 아랄해가 후퇴하면서 남은 소금이유입돼 비옥했던 농경지가 황폐해졌다.

급수량이 지역에 따라 크게 다르다는 사실을 안다고 하더라도 그게 충격으로 다가오지는 않을 것이다. 그린란드 국민 1인이 사용할 수 있는 상수는 수십억 갤런에 이르는 반면 쿠웨이트 국민 1인당 수자원은 몇백 갤런에 불과하다. 세계적으로 매년 육지에 내리는 강우량은 약 2만 5,000입방마일이다. 강우량의약 60퍼센트는 식물이 방출하고 다시 흡수해 지구의 재생 가능한 총담수량은 약 1만 입방마일이 된다. 대수층에서 추가로

3,000입방마일이 방출되면서 수자원 총량은 약 1만 3,000입방마일이 된다. 이 중 브라질이 가장 많은 연간 2,000입방마일, 세계 공급량의 약 15퍼센트를 차지한다. 다음은 1,100입방마일을 제공하는 러시아다.

미국의 연간 재생 가능한 총급수량은 약 700입방마일이다. 그리고 우리는 소비로 3일에 1번 1입방마일의 물을 출금한다. 이는 미국인이 1년간 총급수량의 약 6분의 1을 소비한다는 뜻이다. 공급 대비 사용률을 보면 미국은 급수와 관련해 별다른 압박을 받지 않는 국가로 분류할 수 있다. 이와 달리 사실 많은 국가가 급수에 극도로 어려움을 겪는다. 이 국가들은 보유하고 있는 급수를 사실상 전부 사용한다는 뜻이다.

세계적으로 인간은 재생 가능한 급수량 1만 3,000입방마일에서 매년 약 1,000입방마일의 물을 꺼내 사용한다. 그래서 지구의 전반적 급수 압박은 매우 낮다. 그러나 평균 깊이가 6인치에 불과한 강에서 익사한 사람처럼 이 분석은 정확하지만 핵심을 완전히 빗겨 나갔다.

세계 평균은 개념적으로는 유용하지만 물 낭비가 미치는 영향에 대해 중요한 통찰을 주지는 못한다. 왜냐하면 물이 있는 곳이 인간이나 농장이 있는 곳이 아닐 때가 많기 때문이다. 세계의 연간 급수량 중 상당량이 장마철 같은 특정 시기에 대량으로 증가하는데 이를 수집할 방법은 사실상 없기 때문에 이를 총급수량에 포함하는 것이 적절하지 않다는 점에서 상황은 더욱 나빠진다. 뿐만 아니라 우리는 배가 다닐 수 있는 수로를 유지하기 위해 재생 가능한 급수량의 상당 부분을 사용하고 있다. 대다수 국가가 수송이나 오락 목적으로 바다로 흘러 들어가는 강을 필요로 한다. 따라서 전 지구적 차원에서 인류가 느끼는 급수량의 압박 정도는 낮은 편이나 언뜻 보이는 것처럼 낮지는 않다.

그렇다면 압박이 높다는 것은 무슨 뜻일까? 미국 수계를 생각해 보자. 미국 듀오 라이처스 브라더스Righteous Brothers가 외로이 바다로 흘러 들어가는 강을 노래했을 때의 그 강이 콜로라도강은 아니었다. 콜로라도강은 수십 년간 간헐적으로만 바다로 흘러 들어갔다. 미국은 강물을 농수로 전용해 사용하고 있기 때문이다. 콜로라도 수계는 급수량의 100퍼센트가 소비된다. 만약 미국 강 중 그 어떤 강도, 심지어 강력한 미시시피강마저도 바다로 흘러가지 못한다고 생각해 보라. 대략적으로 미국이 매년 재생 가능한 모든 급수량을 사용했음을 뜻하며 미국은 급수량 압박이 높은 국가로 간주될 수 있다. 물론 물 부족은 한 국가 내에서도 크게 차이 날 수 있다. 라스베이거스는 시애틀에 비해 급수 압박이 훨씬 더 높다.

여기까지가 다음 두 장에서 다룰 물 낭비에 관한 사전 정보다.

10

사용하거나 낭비하거나

Use It or Lose It

물 사용을 이야기할 때 기억해야 하는 두 가지 중요한 개념이 있다. 바로 취수water withdrawal와 소비water consumption다. 취수란 물을 호수나 시냇물 같은 비축 수원에서 빼내 일시적으로 전용하는 것이다. 소비는 말 그대로 물을 지하, 호수 혹은 시냇물 같은 곳에서 영구적으로 없애는 것을 말한다.

차이는 뭘까? 만약 고기를 잡으러 나가서 잡은 물고기를 담기 위해 들통에 물을 채웠다가 집으로 돌아올 때 그 물을 다시 호수에 버리면 당신은 취수했지만 단 한 방울의 물도 소비하진 않았다. 다시 말해 당신은 그 물을 단 몇 분간만 빌려 쓴 것뿐이다. 그러나 이 들통을 집으로 가져가 그 물을 마당에 뿌려버린다면 소비한 것이다.

자, 이제 미국을 사례로 살펴보자. 미국의 경우 1일 취수량은 국민 1인당 약 1,000갤런이다. 반대로 소비는 국민 1인당 약 300갤런에 불과하다. 이 차이를 이해하기 위해 우리가 물을 빼내 사용하는 이유를 살펴보기로 하자.

취수의 최대 수원 두 가지는 단연코 화력발전과 관개며 각각 전체 취수량의 40퍼센트를 차지한다.

화력발전은 우리가 가장 많은 전기를 얻는 방법이다. 석탄, 석유, 천연가스를 태워 생성한 열로 물을 증기로 만들면 이 증기가 터빈을 돌아가게 하고 발전기를 구동해 전기를 생산한다. 핵 발전도 사실상 같은 방식으로 이뤄진다. 핵반응이 물을 데워 증기를 만든다. 이런 전력 생산과 관련된 모든 기계류를 식히는 데는 막대한 양의 물이 필요하다. 일단 물이 데워지면 가치가 감소하므로 발전소는 이 물을 다시 환경으로 방출한다. 미국의 발전소 대다수가 관류 냉각once-through cooling이라고 불리는 방식을 사용한다. 즉, 차가운 물을 환경에서 끌어다가 발전소를 작동하는 데 사용하고 그다음 다시 자연에 방류한다. 때때로 이렇게 방류된 물은 우선 거대한 냉각탑에서 분무 형태로 분사되면서 식혀진다. 이렇게 막대한 양의 물이 필요하므로 거의 모든 발전소가 수원 근처에 위치한다. 발전소는 농업만큼 많은 물을 끌어 쓰지만 이렇게 끌어낸 물의 약 3퍼센트만을 소비한다. 발전소는 같은 물을 냉각하고 재사용해 물을 훨씬 덜 끌어낼 수도 있다. 그러면 증발에 의해 손실되는 양만큼만 취수하면 된다. 그러나 그렇게 하면 동일한 양의 연료에서 덜 효율적으로 에너지를 발생시켜 더 많은 낭비를 일으킬 수 있다.

비교적 소비량이 적은데도 불구하고 발전 용도로 물을 전용하는 일은 몇 가지 문제점을 야기할 수 있다. 강에서 찬물을 끌어내고 이를 더운물로 다시 채우는 경우 수생동물을 죽일 수 있다. 그리고 일반적으로 말해 환경으로 다시 방출되는 물은 처음 끌어냈을 때처럼 완전히 깨끗한 물은 아니다.

막대한 양의 취수가 필요한 또 다른 분야는 바로 농업이다. 미국에서는 하루 1인당 400갤런의 물을 취수해 사용한다. 화력 발전의 경우와 달리 소비되는 취수량은 꽤 높아서 약 65퍼센트에 이른다.

어떻게 관개용수가 소비가 아니라 취수될 수 있는지 궁금해할지 모른다. 물이 증발하거나 식물이 이를 흡수하면 그건 소비로 간주된다. 두 가지 경우 모두 물이 해당 지역의 수계를 떠나기 때문이다. 그러나 일정량의 물이 토양으로 침투해 다시 지하수면으로 돌아가면 그 소량의 물은 소비가 아닌 취수로 간주된다. 농업은 상당량의 물을 취수하고 그 물을 상당히 많이 소비하기 때문에 미국 농업의 물 소비량은 전체 담수 소비의 85퍼센트를 차지한다.

이는 도시 급수량 문제로 눈을 돌리게 한다. 미국인들이 담수 공급원에서 취수해 사용하는 물의 총량은 하루 3,500억 갤런으로 이 중 단 400억 갤런만이(겨우 10퍼센트 남짓) 지역 물 처리 공장으로 보내진다. 그리고 그중 단 절반만이 가정에서 사용된다. 나머지는 상업용, 산업용 및 공적 용도(공원 호수)로 사용된다. 소비자가 하루 약 200억 갤런의 물을 사용한다는 것은 우물에서 식수를 얻는 사람 약 15퍼센트를 제외하고 계산하면 1인당 하루 70갤런의 물을 소비한다는 뜻이다.

그리고 이 70갤런 중 20갤런은 외부, 즉 주로 잔디에 물을 주는 데 사용된다. 이 수치는 천차만별이다. 맨해튼 아파트 거주민은 발코니에 둔 피튜니아에 물을 주는 일조차 없는 데 반해 산타페 교외 거주민은 교외 미경지에 골프 코스를 소유하고 있을지도 모른다. 그리고 나머지 50갤런 중 약 20퍼센트를 각각 변기, 샤워, 세탁기 및 갖가지 수도에 쓴다. 그렇게 쓰고 남은 10갤런은 기타 다른 용도로 쓰기 위해 비축한다. 그리고 이 10갤런 중 절반은 유실, 즉 누수로 낭비된다.

도시에서 취수한 모든 물 중 소비되는 물은 상대적으로 거의 없다. 지역 차원에서 하수를 처리해 강이나 저수지로 다시 돌려보내는 경우가 많다. 그래서 당신은 화장실 변기 물을 1,000번씩 내릴 수 있고(변기가 저수위 모델이든 고수위 모델이든 상관없이) 그렇다 해도 실제로 (약간은 있겠지만) 많은 물을 소비하는 것은 아니다. 잔디에 사용되는 물은 대부분 소비되지만 실내에서 사용하는 물은 거의 소비되지 않는다. 도시 급수량이 낮을 때 시에서 실외 세차나 잔디에 물 주기를 제한하는 이유다. 야외 세차나 잔디용 관개용수는 물을 소비하는 반면 집 안에서 목욕할 때 사용하는 물은 소비가 아닌 취수만 하는 것이다.

당신이 예상하는 대로 전 세계적으로 물의 취수와 소비는 수치상 차이가 크다. 미국은 1인당 하루 1,000갤런의 담수를 취수해 사용하지만 세계 평균은 약 400갤런이다. 물론 거의 취수하지 않고 그럭저럭 살 수 있는 국가도 몇몇 있다(매우 흥미롭게도 각국의 1인당 담수 인출과 소득의 연관성은 전기 사용과 소득만큼 큰 연관성은 없다. 개발도상국이 충분한 수원을 보유한 경우가 많기 때문이다).

이 분석은 수경 재배, 광산 및 가축 사육 등과 같은 취수의 몇 가지 다른 목적을 포함하지 않지만 사실 이런 목적으로 취수되는 물의 총량은 미미하다. 뿐만 아니라 취수나 소비로 분류할 수 없는 물의 사용도 많다. 실례로 오락 목적의 호수 조성, 물고기 번식 그리고 항해 등을 꼽을 수 있다. 게다가 전 세계에 퍼져 있는 5만 개 대형 댐을 통해 얻는 전 세계 전력의 16퍼센트는 일반적으로 물 사용 관점에서 사실상 그 영향이 전혀 없다고 간주된다(완전히 타당한 말은 아닐 수 있다. 지속적 수력발전을 위해서는 댐 뒤에 거대한 물 저수지가 필요하며 이는 증발에 의한 물 손실량을 증가시킨다).

도시에서 사용하는 대다수 물은 단순한 취수지 소비가 아니므로 이론적으로는 한 도시가 국제우주정거장에 설치된 폐회로 시스템closed-loop system(제조 공정에서 생긴 폐기물을 처리해 재활용하는 시스템_옮긴이) 설비를 건설할 수 있다. 국제우주정거장에서는 모든 폐수를 깨끗하게 정화해 동일한 관을 통해 돌려보낸다. 때때로 경멸적 어조로 '화장실에서 수도꼭지까지'라고 부르는 이 음용 가능한 재활용 시스템을 활용하는 도시가 몇 있다. 그러나 이 시스템의 대중화를 제한하는 요인이 한두 가지 있다. 첫째는 비용이다. 일반적으로 식수를 만들기 위해 하수를 처리하는 것보다 지표수나 대수층 물을 처리하는 쪽이 훨씬 더 저렴하다. 적어도 근처에 담수원이 있는 지역의 경우는 그렇다.

이 시스템의 폭넓은 도입을 막는 둘째 요인은 혐오 요소다. 음용이 가능하도록 처리된 폐수가 생수보다 훨씬 깨끗함에도 설문에 답변한 사람 중 소수지만 상당수가 폐수 처리된 물을 절대 마시지 않을 것이라고 말했다. 이 문제의 대부분은 시각적인 것이다. 당신이 마시는 한 컵의 물에는 이런저런 생명체가 셀 수 없을 만큼 포함돼 있거나 어쩌면 지난주처럼 아주 최근에 방출한 소변 분자가 들어 있을지도 모른다.

우리가 막대한 양의 물을 취수해 사용하는 저수지는 살아 있는 생명체와 그들이 생산하는 부산물로 가득하다. 사실 여기에는 죽은 혹은 부패한 유기물이 포함돼 있다. 뿐만 아니라 처리 후 방출된 물은 수원인 강이나 대수층으로 되돌아가 하류에 위치한 다음 도시에서 급수로 사용되는 경우가 많다.

그러나 혐오 요소는 실질적이다. 최근에 하수였던 물을 그것이 얼마나 깨끗한 물인지와 상관없이 마셔달라고 요청하는 문제를 둘러싼 민감한 일이 엄청나게 많다. 오리건주 포틀랜드에 거주하는 19세 댈러스 스윙거Dallas Swonger는 저수지에 소변을 봤다는 혐의를 받았다. 그는 혐의를 부인했지만 수도국 행정가 데이비드 섀프David Shaff는 저수지 안 3,800만 갤런의 물을 모두 배수해 폐기하기로 결정하면서 이유를 이렇게 설명했다. "당신은 누군가 소변 본 물을 마실 수 있습니까? 저수지 물을 모두 폐기해야 한다는 법규는 없지만 오줌을 마시고 싶어 하는 사람도 없습니다."

이런 상황이 사실 그렇게 드물지는 않다. 이건 안전 문제와는 전혀 관계없으며 특별한 경우 근처 지역 주민은 저수지에 죽은 동물의 사체가 떠 있는 것을 종종 본다고 증언했다. 저수지 위를 날아가는 새들도 배설을 참지는 않을 것이 자명하다.

비용과 홍보 과제라고 부르는 것 외에 식수 재사용에는 문제가 더 있다. 농축물, 즉 폐수에서 축출된 물질을 폐기하는 문제가 바로 그것이다. 초기에 대중을 보호하기 위해 마련된 법적 문제나 규제 장애물도 있다. 그리고 다수의 정치적, 기술적 문제도 있다.

고농축 폐수에서 발견된 것은 저수지에서 발견된 것과는 다르다는 데서 기술적 문제가 생긴다. 물속에서 박테리아 및 바이러스를 채취하기 위해 여과기를 사용하기는 쉽지만 여과를 한다고 물속에서 2배나 더 작은 분자인 호르몬을 채취할 수는 없다. 폐수에는 저수지 물보다 이런 유의 오염 물질이 더 많이 포함돼 있어 전기투석electrodialysis 혹은 역삼투reverse osmosis 같은 과정이 필요하며 두 가지 모두 에너지를 사용해 오염 물질을 걸러내고 막을 통해 음용이 불가능한 물을 흘려보낸다. 이 방식은 일반적으로 좀 더 전문적이고 비용이 많이 든다.

어떤 방식이 낭비가 덜할까? 관개용으로 다량의 물을 회수해 소비한다는 사실을 감안할 때 또 다른 보존 기술은 폐수를 채취해 최소한의 처리를 하고 관개용으로 사용하는 것이다. 이 시스템은 제대로 작동하고 처리 비용이 훨씬 더 저렴하지만 음용이 불가능한 물을 처리할 2차 수관이 필요하다.

음용 가능한 물과 불가능한 물의 재사용 비용 비교는 좀 더 까다롭다. 담수 처리 비용과 비교하면 둘 다 비용이 좀 더 저렴하고 둘 중에는 음용 가능한 물을 재사용하는 비용이 좀 더 비싸지만 음용 불가능한 물을 재사용하려면 자체 배관이 필요하다. 그게 훨씬 더 큰 비용이 든다는 뜻이다. 공장에서는 화장실이나 땅에 물을 뿌리는 용도로 음용 불가능한 물을 쉽게 사용할 수 있지만 뉴욕시에서 별도의 2차 수관을 설치하는 것은 완전히 다른 문제다.

담수의 수원으로 바닷물을 담수화하는 것은 어떨까? 이는 사용 가능한 담수를 얻어내는 가장 비싼 방식이다. 담수화 처리에는 대량의 에너지가 필요하므로 깨끗한 물의 공급원을 찾는 데 대체로 에너지 비용이 발생한다.

그럼에도 전 세계적으로 담수화 방식은 널리 사용되고 있으며 현재 운영 중인 2만 개가량의 공장에서 1초마다 25만 갤런의 담수를 누적 생산하고 있다. 담수화 방식은 건조기후 국가의 경우 가장 합당한 해결책이다. 이를 입증하듯이 북아프리카, 호주 그리고 중동 지역에서 담수화 방식이 널리 활용된다. 예를 들어 쿠웨이트는 담수화로 자국에 물 100퍼센트를 공급한다. 그러나 담수화는 세 가지 문제를 수반한다. 첫째, 방대한 양의 바닷물을 흡인하면서 모종의 생태학적 훼손이 발생한다. 둘째, 담수화의 부산물인 소금 덩어리를 폐기해야 하는데 일반적으로 이 부산물로 얻어진 소금을 다시 바다에 방출하면 해수 염도를 상승시킨다(아랄해를 기억하는가?). 마지막으로 가장 중요한 것은 앞서 언급한 대로 막대한 전력을 소비해야 한다는 점이다.

비교에 의하면 담수를 처리하고 인간이 소비할 수 있도록 안전하게 만드는 데 필요한 에너지는 담수화 비용의 약 10분의 1 정도가 필요하다(이 계산에는 물을 이동하는 데 필요한 에너지는 포함돼 있지 않다. 이는 지역별로 차이가 대단히 크다).

만약 우리가 최선으로 물을 배분하는 방법 그리고 이론상 낭비를 최소화할 수 있는 일종의 가격 신호를 감지하는 방법을 찾아내기 위해 시장을 고려하면 상황은 더욱 혼란스러워질 수 있다. 미국에서 물의 소매가, 즉 수도 요금은 당신이 어디에 거주하느냐 그리고 물을 얼마나 사용하느냐에 따라 크게 차이가 난다. 물의 수요와 공급은 상관없다. 사용된 갤런당 가격은 종종 단계로 표시되며 사용량이 증가하면 가격이 급격하게 상승한다. 이런 요금제는 사실상 잔디에 주는 물에 세금을 부과하는 것이다. 주거용 관개가 주거용 물 사용에서 가장 큰 비중을 차지하기 때문이다.

예를 들면 댈러스에서 처음 몇 천 갤런의 물을 사용하면 사용료는 1,000갤런당 2달러 미만이지만 누적 소비량이 1,500갤런에 이르면 동일한 1,000갤런에 4배에 해당하는 사용료를 지불해야 한다. 일반적인 가중평균으로 미국인은 주거용 수돗물 1,000갤런에 약 2달러를 지불한다. 물 사용량을 계량기로 측정하지 않고 한 달 사용료로 고정 금액을 부과하는 도시가 여전히 많다는 사실은 주목할 만한 가치가 있다.

그런 합리적 가격을 달성하려면 지방자치단체가 막대한 보조금을 지원해야만 한다. 그 결과 담수화 같은 대안적 담수원은 경제적으로 실현 불가능한 경우가 많다. 하루 최소 15갤런을 사용하는 주민에게는 특히 그렇다. 최소 15갤런의 물은 장기적으로 볼 때 생존에 꼭 필요한 물의 양이다. 뿐만 아니라 수도 요금은 원가, 즉 처리 및 공급 비용을 회수할 만큼만 부과해야 한다는 법률에 따라 그 부과에 제약을 받을 때가 많다. 그렇게 하는 것은 상품, 즉 물의 가격을 사실상 0으로 상정하는 것이나 다름없다.

물론 '다른 누군가'가 돈을 지급할 때 물 보조금은 종종 물의 과다 사용으로 이어지고 물값이 지나치게 낮으면 생태학적으로 지속 가능한 수원이 현상 유지(현재 공급되는 물)와 경쟁할 수 없다.

코로나19 대유행은 물 소비에 어떤 영향을 미쳤을까? 간단하게 답하면 그다지 많은 변화를 초래하진 않았다. 여전히 잔디에 물을 줘야 했고 변기 물을 내려야만 했다. 그러나 이는 순수 효과일 뿐이다. 좀 더 가까이 들여다보면 뭔가 다른 점이 보일 것이다. 기업에 서비스를 제공하는 물 처리 시설은 수요 급감을 경험한 반면 교외 거주자에게 서비스를 제공하는 시설은 수요가 급등했다. 어쩌면 우리는 동일한 횟수로 화장실 물을 내렸을지 모르지만 물을 내린 장소가 동일하진 않았을지 모른다. 이같은 수요 변화는 물 산업에 진정한 문제가 된다. 물 산업 시스템은 장기적으로 이런 신속한 수요 변화에 익숙하지 않다.

이 시점에서 물과 물 낭비 이야기에서 큰 부분을 차지하는 대수층을 좀 더 심층적으로 들여다볼 필요가 있다. 앞서 언급한 대로 지구상에 존재하는 물의 단 1퍼센트만이 액체 형태의 담수다. 그 1퍼센트의 물이 호수, 강, 습지, 대수층 그리고 나머지를 구성한다. 그런데 놀랄 만한 사실이 하나 있다. 액체 형태의 담수인 1퍼센트 중 단 1퍼센트만이 호수와 강과 같은 지표수다. 나머지 99퍼센트는 모두 대수층에 들어 있다. 미국 모든 담수호 물의 총량은 약 2만 입방마일이고 습지는 약 3,000입방마일 그리고 강은 또 다른 500입방마일, 담수 대수층은 250만 입방마일의 물을 포함하고 있다.

대수층은 거대한 지하 호수 혹은 놀라울 정도로 느리게 흐르는 강으로 생각할 수 있다. 이들은 계곡에서 혹은 호수 표면으로 자연스럽게 물을 방출한다. 하지만 인간이 대수층에서 물을 뽑아 올릴 때 또 다른 인공적 방류를 경험한다. 때때로 우리는 나중에 다시 취수하기 위해 우기 동안 대수층 안으로 물을 주입한다는 점을 주목해야 한다. 그러나 대체로 인간의 펌프질은 오직 한 방향, 즉 대수층 밖으로만 향한다.

만약 당신의 시간이 충분히 길면 전반적으로 물순환은 균형을 이룬다. 지상에 비가 돼 내리는 물양은 증발하는 수분량과 같다. 물순환을 추산할 때는 종종 이 균형을 가정하며 한 대수층의 자연적 방출과 인공적 방출을 동일한 것으로 간주한다. 지질학적 연대에 걸쳐서는 사실이지만 연간 기준에서는 항상 사실이라고 할 수 없다.

재생 가능한 담수에는 대수층에서 나오는 모든 종류의 방류가 포함돼 있다. 그러나 대다수 대수층은 수년 단위가 아닌 수백 년 단위로 재방출률을 측정한다. 대수층이 모두 채워지기까지 수천 년이 걸렸으며 오늘날 대수층이 품고 있는 물은 마지막 빙하기가 끝날 때 녹아내린 빙하에서 유출된 것일 수 있다.

이 장 앞부분에서 언급했듯이 많은 도시가 비축된 물이 아닌 도시 자체 급수량에 의존해 살아가야 한다. 그럼 대수층은 어떨까? 대수층이란 뭘까? 그건 상황에 따라 다르다. 만약 당신이 물이 재충전돼 다시 강으로 흘러가게 할 수 있는 대수층을 보유하고 있다면 분명 급수량처럼 보이고 또 강처럼 보일 것이다. 그러나 만약 당신이 영겁의 세월 동안 아주 천천히 채워지는 대수층을 보유하고 있다면 오대호에 좀 더 가까워 보인다. 그러나 실질적으로 모든 대수층에서 방류한 물은 급수량으로 간주된다.

이런 이유로 대수층은 급수량의 신용카드 같은 역할을 한다. 인간은 단기적으로 자연을 속일 수 있고 실제로 그렇게 하고 있다. 특정 국가는 대수층에 포함된 저수량을 취수해 사용하는 방식으로 1년 강수량보다 훨씬 많은 물을 사용한다. 비록 오대호의 물을 전부 빼내 사용하지는 않지만 대수층에서 물을 끌어 올려 사용하고 있는 것은 분명하다. 어쨌든 결과는 똑같다.

지구상에서 가장 큰 대수층 중 하나인 오갈랄라 대수층Ogallala Aquifer을 생각해 보자. 이 대수층은 캘리포니아보다 더 크고 대초원 지대 8개 주에 걸쳐 위치한다. 자동차 엔진을 펌프에 차용해 저렴한 비용으로 오갈랄라 대수층에서 물을 퍼 올리는 방법을 알아낸 20세기 중반 이후 이 대수층은 미국인을 먹이고 더 나아가 세계 인구를 먹이는 데 기여하고 있다.

오갈랄라 대수층에서 퍼 올린 물을 아주 먼 곳으로 운반하는 것이 그다지 현명한 생각은 아닌 반면 그 물을 퍼낸 곳에서 작물을 재배하고 가축을 키우는 것은 대단히 효율적인 일이다. 사실상 세계 곡물 생산의 6분의 1에 사용되는 물을 바로 이 대수층에서 퍼 올린다. 뿐만 아니라 미국에서 관개용으로 사용되는 모든 지하수의 30퍼센트가 오갈랄라 대수층에서 나온다. 이 대수층 위에 거주 중인 사람 5명 중 4명이 여기서 나온 물을 마시고 있다. 우리는 막대한 양의 물을 여기서 퍼 올려 사용하고 있으며 어떤 곳에서는 이미 이 물이 말라 없어졌다.

신용카드 이용 대금처럼 이렇게 빌려서 사용한 것은 언젠가 상환해야 하는 시기가 도래하며 그때가 오면 지역 전체에 파급 효과가 생긴다. 자연 방류도 멎고 지역 호수를 마르게 할 것이다. 한 추정 자료에 따르면 2060년까지 오갈랄라 대수층의 물이 유입되는 200마일의 개울이 사라진다. 비가 내려 이 대수층에 다시 물이 채워지기까지는 1,000년이 넘게 걸릴 것이다.

어떻게 이 대수층을 재생 가능한 자원으로 생각할 수 있는지 이해하긴 어렵다. 그래서 오갈랄라 대수층에서 퍼 올린 물의 불필요한 사용을 심각한 결과를 초래하는 낭비로 간주하기가 매우 쉽다.

소수의 대수층은 빠르게 재충전된다. 텍사스주 11개 카운티 땅 밑에 위치한 에드워즈 대수층Edwards Aquifer를 생각해 보자. 매일 이 대수층 밖으로 7억 갤런의 물이 나온다. 이 중 절반은 인간이 펌프로 퍼 올리고 나머지 절반은 지역 수계 수원에 물을 공급한다. 오스틴과 샌안토니오 인구 일부를 포함한 200만 명의 주민이 이 대수층에서 식수를 얻는다. 그러나 대수층에는 물이 꽉 차 있다. 비가 내리지 않는 동안에는 대수층 수위가 떨어지지만 우기에는 다시 물이 충전된다. 에드워즈 대수층은 진정으로 재생 가능한 자원이다. 그 결과 만약 우리가 낭비의 영향을 순위로 매긴다면 당신이 오스틴에서 양치질을 하는 동안 그냥 수도꼭지에서 물이 흘러나오게 두는 것의 영향은 위치타Wichita에서 그렇게 하는 것보다 낮다.

일반적인 물 소비를 이해하기 어렵게 만드는 것은 오갈랄라 대수층과 에드워즈 대수층에서 취수한 물을 재생 가능한 담수 자원으로 간주한다는 사실이다. 하지만 재생 가능성 비율에는 상당한 차이가 있다. 미국 전역에서 하루 동안 취수된 3,500억 갤런의 담수 중 25퍼센트가 지하수에서 온다. 이 물이 전부 모이면 얼마나 재생 가능한 자원이 될지 정확히 아는 사람은 아무도 없다. 미국에서 지하수를 가장 많이 사용하는 곳은 캘리포니아다. 캘리포니아는 대수층에서 매일 170억 갤런의 물을 퍼 올린다. 스탠퍼드대학교에 의하면 이 수치는 건기 동안 캘리포니

아주에서 필요한 물양의 3분의 2에 해당한다. 이는 캘리포니아 센트럴밸리 같은 지역이 지하수가 없을 때보다 좀 더 풍족한 환경에서 곡식을 재배할 수 있게 해준다.

비난을 하면서 이렇게 말하기는 쉽다. "아몬드 1알을 재배하는 데 1갤런의 물이 필요하다면 센트럴밸리에서 경작을 해서는 안 된다. 대수층에서 필요한 물의 일부를 퍼 올려야만 한다." 그러나 이 분석은 완전하지 못하다. 센트럴밸리에서 아몬드를 재배하려면 매우 많은 양의 물이 필요하다. 하지만 작물을 재배하는 데는 이 외에도 다른 많은 투입이 필요하다. 토양을 예로 들어보자. 센트럴밸리는 지구를 통틀어 가장 넓은 1급 토양(흙계의 캐딜락) 대지를 품고 있다. 1급 토양은 말 그대로 거의 완벽한 재배 환경으로 극심한 기온 차이를 겪지 않아도 되며 1년 내내 충분한 일조량을 자랑하는 축복받은 땅이다.

미국의 물 정책은 언제나 (적어도 이론적으로는) 거의 물 사용이 없는 곳에서 물을 끌어내 물 사용이 많은 곳으로 이동시키는 데 관련돼 있다. 그리고 센트럴밸리는 이런 관행의 대표적 예다. 심지어 관개를 위해 로키산맥 분수계Continental Divide 위를 흘러가도록 물의 방향을 바꿔야만 한다. 그리고 만약 이런 식의 물 사용이 지속 불가능할 경우—사실 지속 가능하지 않다—문제점이 하나하나 드러난다.

세계적으로 우리는 단 한 차례의 양수 이후 대수층이 완전히 말라버리는 현상을 목격해 왔다. 나사는 인공위성으로 국지적 중력 수준을 측정해 전 세계 대수층이 품고 있는 물양을 추정하고 있다. 이들은 세계 최대 37개 대수층 중 21개에서 물이 마르고 있음을 확인했다.

눈에 보이는 결과 하나는 가라앉고 있는 도시들이다. 멕시코시티를 예로 들어보자. 광활한 멕시코시티 인구는 2,000만 명이 넘는다. 멕시코시티의 연간 강우량은 25인치로 꽤 많은 편이나 이 중 85퍼센트가 5개월 동안 계속되는 우기에 내린다. 이는 홍수로 이어지고 모든 물을 모을 수 없게 한다. 이 기간을 제외하고는 극심한 물 부족을 경험한다. 그 결과 인구 70퍼센트는 하루 12시간 동안만 수돗물을 사용할 수 있다. 인구 20퍼센트는 트럭이 운반해 오는 물에 의존한다. 일례로 어떤 가정은 소득의 25퍼센트를 물 구입비로 지출한다. 해발 1마일에서 막대한 비용을 지불하고 이 도시까지 펌프로 대수층의 물을 퍼 올려야 한다. 물 인프라는 너무 낡고 노후화돼 물의 40퍼센트가 누수나 절도로 손실된다. 필요에 맞는 급수량을 채우기 위해 거주민은 물이 채워지는 속도보다 2배 빨리 대수층 물을 펌프로 퍼 올려야 한다. 그 결과 대수층이 고갈되면서 멕시코시티는 매년 1피트(약 305밀리미터) 이상씩 가라앉고 있다.

인구 2,000만 명의 또 다른 도시 베이징은 거대한 대수층 위에 위치하고 있으며 현재 이 대수층의 물은 점점 고갈되고 있다. 베이징은 1년에 4인치씩 가라앉고 있는데 무엇보다도 침몰 현상이 균일하지 않기 때문에 열차 탈선을 일으킬 수 있다. 중국은 역사상 최대 규모면서 가장 의욕적인 공학 기술 중 하나로 이 문제를 완화하기 위해 고군분투하고 있다. 600억 달러를 들여 3초마다 100만 갤런의 물을 습윤 기후 지역인 남쪽에서 건조기후 지역인 북쪽으로 수송관을 통해 수송하는 것이다. 이런 노력을 좀 더 균형 잡힌 시각에서 보기 위해 세계 최장 송유관 중 하나인 러시아의 드루즈바Druzhba 송유관을 예로 들어보자. 이 러시아 송유관은 같은 시간 단 1,500갤런의 석유를 운반하는 데 그친다.

수십 년간 중국에서는 거주 지역이나 농업 지역으로 이렇게 물길을 재조정하는 일이 필요에 따라 그때그때 이뤄지고 있다. 그리고 (중국 정부는 반박하고 있지만) 한 추정치에 따르면 이 같은 수류 변경으로 중국 강의 절반이 사라지는 결과가 초래됐다.

이렇듯 침몰 중인 도시가 베이징과 멕시코시티뿐인 것은 아니다. 인도네시아 자카르타는 지하수의 과다한 양수로 2년마다 1피트씩 가라앉고 있다. 휴스턴도 같은 이유로 6년마다 1피트씩 가라앉고 있다. 해안도시가 낮으면 낮을수록 허리케인이나 다른 폭풍우 피해를 입을 가능성이 더 높아진다. 지난 100년 동안 캘리포니아의 산호아킨 밸리San Joaquin Valley는 약 30피트가 가라앉았으며 지금도 가라앉고 있다.

11

물 낭비 심층 분석

A Deep Dive into Water Waste

물과 인간의 관계에 관한 확실한 근거를 바탕으로 전 세계가 물과 낭비로 어려움을 겪는 이유를 정확하게 탐구해 보자.

앞서 언급했듯이 물 자체는 부족하지 않다. 비록 당신은 아니라고 생각하겠지만 담수조차도 유한한 자원이 아니다. 이론상으로는 사실상 무한한 양의 물을 지구상 어디에선가 양수기로 퍼 올릴 수 있다. 그렇게 퍼 올린 물을 담수화 처리로 소비에 적합하게 만들 수 있다. 문제는 그렇게 하는 데 들어가는 에너지다. 이 에너지는 비용을 뜻한다.

한 가지 관점에서 보면 문제는 전혀 없다. 화석연료와 달리 우리는 물에 대한 모든 수요를 충족할 수 있을 만큼의 충분한 원재료가 있다. 오로지 정화에 투자할 전기료만 있으면 된다.

게다가 도시들은 기술과 에너지를 활용해 사실상 같은 물을 반복해 재사용하고 있다. 그럼 정말 물 낭비에 문제가 있긴 할까?

그렇다. 아주 큰 문제가 있다.

우리는 무수히 많은 문제를 볼 수 있다. 지구 인구 절반이 적어도 1년에 한 달 동안 극심한 물 부족을 겪는다. 10명 중 1명은 세탁이나 농업에 필요한 기본적인 비음용수조차 이용할 수 없다. 10명 중 3명은 안전하게 처리된 깨끗한 식수를 이용할 수 없다. 유엔은 앞으로 10년간 7억 인구가 물 부족으로 살던 곳에서 다른 곳으로 이주해야 할지 모른다고 예측하고 있다. 이런 현상의 근본 원인은 상당 부분 빈곤 때문이다. 그러나 물로 인한 다섯 가지 추가 문제가 경제성을 더욱 복잡하게 만든다.

첫째, 물이 '엉뚱한' 장소에 있다. 물 부족은 순전히 위치 문제다. 도시 지역과 농경 지역이 반드시 거대한 수원 근처에 위치한 것은 아니다. 로스앤젤레스를 생각해 보자. 약 11인치에 이르는 로스앤젤레스의 연 강우량은 사막이라고 간주되는 지역의 연 강우량보다 불과 2.5센티미터 더 많다. 이와 관련해 이번에는 라스베이거스를 생각해 보자. 라스베이거스의 연 강우량은 단 4인치다. 그리고 라스베이거스만 그런 것이 아니다. TV 애니메이션 쇼 〈킹 오브 더 힐King of the Hill〉의 한 에피소드에서 텍사스 토박이 페기 힐과 그의 아들 바비는 애리조나주 피닉스로 가면서 이런 말을 주고받는다.

바비 43.8도라고? 피닉스가 이렇게 더울 수 없는 거 아녜요,
엄마? 세상에. 마치 태양 위에 서 있는 거 같네.

페기 이런 도시는 존재하면 안 돼. 인간의 교만함을 상징하
는 거라고.

앞서 언급한 포틀랜드의 배수된 저수지 이야기를 다시 생각
해 보면 아마도 잃어버린 물을 애석해하지 말아야 할 것이다.
수도국 행정가 섀프는 이렇게 말했다. "3,800만 갤런의 물을 갈
아치우는 것은 쉽습니다. 우리는 건조한 남서부에 살고 있지 않
죠. 상습 가뭄 지역인 텍사스나 오클라호마에 살고 있지도 않고
요." 일리 있는 지적이다. 매년 43인치의 비가 내리는 포틀랜드
는 프랭크 허버트Frank Herbert의 《듄Dune》에 등장하는 사막 행성
아라키스Arrakis가 절대 아니다. 인구가 희박한 지역을 가로질러
흐르는 거대한 강이 있다면 3,800만 갤런의 물을 비우고 또 다
른 3,800만 갤런의 물로 대체하는 것이 무슨 해가 되겠는가? 섀
프의 행동에 다소 과한 부분은 있지만 그것이 비극이라고 말할
정도는 아니었다.

그러나 인구가 많은 도심은 재생 가능한 충분한 담수원이 없
는 지역이다. 다시 채워지는 데 오랜 시간이 걸리는 대수층이
주된 수원인 도시들은 시한폭탄이다. 이 도시들은 식량도 필요
로 하므로 원래는 경작에 적합하지 않은, 재생 불가능한 지하수

11. 물 낭비 심층 분석

를 관개용수로 사용하는 농업 지역 근처에 위치하는 경우가 많다. 아이러니하게도 대수층으로의 접근이 장기적으로 물 문제를 더욱 악화한다. 물이 풍부할 때 사람들이 이주해 와 농업과 목축을 시작한다. 인구도 늘어난다. 하지만 그러던 어느 날엔가 대수층이 말라버린다.

둘째, 전 세계 많은 지역의 물 인프라는 나쁘지도 없지도 않다. 유엔에 따르면 세계 인구 40퍼센트의 집에 기본 세면대, 즉 수돗물과 비누가 없다. 전 세계 보건 시설의 25퍼센트가 기본적 식수 서비스를 받지 못한다. 이런 물 부족 현상의 결과는 상상을 불허한다. 워터 프로젝트Water Project에 따르면 전 세계 모든 이에게 깨끗한 물이 제공될 경우 병원에 입원한 사람 수가 절반으로 줄어들 것이다.

이 문제를 더 악화하는 것은 종종 인프라에 존재하는 누수다. 이런 틈들은 추적이나 보수가 어렵다. 남아프리카에서 구하기 힘든 물의 3분의 1 이상이 누수로 유실된다. 뭄바이의 경우 누수로 유실되는 물양은 더 많다. 이 장소들이 극단적으로 영외인 것도 아니다.

셋째, 물 소유권의 경제성이 최상의 결과 도출을 방해하기도 한다. 경제학자 개릿 하딘Garrett Hardin은 공유지의 비극이라는 개념을 개발했다. 사람들은 공유지에서 희소한 자원을 집단적으로 과소비한다. 부족한 자원을 최대한 소비하는 것이 개인에게는 이득이기 때문이다. 새우를 잡으려는 사람들을 생각해 보자. 전체적으로 볼 때 새우 남획은 전혀 그들의 관심사가 아니다. 그러나 특정 개인의 새우 남획은 모든 이의 관심사다. 한 가지 해결책은 정부가 개입해 1일 어획량을 엄격히 제한하는 것이다. 그러면 문제는 개선된다.

공유지의 비극은 물 할당의 강한 설득력이다. 앞서 언급했듯이 물의 경제적 가치는 분명 0이 아니지만 소비자는 물을 공짜로 쓴 것 같은 청구서를 받는 경우가 많고 이는 결국 과소비로 이어진다. 다수의 지표수 관개 권리는 100년 전에 분배됐다. 그 권한을 소지한 영주들은 비록 강 하류에 더 가치 있는 용수가 있다 해도 자신들에게 권리가 있는 물을 취수할 수 있고 취수한다. 그들은 왜 그런 행동을 멈추지 않았을까? 그렇게 하지 못하게끔 그들에게 보상을 안겨줄 합당한 메커니즘이 없어서?

대수층에서 지하수를 퍼 올리면서 상황은 더욱 나빠진다. 만약 그 물을 소유한 사람이 없다면 원하는 만큼 물을 사용하지 않을 이유가 어디에도 없다. 결국 그들은 자신들의 이웃도 그렇게 할 것이라고 생각한다. 정상재 가격이 떨어지면 사람들은 소비를 더 많이 한다. 그리고 그 정상재가 공짜라면 그것을 낭비하지 않을 이유가 없다.

공짜 물이 과소비로 이어진다는 것이 새로운 관찰 결과는 아니다. 예로부터 그에 관한 많은 논의가 이뤄졌다는 사실을 우리는 알고 있다. 사람들은 수백 년 동안 놀라울 정도의 정교한 기술로 대수층의 물을 관개용수와 식수로 사용해 왔다. 고대 로마인보다 이 일을 잘해온 민족은 어디에도 없다. 로마인이 고도로 발전된 실용적인 공학 기술을 보유하고 있었다는 사실은 오늘날에도 1,000개의 고고학 유적지에서 확인할 수 있다. 로마인들의 송수로는 막대한 양의 물을 먼 곳(약 100마일)까지 이송했다. 송수로의 건축 기술 또한 한 송수로의 내리막 경사가 1마일당 1인치일 정도로 매우 정확했다. 1,700년 전 11개의 송수로가 1초당 약 3,000갤런의 담수를 로마시에 제공했다. 당시 로마에 약 100만 명이 거주했다고 가정할 때 하루 1명당 약 250갤런의 물을 제공했다는 계산이 나온다. 이 수치는 오늘날 많은 국가의 1인당 급수량과 같다.

아이러니한 역사의 변화 속에서 오늘날 로마는 물 부족을 이유로 키케로 시대에는 자유롭게 흐르던 공공 음수대 운영을 최근 중단했다. 오늘날 로마의 급수 시설은 50퍼센트의 누수 문제를 포함해 여러 문제로 골머리를 앓고 있다. 수압이 너무 낮아 일부 고층 아파트는 양동이에 물을 길어 상층부로 운반해야만 했다. 이탈리아 전역 모든 수도관의 25퍼센트가 50년 이상됐다.

만약 공짜 물이 과소비로 이어진다면 농부가 작물에 물을 주기 위해 대수층에서 퍼 올린 물에 사용료를 부과할 방법은 없을까? 그럼 물을 좀 더 효율적으로 사용하도록 유도할 수 있지 않을까?

이론적으로는 가능하지만 농부들을 설득하기는 쉽지 않다. 농부 중 다수가 현재 상태로도 근근이 살아가고 있다. 자신들의 땅에 파놓은 우물에서 퍼 올린 물에 사용료를 내야 한다는 말은 삼키기에 너무 쓴 약이다. 그러나 현재 전 세계 다양한 지역에서 이 전략을 시도하고 있다. 한 사례가 남부 콜로라도 샌 루이스 밸리San Luis Valley에 있다. 대수층 감소로 인해 우물에 수량계를 설치하면서 농부들은 1,000갤런당 약 25센트의 물 사용료를 지불하기 시작했다. 이후 물 사용료는 2배가 됐다. 조성된 기금은 농지를 휴한지로 두는 다른 농부들에게 보조금을 지급하는 데 사용된다. 과거 관개한 120에이커 땅에 물을 퍼 올리지 않기로 합의하면 농부들은 연간 1에이커당 200달러를 받을 수 있다. 지방 수도국은 이 계획을 4만 에이커의 농지에 도입하기 위해 노력 중이지만 지금까지 너무 더디게 진행돼 현재 약 25퍼센트만이 이를 도입하는 데 그치고 있다. 4만 에이커의 땅을 휴한지로 두면 대수층은 안정화될 것이다. 하지만 이 계획의 효과를 논하는 것은 아직 시기상조다.

물 문제로 이어지는 네 번째 정황은 가상의 물을 쉽게 수입할 수 있다는 것이다. 가상수virutal water가 무엇인지 이해하려면 나단 하버슨Nathan Halerson 기자가 들려준 사우디아라비아 사례를 생각해 보자. 이 사막 국가는 대수층 위에 자리 잡고 있다. 이 대수층은 최근까지만 해도 이리호Lake Erie만 했다. 물이 모두 채워지는 데 1만 년 이상 걸렸고 전국의 많은 도시뿐 아니라 흩어져 있는 오아시스에도 물을 공급했다. 몇몇 오아시스는 성경에 언급될 만큼 오래됐다. 수천 년 동안 이 대수층은 이곳에서의 삶 그리고 문명을 가능하게 했다. 그러나 사우디아라비아인이 밀을 재배하기로 결정하면서 모든 것이 바뀌었다. 그들은 초당 15만 갤런의 물을 대수층에서 뽑아 올리기 시작했다. 하루 아침에 사우디아라비아는 세계 6위 밀 수출국이 됐다. 이런 지위는 25년간 유지됐다. 그러다 대수층 물이 거의 바닥났다. 우물은 완전히 말라버렸고 밀도 그랬다. 사우디아라비아는 현재 물의 절반을 담수화 처리해 사용한다. 그리고 나머지 물의 대다수는 남아 있는 대수층 물 20퍼센트를 더 깊은 우물을 통해 계속 퍼 올려 사용한다. 이에 대한 사우디아라비아 기업의 대처법 중 하나는 용수권이 있는 전 세계 토지를 대량 매입해 다량의 물을 필요로 하는 작물인 알팔파(콩과에 속하는 다년생식물_옮긴이)를 재배한 후 이를 다시 사우디아라비아로 수출해 가축 사료로 사용하는 것이다. 기본적으로 사우디아라비아는 중부 캘리포니아 같은 지역에서 자국에는 없는 귀중한 물을 수입하고 있다. 이것이 가상수다. NPR 인터뷰에서 하버슨은 사우디아라비아 식품 회사 알마라이Almarai가 애리조나 사막에서 15제곱마일의 땅을 구매한 일에 관해 이야기한다. "이 회사는 그 땅을 매입하면서 약 15개의 우물을 갖게 됐다. 이제 이 우물 하나에서 약 15억 갤런의 물을 퍼 올릴 수 있다. 그들이 대수층 지하에서 앞으로 퍼 올릴 물양은 어머어마하게 많다."

그러나 사우디아라비아의 경우는 하나의 사례에 불과하다. 가상수는 모든 곳에서 거래되고 있다. 예를 들어 소고기나 옥수수를 생산하려면 막대한 양의 물이 필요하다. 그래서 당신이 이런 상품을 수출하면 가상수도 함께 수출하는 것이다. 모로코와 이집트에서 대량으로 재배되는 감귤 작물 형태로 북아프리카에서 러시아로 막대한 양의 가상수가 흘러 들어간다.

물은 순전히 경제적 요인에 따라 이런 메커니즘으로 그것을 필사적으로 필요로 하는 국가를 떠날 수 있다. 전 세계 굶주린 사람의 80퍼센트가 식량을 수출하는 국가에 사는 현상과 마찬가지로 많은 이가 갈증으로 고통받는 국가에서 막대한 양의 가상수를 수출한다. 만약 세계시장이 현지인이 감당하기 어려울 정도의 거액을 가상수에 지불한다면 물은 그곳을 떠난다.

그래서 다섯 번째 문제는 바로 현대 농업이 엄청난 양의 관개수에 의존한다는 것이다. 이 문제를 해결할 방법이 있을까? 관개 없이 빗물만으로, 아니면 적어도 지하수를 사용하지 않고 식량을 재배할 수는 없을까? 이 문제를 좀 더 세부적으로 분석해 들여다보자.

첫째, "현재 방식에서 강우만으로 식량을 재배할 수 있을까"라는 질문을 살펴봐야 한다. 거의 확실한 답은 '그럴 수 없다'다.

미지질조사U.S. Geological Survey는 그 답을 이렇게 말한다. "대규모 농경이 농경지에 강, 호수, 저수지, 우물 등에서 끌어온 물로 관개하지 않고 세계 거대한 인구를 모두 먹일 수 있는 식량을 생산할 수는 없다. 관개 없이는 캘리포니아, 이스라엘 혹은 내 토마토 텃밭 같은 사막에서 절대 작물이 자랄 수 없다." 그리고 이건 방글라데시와 파키스탄, 두 국가를 사례로 살펴보면 절반이 넘는 자국의 목초지와 농경지에 관개를 통해 물을 댄다. 인도는 3분의 1을 그렇게 한다.

문제는 변두리 국가에서 이뤄지는 그런 관개가 특정 작물의 산출을 크게 늘리는 데 꼭 필요한 것일 때가 있다는 점이다. 예를 들어 옥수수는 풍년을 기대하기 위해 22인치의 강우가 필요하다. 산출이 낮은 곡물의 경우 15인치의 강우만 있어도 가능하다. 강우량이 형편없이 낮은 해의 경우 관개는 산출이 없거나 산출이 조금 있거나의 차이를 결정한다. 관개는 상황을 더욱 악화하면서 많은 물을 필요로 하는 작물의 생산을 장려한다. 콩은 12인치가량의 강우가 필요하고 완두콩도 마찬가지다. 밀과 수수는 20인치의 비가 필요하고 면과 쌀은 40인치가 필요하다. 관개용수가 없으면 농부들이 농사를 지을 수는 있지만 완전히 다른 작물을 재배해야 한다. 지하수 관개를 하지 못할 경우 농업이 어떤 모습일지 알 수는 없어도 분명하게 말할 수 있는 것 하나는 우리의 먹거리가 완전히 달라질 수 있다는 것이다.

그런데 이 질문을 수정해 다시 물어보자. 이 문제를 어떻게 물어볼 것인가에서 중요한 문구는 현재 우리의 농업 방식과 관련 있다. 과연 현재 농업 방식을 완전히 바꾸고 현재 사용하는 물양의 아주 일부만으로 식량을 생산할 수 있을까? 답은 '그럴 수 있다'다. 음식물 쓰레기를 논의하면서 알게 되겠지만 가치 측면에서 두 번째로 가장 큰 식량 수출국은 네덜란드다. 네덜란드 국토 면적은 미국 메릴랜드주보다 별로 크지 않다. 고강도, 다층 온실을 보유한 네덜란드인은 토마토 1파운드를 재배하는 데 단 15파운드의 물을 사용한다. 반면 미국이나 나머지 다른 국가는 80파운드 이상의 물을 사용한다. 네덜란드인은 온실 속 공기 구성 요소를 꼼꼼하게 통제하는 기술부터 로봇과 드론 활용에 이르기까지 다양한 기술을 이용해 이처럼 효율적으로 물을 사용하고 있다. 모든 작물을 소중한 자녀처럼 관리하면서 매일매일 조심스럽게 재배한다.

또 다른 기술적 도구도 사용할 수 있다. 물이 덜 필요하도록 작물 유전자를 조작할 수도 있다. 관개 방식이나 비료 사용법을 비롯한 나머지도 다시 생각해 볼 수 있다. 정밀 농업이나 나노 기술을 사용할 수도 있다. 토양의 마이크로바이옴microbiome을 변경할 수 있다. 매년 농업 분야에서 수천 개의 특허권이 부여된다. 농작물의 가치가 미국에서만 연간 1,300억 달러가 넘는다는 점을 감안할 때 그럴 만한 충분한 이유가 있다.

훨씬 더 적은 양의 물을 사용해 증가일로의 세계 인구를 먹여 살릴 수 있는 방법이 실제로 있다. 그러나 관개에 사용할 수 있는 물이 공짜인 국가에서 네덜란드가 실행하고 있는 첨단 실내 농경으로의 전환은 불가능하다. 물론 이 모든 일은 이론상으로 최첨단 '내일의 농업'에 필요한 일종의 자본 투자를 할 수 있는 자원을 보유한 일부 국가에서만 가능하다.

물이 엉뚱한 곳에 있고, 인프라가 낙후됐거나 없으며, 공짜 물을 지나치게 많이 소비하고 가상수를 쉽게 수출할 수 있으며, 현대 농업의 관개 의존도가 상당히 높다는 것이 물과 관련된 다섯 가지 큰 문제점이다. 이 문제점을 감안할 때 개인으로서 우리가 도움이 될 수 있는 방법은 무엇이 있을까?

한 개인이 큰 영향을 미치는 데는 한계가 있지만 기여할 수 있는 방법은 세 가지가 있다. 첫째는 절약이다. 보존주의자들이 지대한 영향력이 있다고 생각하는 절약 실천은 아주 효과가 없는 것은 아니지만 우리가 생각하는 것보다는 덜 유용하다. 주거용 물 사용이 전체 취수와 소비에서 차지하는 비중이 작기 때문에 저수류 양변기 설치, 샤워 시간 줄이기 등과 같은 실천 방법은 제한적으로 영향을 미친다. 물론 상식적으로 도움이 될 만한 일은 모두 실천하는 게 바람직하다. 만약 당신이 급수 압박이 높은 지역에 거주하고 있다면 목마른 풀인 생 어거스틴 잔디를 조경용으로 사용하지 말고 길거리에서 호스로 세차하지 말아야 한다.

하지만 여기에 주거용 물을 절약하는 방식의 한계가 있다. 비닐봉지나 플라스틱 물병 같은 물품의 경우 소비자 전체가 직접적 사용자다. 만약 당신이 그런 물품에 신경 쓴다면 사용을 최대한 많이 줄이면 된다. 만약 모든 사람이 사용을 중단한다면 문제는 해결된다. 그러나 물 사용은 완전히 다른 문제다. 헤아리기 어려울 만큼 막대한 양의 물을 끌어다가 그러지 않으면 재배할 수 없는 작물을 재배하고 있다는 점을 감안하면 당신이 양치질을 하는 동안 그냥 수도꼭지를 틀어놔서 물이 흘러가도록 내버려 두거나 식당에서 당신이 요청할 때만 물을 제공해도 그다지 문제가 되지 않는다. 건조한 기후에서 물을 많이 필요로 하는 작물을 재배하는 것이 어쩌면 좋은 생각이 아닐지 모른다. 그러나 당신이 그렇게 하는 농부가 아니라면 발언권이 별로 없다.

아마도 당신은 이렇게 생각할 것이다. "좋아, 난 이제부터 물이 많이 필요한 상품은 사지 않겠어." 이것이 도움을 줄 수 있는 두 번째 가능성이다. 즉, 물 집약적 상품을 구매하던 소비 행동을 바꾸는 것이다. 과거에 그랬듯이 당신이 원하는 대로 하면 된다. 그러나 이 전략 역시 문제가 있기는 마찬가지다.

아마 당신은 물건 하나를 만드는 데 얼마나 많은 물이 사용되는지 보여주는 통계 수치를 봤을 것이다. 예를 들어 밀 1파운드를 재배하는 데 1,000파운드의 물이 필요하고 쌀 1파운드 혹은 사탕수수 1파운드를 키우는 데 4,000파운드의 물이 필요하며 면화 1파운드를 재배하는 데 2,000파운드의 물이 사용되고 스테이크 1장을 만드는 데 5,000파운드의 물이 필요하며 커피 1잔 혹은 와인 1잔을 만드는 데는 200파운드의 물이 필요하다고 들어왔다. 때때로 이 숫자는 식품 1칼로리에 수십 갤런까지 전환된다. 예를 들면 소고기 1칼로리는 2갤런의 물이 필요한 반면 닭고기 1칼로리는 1갤런이 조금 덜 필요하다. 감자는 1칼로리 생산에 단 2잔의 물이 필요하고 시리얼 곡물 생산도 물 2잔이면 족하다.

이 숫자는 사실이다. 그리고 이 수치는 관련 단체에서 선의로 발표하고 있다. 많은 시간과 학문적 노력이 모든 수치를 밝혀내는 데 투입되고 있다. 그러나 이런 계산은 본질적으로 지나치게 단순화돼 있어 특별히 의미 있다고 보기 어렵다. 서로 다른 수원을 모두 동등하게 계산하기 때문이다. 물이 풍부한 오리건주에서 관개에 의하지 않은 목초지의 풀을 먹여 사육된 소는 애리조나 사막에서 수입된 알팔파를 먹여서 키운 사우디아라비아산 소 혹은 하와이에서 사육된 후 747 비행기에 실려 미국 본토로 보내진 소(실제로 이런 일이 일어난다)와는 완전히 다른 영향을 미친다. 물을 어디에서 얻었는지 같은 지리적 문제가 엄청나게 중요하다. 그러나 당신이 그 사실을 안다고 하더라도 그것이 당신에게 많은 것을 말해주지는 않는다. 이는 강우(몇 갤런의 물이 필요한지 말해주는 수치에서는 강우를 포함한다), 전용된 지표수, 재활용이 불가능한 대수층 물 그리고 재생 가능한 대수층 물에 미치는 영향이 크게 다르기 때문이다.

이런 미묘한 차이를 보여주기 위해 상품에 라벨을 붙이는 시스템을 상상해 보자. 면 티셔츠처럼 한 가지 재료로 만들어진 어떤 상품과 관련해 뭔가 의미 있는 것을 말하기란 거의 불가능하다. 피자에 들어간 재료를 모두 계산해 총합을 내는 일을 생각해 보자. 그런 시스템이 존재한다 하더라도 어떤 특정 상품의 매트릭스는 지속적으로 바뀔 것이고 이를 입증하기는 불가능하다. 그래서 우리는 애석하게도 비슷한 것을 비교하는 간단한 방식으로 물 사용을 파악하겠다는 기대 따위는 미뤄둬야 한다. 우리의 진정한 관심사는 얼마나 많은 양의 물이 물건 하나를 만드는 데 투여됐는지가 아니라 그렇게 투입된 물이 우리가 사는 이 세계에 얼마나 영향을 미치는지다. 그리고 이건 파악하기 어려운 문제다. 당신이 입고 있는 옷가지에 사용된 면이 강우만을 이용해 제조된 것임을 확인하고 싶을 경우 여기에는 행운이 따라야 한다. 당신의 차량에 들어 있는 휘발유가 수압 파쇄법으로 채굴된 석유로 만들어졌는지 아닌지 확인하는 것만큼이나 어려운 문제다. 세상은 이런 것을 측정할 수 있도록 설정돼 있지 않다.

좋다, 물 배출권이라는 제도는 어떨까? 우리는 탄소배출권을 구매할 수 있다. 물 배출권은 왜 안 되겠는가? 이 역시 문제가 있다. 만약 당신이 애크런에서 이산화탄소를 방출하면 앙카라에 나무를 심는 것으로 이를 상쇄할 수 있다. 우리 모두는 같은 공기를 들이마시므로 당신의 탄소 배출이 어디에서 일어나든 정말로 중요하지는 않다. 그러나 만약 당신이 사막에 살고 있고 3,800만 갤런의 물을 재미를 위해 써버리기로 했다고 하자. 그러고 나서 죄책감을 누그러뜨리기 위해 포틀랜드의 물 배출권을 사기로 했다. 그렇다고 해도 칭찬받으리란 기대는 버리는 게 좋다. 포틀랜드는 충분한 담수를 보유하고 있어 누군가 거기에 오줌을 눈다면 3,800만 갤런의 물을 폐기할 것이다. 물의 희소성은 놀라울 정도로 지역 의존적이며 시간 의존적이다.

정말 없을까? 전 세계적으로 물 문제를 안고 있는데 물 문제와 관련해 개인이 할 수 있는 일이 정말 없을까? 이렇게 많은 논의를 한 후 개인으로서 할 일은 아무것도 없다고 체념하기에는 뒤끝이 전혀 개운하지 않다.

어쩌면 상황이 그렇게 나쁘지만은 않을지 모른다. 확실하게 영향을 미칠 수 있는 세 가지 방법이 있다. 첫째, 우리는 소비 습관을 바꿀 수 있다. 더 많은 물이 필요한 물건, 예를 들어 소고기 섭취나 새로운 면직물 의류 구입을 피하는 것이다. 둘째, 전체 물 생태계에 대한 대중 지식이 부족하다. 만약 더 많은 사람이 재생 불가능한 대수층에서 물을 퍼 올려 사용하는 일의 문제점 그리고 물 관련 인프라에 많이 발생하는 누수 현상을 알게 된다면 상황은 바뀔 수 있다. 그리고 마지막으로 물과 관련된 많은 이슈가 물 소유권과 같은 정책적 결과로 이어질 수 있다. 이 문제에 정통한 공직자를 선출하는 것이 해결책을 찾는 데 크게 도움이 될 수 있다.

그러나 그게 다는 아니다. 저수류 양변기와 나머지 해결책에 엄청난 관심을 기울이는 이유가 여기에 있다. 어쩌면 거대한 계획 안에서는 별 도움이 되지 않을 수도 있지만 개개인이 조금이나마 도움이 되기 위해 할 수 있는 일이다.

11. 물 낭비 심층 분석

PART

2

WASTE IN OUR BUSINESS

비즈니스에서의
낭비

오, 구형을
갖고 있군요

Oh, You Have the Old Version

이 책 초안에는 이런 문장이 있었다. "아무도 낭비를 좋아하지 않는다." 지나서 생각해 보니 우리는 순진하게 희망적이었던 것 같다. 이 책을 집필하면서 이런 생각이 완전히 틀렸음을 알게 됐다. 낭비는 무수히 많은 지지자를 거느리고 있다.

결국 낭비가 많으면 많을수록 많은 사람 그리고 많은 기업의 호주머니로 더 많은 돈이 들어간다. 유통기한이 지난 통조림을 더 많이 버릴수록 이를 공급하는 회사에는 더 좋은 일이다. 비록 이 유통기한은 객관성을 담보할 수 있는 기관이 정한 것도 아니고 식품 안전과도 전혀 관련 없지만 말이다. 많은 사람이 '나중에 후회하는 것보다는 조심하는 것이 낫다'는 잘못된 신중함이 그들에게 경제적 해악을 끼침을 깨닫지 못한다.

이런 현상은 상당히 널리 퍼져 있다. 대학 교재를 출판하는 출판사들은 기존 교재와 아주 조금 다른 신판을 출간해 사용하던 교재를 더는 쓸모없는 것으로 만들어 버린다. 샤워할 때 반복해서 헹궈야 할 필요가 있을까? 샴푸 제조사는 그래야 한다고 말한다.

사실 고객이 지난해 출시된 상품에 만족하지 못해도 제조사는 결코 눈물을 흘리지 않는다. 신문 연재만화 〈블룸 카운티Bloom County〉는 한때 지역 컴퓨터 해커 올리버 웬델 존스Oliver Wendell Jones가 자신이 소유한 컴퓨터의 신형을 홍보하는 TV 광고를 보고 있는 이야기를 다룬 적이 있다. 이 이야기에서 신형 컴퓨터는 단 한 가지 기능, "색조 조절"만 빼면 존스가 가진 기존 컴퓨터와 대동소이했다. 그리고 펀치라인은 존스의 구형 컴퓨터가 쓰레기통에 버려져 있는 것을 보여준다. 이때 존스는 이렇게 말한다. "보통 우리 해커들은 구형은 쓰지 않아."

그렇다. 해커들은 구형은 쓰지 않는다. 그리고 다른 많은 이들도 구형은 쓰지 않는다. 바짓단 길이가 짧아졌다가 길어진다. 남성 넥타이 폭도 넓어졌다가 좁아진다. 스마트폰도 크기가 작았다가 나중엔 커진다. 매번 정신없이 신형으로 물건을 바꾸는 일을 피하고 싶다면 그리고 자신이 참을성이 많다고 생각한다면 그냥 유행 주기가 바뀌기를 기다려라. 그러면 당신이 보유하고 있는 낡은 것들이 결국 다시 신형이 되는 날이 올 것이다.

다만 이 과정에서 유행과 거리가 먼 폭의 넥타이를 착용해야 하는 부끄러움을 견뎌야 하는 것은 당신 몫이다.

통조림에 표시된 유통기한 날짜부터 색조 조절에 이르기까지 모든 사례의 공통점은 무엇일까? 모두 진부화와 관련 있다. 진부화란 어떤 물건이 구식이 되거나 사용 불가능해지는 과정을 말한다. 그러나 진부화에도 주목할 만한 특정한 유형이 있다. 바로 사용 가능한 생명주기가 끝나기 전 특정 시점에 일부러 구식이 되게 하거나 손상되거나 사용 불가능해지도록 제품을 제조하는 계획적 진부화다. 계획적 진부화가 낭비를 부추길까? 얼핏 보면 이는 그 무엇보다 낭비적 행위로 보일 것이다.

계획적 진부화에는 두 종류가 있다. 조작적 진부화engineered obsolescence란 상품이 생명주기 이전에 고장 나도록 고의로 설계하거나 제작하는 것을 말한다. 반면 스타일 진부화란 상품이 일정 주기에 따라 구식이 되도록 설계하는 것을 말한다. 일단 가장 해로운 유형인 조작적 진부화부터 분석을 시작해 보자.

영화 〈라이언 일병 구하기Saving Private Ryan〉에서 톰 행크스Tom Hanks가 분한 밀러 대장은 라이언 일병을 집으로 데려오기 위해 그와 그의 부하들이 지불해야 하는 대가를 생각하면서 이렇게 말한다. "그에게 그럴 만한 가치가 있어야 해. 그가 집으로 가서 질병을 치료하거나 더 오래 쓸 수 있는 전구를 발명해야 한다고."

아, 전구라면 매우 사랑받는 제품이며 좋은 생각이 떠오를 때를 표현하는 보편적 상징이다. 전구는 거의 완벽에 가까운 상품이었지만 한 가지 분명한 단점이 있었다. 시간이 지나면 수명을 다한다는 것이다.

전구는 계획적 진부화를 논할 때 거의 빠지지 않고 등장한다. '피버스 카르텔Phoebus Cartel'로 알려진, 전구 제조사들의 작은 조직이 벌인 일 때문이다.

소비자들이 전기 조명 역사에 관해 백과사전식 지식이 없던 1924년 판매 급감을 걱정한 세계 전구 제조사들은 스위스에 모여 1,000시간만 사용할 수 있는 전구만 제조하는 데 합의했다. 그들은 전구의 목표 수명을 정했을 뿐 아니라 1,000시간보다 더 오래가는 전구를 만든 기업에 벌금을 부과하는 시스템도 구축했다. 그 결과 엔지니어들은 전구가 더 오래가게 만들기 위해서가 아니라 좀 더 빨리 수명을 다하게 만들기 위해 밤을 새웠다. 피버스 카르텔의 이런 행위는 종종 담합과 계획적 진부화를 통해 이윤을 확대하려고 한 가장 오래되고 가장 잘 기록된 사례로 꼽힌다.

그러나 흔히 묘사되는 것과 달리 이 사례를 옳다 그르다 관점에서 판단하기가 그렇게 명쾌하지만은 않다. 전구 수명을 제한할 만한 충분한 이유가 있기 때문이다. 심지어 오늘날에도 백열전구는 소비 전력의 단 3퍼센트만 빛으로 전환되고 나머지

97퍼센트는 열로 전환될 만큼 비효율적이다. 전구 수명을 더 오래가게 하려면 더 두꺼운 필라멘트를 사용하거나 전구 밝기를 낮추는 방식으로 비효율성 정도를 더 증가시켜 더 많은 전구로 동일한 양의 빛을 내게 해야 한다. 효율성과 수명 간 균형을 표준화하는 방식으로 제품을 생산하는 것이 전구 제조사에는 충분히 합당한 일이다. 특히 제품 가격 자체가 제품에 동력을 제공하는 데 필요한 에너지 비용보다 더 낮을 경우 그렇다. 합의된 표준화는 충분히 일리 있는 결정이다. 오늘날에는 그런 표준을 설정하는 데 정부가 참여하는 경우가 많지만 1924년에는 흔한 일이 아니었다.

물론 그렇게 너그러운 마음으로 이 현상을 읽는다면 판단의 추가 반대쪽으로 너무 멀리 움직이고 전구 제조사의 악마의 뿔이 성자의 후광으로 둔갑한다. 스위스에서 회담을 가진 피버스 카르텔이 수익 올리기에만 몰두했다는 데는 의심의 여지가 없다. 효율성 논쟁은 진실과 훌륭한 커버 기사라는 이점이 있었다. 그러나 인간의 동기가 완전히 이타적이거나 이기적인 경우는 드물다.

그럼에도 우리가 사는 이 세상은 특별히 수명이 더 짧게 고안된 제품들로 가득하다는 생각을 떨쳐내기 어렵다. 계획적 진부화는 주변 세계가 아닌 주류 세계에 존재하는 음모 이론의 진귀한 사례가 됐다. 보증기간이 만료된 직후 고장이 생겼을 때 제조사가 그 결과를 조작했는지 아닌지 의심하지 않을 사람이 어디 있겠는가.

새로운 물건을 구매하게 하기 위해 일부러 고장이 나도록 제품을 제조한다는 계획이 19세기 산업계 대표, 아니면 스크루지 맥덕Scrooge McDuck에 의한 것이라고 한다면 그럴듯해 보인다. 심지어 디스토피아적 SF소설이 그런 생각을 탐구한다. 1982년 《블레이드 러너Blade Runner》에서는 타이렐 코퍼레이션이 공공 안전을 이유로 4년의 유효기간을 지원하고 정기적으로 새로운 복제품을 팔 수 있는 혜택이 강화된 복제 인간을 만들었다.

실제로 헨리 포드에 관해 자주 언급되는 이야기는 포드사가 절대 고장 나지 않는 T형 자동차의 부품을 찾겠다는 목표로 자사 엔지니어 팀을 고물상에 파견했다고 주장한다. 그들이 돌아왔을 때 포드 팀은 하나, 즉 킹핀으로 알려진 부품을 찾았다고 보고했다. 엔지니어들에게는 놀랍게도 포드는 품질이 더 낮고 더 저렴한 킹핀을 만들라고 지시했다. 그럴듯한 이야기지만 사실은 아니다.

조작적 진부화가 사실인지 아닌지는 파악하기 어렵고 회사는 그 사실을 비밀로 간직할 것이다. 이론적으로 전구 사례가 분명하게 보여준 것처럼 자유 시장 시스템은 노골적인 조작적 진부화를 방지하는 보호 장치다. 의도적으로 결함 있는 제품을 출시한 회사는 소비자의 마음을 살 수 있는 품질이 향상된—매력적인—신제품을 생산하는 또 다른 회사로 교체될 것이다.

그럼에도 진부화와 관련된 낭비는 의도적으로 조작돼 일상 생활 속으로 들어온 것처럼 보인다. 일례로 프린터 카트리지에서 조작적 진부화를 확인할 수 있다. 카트리지는 이론적으로는 재충전할 수 있으나 해당 제조사의 소모품을 사용하지 않을 경우 고장 나는 칩이 내장돼 있다. 이 외에도 배터리를 교체할 수 없거나 부품이 없어 AS를 받을 수 없게 하거나 작동을 위해 특수한 도구나 소프트웨어가 필요하도록 설계된 제품을 제조하는 것이 하나의 유행으로 자리 잡았다. 소프트웨어 제조사는 소비자가 자신들의 경쟁사 제품으로 갈아타는 비용을 사실상 감당할 수 없도록 계획적 엔지니어링이 아닌 표준 포맷으로 정보를 내보내는 기능을 지원하지 않는다. 많은 기술 회사가 의도적으로 쓸모없는 독자적 기능을 탑재한 제품을 설계한다. 이는 경쟁사 제품과 독자 개발 기능의 호환 가능성을 줄이기 위한 것일 뿐이다.

어째서 이 기업들은 처벌받지 않을까? 경쟁사가 더 나은 제품을 개발해 그런 기업의 코를 납작하게 만들지 않는 이유는 무엇일까? 답은 간단하다. 해당 산업계에는 압도적으로 앞서가는 기업이 다수 있고 당분간 그런 선두 지위를 이용해 자사 제품을 구매하지 않으면 안 되게끔 만든다. 시장의 선두 주자는 지배적 지위를 유지하기 위해 온갖 수단을 다 동원할 것이다. 어떤 세탁소가 동네에 단 하나뿐인 세탁소이고 싶지 않겠는가? 시장을 선도하는 기업은 경제학자들이 독점 가격이라고 부르는 것을 탐닉하고 소비자에게 해를 끼치며 사용자 이익보다는 자신들만의 이익을 우선시하는 제품을 만든다.

그러나 제품 품질은 계속해서 개선되고 있다. 변화를 거부하는 기업은 파산의 길을 걷는다. 어떻게 그럴 수 있을까? 선두 지위를 지키는 것이 시장 선두 주자들의 스포츠라면 골리앗을 쓰러뜨리는 것은 신생 기업의 스포츠기 때문이다. 넷플릭스가 영화 스트리밍 서비스를 제공하면서 비디오 대여 업체 블록버스터Blockbuster가 사라졌다. 제조사들은 필름을 사용하지 않는 카메라를 만들었고 코닥Kodak과 폴라로이드Polaroid는 파산 신청을 했다.

이것이 조작적 진부화다. 계획적 진부화의 또 다른 유형인 스타일 진부화는 어떨까? 자동차에 부착된 테일 핀tail fin은 다른 현상이지만 아마도 좋은 사례가 될 만큼 충분히 알려져 있을 것이다. 올해 모델은 더 큰 핀을 혹은 더 작은 핀을 아니면 더 긴 핀을 부착했을 수 있다. 만약 당신 차에 그런 핀이 장착돼 있지 않다면 당신은 유행에 뒤처진 사람이다.

조작적 진부화는 회사 이외에 실질적인 시민 옹호자는 없다. 놀라겠지만 스타일 진부화는 많은 옹호자가 있다. 그들의 목소리를 들어보자.

1930년대 미국인 B. 얼 퍼켓B. Earl Puckett은 여러 개의 백화점을 연합 상점 기업Allied Stores Corporation이라는 하나의 체인으로 묶는 일을 단행했다. 1950년 중반 퍼켓은 뉴욕 애스터 호텔에서 개최한 자신의 상점에 상품을 공급하는 약 500명의 패션 상품 기획자를 대상으로 한 연설에서 자신이 원하는 게 무엇인지를 오늘날의 감수성으로 볼 때 오싹할 만한 방식으로 설명했다. "온건한 산업에 종사하는 우리는 진부화를 가속화해야 할 책임이 있습니다. 우리 임무는 여성이 옷이라고 할 만한 것 때문에 불행하다고 느끼게 하는 것입니다."

그는 말을 이어나갔다. "우리는 이 여성들을 최대한 불행하게 만들어 그들의 남편이 풍족한 저축 잔고에도 불구하고 어떤 행복이나 평화도 발견할 수 없게 해야 합니다. 그런 결과를 이룰 때까지 우리는 경제 전반에 충분한 기여를 했다고 할 수 없습니다."

스타일 진부화가 경제에 기여한다는 퍼켓의 주장을 생각해보자.

스타일 진부화를 좀 더 적극적으로 옹호한 사람은 디자인 업계 거성 J. 고든 리핀컷J. Gordon Lippincott이다. 그는 캠벨Campbell 수프 통조림을 디자인하고 코카콜라 로고를 하나의 아이콘으로 만든 인물이다. 노틸러스 핵잠수함 내부와 터커 자동차도 디자인했다. FTD 로고에 머큐리를, 베티 크로커Betty Croker 로고에 스푼을 그리고 식품 제조 회사 제너럴 밀즈General Mills 제품에 G자 디자인을 넣은 장본인이기도 하다. 그는 기업 정체성을 중요하게 생각한 사람이었으며 1947년 아직도 널리 읽히고 있는 저서 《기업을 위한 디자인Design for Business》을 집필했다. 그는 이 책에 스타일 진부화에 대한 자신의 주장을 담았다. 그 주장은 이렇게 시작한다.

매년 자동차를 바꾸고 3년에 1번 혹은 4년에 1번씩 냉장고, 진공청소기, 전기다리미 등을 바꾸는 관행은 경제적으로는 타당한 일이다. 완전히 고장 나기 전에 쓰던 물건과 작별하려는 행동은 역사상 어떤 사회에서도 발견할 수 없는 현상이다. 오롯이 미국인만의 습관이며 철저히 우리의 풍요로운 경제에서 기반한다. 그런 행동은 가장 오래된 인간의 도리 중 하나, 즉 알 수 없고 종종 두려운 희소성의 미래에 대비하기 위한 절약의 법칙에 반하기는 하지만 더욱 장려돼야 한다.

자동차 1대가 유행에 뒤처진 스타일이 되면 중고차 판매상에 넘어간다. 그리고 고물상에 도착해 재활용 산업에서 쓰일 고철이 되기 전까지 계속 누군가에 의해 유용하게 쓰인다. 나는 이 자동차가 향후 고철이 되는 것이 두 번째 소유자의 손에서든 혹은 다섯 번째 혹은 여섯 번째 소유자의 손에서든 중요하지 않다고 생각한다. 중요한 것은 만약 이 자동차의 원소유자가 자동차의 사용 연한인 15년을 온전히 다 사용하면 다섯 번째 혹은 여섯 번째 소유자를 위한 자동차는 없다는 것이다.

리핀컷은 여기서 오늘날에도 의미가 있는(스마트폰 재활용에 관한 장에서 알게 될 것이다) 중요한 사실을 지적했다. 당신이 최상의 신형 휴대폰을 구매하고 나서 2년이 지난 후 더 좋고 더 새로운 스마트폰을 산다고 해서 사용하던 휴대폰을 버리는 것은 아니다. 아마도 당신은 그것을 자녀 중 한 아이에게 주거나 아니면 이베이에 등록할지 모른다. 아니면 다시 제조사에 팔아 중고 시장에서 새로운 주인을 만나게 할지 모른다. 이 경우 리핀컷의 주장이 옳다. 스타일 진부화는 실제로 유용한 목적으로 쓰일 수 있다. 2차 시장을 형성하고 신형 스마트폰을 살 수 없거나 살 의지가 없는 사람에게 도움을 준다. 만약 우리 모두가 자신의 스마트폰을 쓸모없는 쓰레기가 될 때까지 사용한다면 스마트폰 시장은 의심의 여지 없이 지금보다 규모가 더 작을 것이고 많은 사람이 스마트폰을 사용할 수 있는 기회를 얻지 못할 수도 있다. 만약 신차만 시장에 나와 있다면 더 많은 사람이 자동차 대신 자전거를 타고 다녀야 할 것이다.

그러나 이 하나의 사례에 지나치게 의존하지는 말기로 하자. 이 책 어디선가 보겠지만 기부 의류의 80퍼센트는 결국 매립장으로 보내진다. 대부분은 아니더라도 쓰레기 더미에 버려진 다수의 전자장치는 버려질 당시 제 기능을 할 수 있었다. 그래서 우리는 스타일 진부화와 관련된 낭비 분석을 중고 시장으로 보내지는 물품과 버려지는 물품, 두 유형으로 나눠야 한다. 유행이 지난 제품이 유효 수명을 다한 것이라면 무슨 해가 있을까? 만약 유효 수명을 다한 것이 아니라면 그건 낭비처럼 보인다.

리핀컷은 같은 책에서 스타일 진부화의 두 번째 정당성을 제시한다. 그는 자연적이든 조작적이든 상관없이 새로운 것에 대한 수요가 "제조사가 고객에게 더 나은 제품을 제공하기 위한 지속적 노력을 기울이게 하고 이는 우리의 생활수준을 향상하는 하나의 수단"이라고 주장한다.

일례로 스마트폰 판매사는 자동차 제조사처럼 매년 신형 모델을 출시한다. 그리고 그들의 목표는 지난해 스마트폰 모델을 보유한 고객이 자신의 스마트폰을 업그레이드해야겠다는 생각이 들게 할 만큼 더 나은 제품을 선보이는 것이다. 스마트폰이 처음 등장한 과거에는 제품을 향상하는 것이 비교적 쉬운 일이었다면 지금은 점점 더 힘든 과업이 돼가고 있다. 스마트폰 제조사는 새로운 기능을 탑재한 제품을 내놓기 위해 그 어느 때보다 많은 노력을 기울여야만 하며 이 과정이 결국 기술혁신을 촉진한다.

사실 이런 주기는 제3의 진부화 유형으로 간주될 수 있다. 즉, 혁신 진부화 혹은 하나의 제품이 객관적으로 더 우수한 신형 제품에 의해 진부화되는 과정이다. 예를 들어 더 저렴하고 더 효과적인 백신은 현재의 모든 재고를 진부한 것으로 만들어 버릴 수 있지만(비록 기존 백신이 여전히 기능을 한다고 하더라도) 이런 관례를 낭비라고 하기는 어렵다.

리핀컷이 불과 2~3년 후 자신의 주장 중 다수를 철회하기에 이르렀다는 사실에 주목해야 한다. 그는 자동차와 기타 내구재 모델이 해마다 바뀌는 풍조를 비난하는 기사를 기고했다. 그가 끊임없이 바뀌는 제품을 부정적으로 바라보는 견해를 피력한 사례는 무수히 많았다. 스타일 변화는 단순히 변화를 위한 변화며 제품을 향상하지는 않는다. 제품 개선을 추구하는 과정에서 우수한 디자인으로 출발한 제품이 실제로는 퇴보한다. 제조공장의 기계를 계속해서 교체하는 것은 결국 제품 가격을 인상하고 제품의 품질 개선에 써야 할 에너지를 다른 곳에 쓰게 한다. 지속적 변화와 신형 모델 생산에 대한 압박은 구태의연한 제품을 탄생시키고 모델이 늘어나면서 기존 제품의 수리는 더욱 어려워진다. 또 참신함에 대한 압박은 사용하기 훨씬 복잡한 제품으로 이어진다. 결국 소비자는 모든 제품이 다 새롭고 개선된 버전임을 강조하는 세상에서 지쳐간다(리핀컷은 이 점을 지적하지는 않았지만 새로움과 개선을 동시에 잡을 수 있는 제품은 없다).

계획적 진부화를 옹호하는 마지막 주장은 주목할 만하다. 즉, 계획적 진부화가 경제성장의 동력이 될 수 있다는 것이다.

이 이론을 옹호하는 이들은 끊임없이 물건을 교체해야만 하는 필요성이 경제성장과 고용 증가로 이어진다고 말한다. 만약 모든 제품이 절대 닳아 없어지지 않는다면 소모품 외의 물품을 구매하는 사람은 없을 것이다. 이런 명제는 자본주의에 대한 통렬한 비판에 쓰이는 경우가 많으며 자본주의는 본질적으로 경제성장을 도모하기 위해 지속적인 원자재가 필요하므로 천연자원 착취를 부추긴다고 주장한다.

그러나 계획적 진부화 혹은 자본주의에 관한 견해가 무엇이든 이런 비판은 유효하지 않다. 이는 경제학에서 깨진 유리창의 오류로 불리는 유명한 오류의 전형적 사례다. 이 이론에서 한 소년이 돌을 던져 유리창을 깨뜨린다. 시간이 지난 후 동네 주민들은 그 소년이 좋은 일을 했다고 생각한다. 그전에는 장사가 잘되지 않았던 유리 제조업 종사자에게 이제 일거리가 생긴다. 그 결과 유리 생산자는 창문을 설치할 일꾼을 고용하기에 이른다. 이 일꾼은 현장에 가기 위해 대중교통 수단이 필요하므로 택시를 탄다. 유리창을 깨뜨린 그 돌이 결국 지역 경제에는 도움이 된 것이라고 깨진 유리창의 오류는 주장한다.

그러나 프레데릭 바스티아Frédéric Bastiat가 자신의 에세이 〈보이는 것과 보이지 않는 것That what is see and that which is not seen〉에서 지적했듯이 유리 제조공에게 지급된 돈을 창문 차양 같은 다른 곳에 사용해 해당 지역 경제에 동일한 혹은 훨씬 더 높은 수준의 성장을 유도할 수 있었다. 유일한 차이는 깨진 유리창을 경험한 집주인만 이익을 보지 못한다는 것이다. 집주인은 기껏해야 기존 상태를 회복하는 데 그쳤지만 그 돈을 다른 곳에 사용했다면 순이익을 얻었을 것이다.

여기서의 논리가 계획적 진부화까지 확장된다. 언제고 깨지게 돼 있는 창문은 동일한 이유에서 경제에 도움이 되지 않는다. 자본주의가 깨져서 교체돼야 하는 창문을 필요로 하지 않는 것처럼 깨지고 교체할 필요가 있는 모루나 장식함도 필요로 하지 않는다. 만약 누군가 절대 깨지지 않는 창문을 만들어서 판다면 자본주의자 관점에서는 좋은 일이다. 왜냐하면 창문을 수리하는 비용을 다른 분야에서 새로운 일거리를 창출하는 데 자유롭게 쓸 수 있기 때문이다.

깨진 유리창의 오류를 뒷받침하는 생각은 상당히 매력적이어서 입법을 통해 실행하자는 제안까지 있었다. 1932년 버나드 런던Bernard London이라는 한 남성은 〈계획적 진부화를 통한 불경기 타개Ending the depression through planned obsolescence〉라는 에세이를 썼다. 그는 불황을 겪는 국가의 국민은 누구나 그렇지 않았을 때보다 훨씬 오랫동안 제조 상품을 사용하고 있으며 소비 부재가 경기 침체를 이끈다고 지적했다. 그는 정부가 신발부터 라디오에 이르기까지 모든 물품의 유통기한을 정해야 하며 유통기한이 지난 물품을 대중의 손에서 수거해야 하고 새로운 물건을 구매하도록 유도해야 한다고 주장했다.

매년 정부 공무원들이 돌아다니면서 모든 창문을 깨뜨리기만 해도 같은 결과를 얻을 수 있다. 이런 생각에는 일반적으로 마크 트웨인Mark Twain의 창작물이라고 여겨지는 오랜 이야기에서처럼 근본적 불합리함이 포함돼 있다. 한 섬의 작은 공동체에 관한 이 이야기에서 주민들은 다른 사람의 세탁물을 취하는 방식으로 불안정한 생계를 근근이 이어나간다.

그래서 진부화라는 논의의 결론은 무엇일까? 조작적 진부화는 명백한 낭비다. 반면 스타일 진부화는 반드시 낭비는 아니다. 단, 유행이 지난 제품이 2차 시장을 형성해야 한다. 그러나 제품에 2차 수명이 주어지지 않는다면 그건 낭비다. 그리고 혁신 진부화는 어떤 의미에서든 절대 낭비라고 볼 수 없다.

02

당신의 주머니 안에는
60개 원소가 들어 있다

Sixty Elements in Your Pocket

스마트폰은 끊임없이 새로운 모델을 출시하는 관행에서 발생하는 낭비에 관심 있는 사람들에게 풍부한 먹을거리를 제공한다. 최신, 최고 사양의 모델을 할리우드 영화 시사회에 맞먹는 대대적 언론 홍보 행사를 통해 선보인다. 이런 행사에는 막대한 자금이 들어가고 사람들은 특정 시점의 유행이 무엇이냐에 따라 최신 스마트폰 혹은 가장 빠른 스마트폰, 가장 큰 혹은 가장 작은 크기의 스마트폰에 찬사를 보낸다. 그러나 2~3년만 지나면 당신은 그 스마트폰을 버릴 수조차 없다. 서랍 속에 처박힌 채 먼지만 쌓인다.

　스마트폰의 생명주기가 대체 뭘까? 어떻게 하면 모두가 갖고 싶은 것에서 아무도 원하지 않는 것으로 전락할까? 누구에게나 필수 장비가 돼버린 이 스마트폰을 제조하는 과정에서 얼마나 많은 부분이 낭비될까?

인간처럼 스마트폰도 흙에서 시작해 흙으로 돌아간다. 현대 사회의 놀라운 기술 발전의 결과물 중 하나인 스마트폰을 제조하려면 화학주기율표의 몇 가지 원소에서 시작해야 한다. 당신의 스마트폰에는 무수히 많은 원소가 필요하다. 사실 60가지인데, 이는 당신 몸에서 발견될 수 있는 숫자보다 더 많다.

원소란 더는 간단한 물질로 분해될 수 없는 물질을 말한다. 가령 구리와 주석의 혼합물인 청동과 달리 금과 탄소는 그냥 금과 탄소다. 118가지 원소가 있으며 이 중 83가지 원소는 안정적이고 비방사성이다.

이 원소 중 몇몇은 희토류원소rare earth elements라고 불리는데 이들은 현대사회에 꼭 필요한 요소가 됐다. 그러나 그 이름에도 불구하고 희토류원소는 실제로 희귀하진 않다. 사실 꽤 흔하게 발견된다. 이 원소들을 획득하기 어려운 이유는 그들의 광상이 집중적으로 모여 있지 않고 채굴하거나 정제하기가 어렵기 때문이다.

가장 흔하게 사용되는 희토류원소는 추출하기가 어려운데도 불구하고 모두 가격이 그렇게 비싼 편은 아니다. 란타늄La, 세륨Ce, 사마륨Sm 1온스를 구매하는 데 25센트보다 적게 든다. 심지어 좀 더 비싼 중희토류원소 역시 가격이 적당하다. 물론 플루토늄Pu 같은 원소와 비교했을 때 그렇다(플루토늄은 구매 방법을 알아냈다고 하더라도 1온스에 10만 달러 이상을 지불해야 한다).

게다가 세계적으로 희토류원소 시장이 다소 작다. 한 해 채굴된 희토류원소의 총가치는 2주간 채굴된 구리의 총가치 혹은 한 달간 채굴된 알루미늄의 총가치와 겨우 맞먹는다.

그런데 이런 희토류원소가 왜 그렇게 중요할까? 이 원소들이 전자기기 안에서 아주 특별한 기능을 하고 대부분 이들을 대체할 등가물이 없기 때문이다. 케이크 굽기를 생각해 보자. 케이크를 만들려면 밀가루 3컵과 베이킹파우더 1티스푼이 필요하다. 만약 밀가루 1티스푼이 모자란다면 별문제 없지만 베이킹파우더 1티스푼을 빼먹는다면 케이크를 만들 수 없다. 베이킹파우더는 비싸지도 않고 희귀하지도 않지만 베이킹에 없어서는 안 될 재료다.

희토류원소는 놀라운 능력이 있다. 사물이 더 밝은 빛을 내게 하고 사물을 자기화한다. 또 금속과 혼합하면 훨씬 더 강력한 합금이 된다. 희토류원소를 이용해 좀 더 강력하게 만든 제품은 매우 중요하며 이 중 다수는 현대인의 삶에 결코 없어서는 안 되는 것들이다.

그리고 우리가 사용하는 스마트폰에도 대다수의 희토류원소가 필요하다.

그러나 희토류원소를 채굴하고 정제하는 과정은 쉽지 않고 오랜 시간이 걸린다. 산, 오븐, 독자적 처리 과정이 필요한, 거의 연금술에 가까운 과정이다. 1파운드의 소금에서 간헐적으로 분포된 후추 1티스푼을 추출한다고 생각해 보자. 이게 바로 희토류원소를 두고 이야기하는 기본 순도다. 그리고 이 과정 중 일부는 처리에 최장 2년이 걸린다.

희토류원소 외에도 스마트폰에는 다수의 다른 원소가 필요하다. 중량으로 따지면 가장 흔한 것이 알루미늄이다. 가치로 따지면 금이 그렇다. 그리고 지구 구석구석에서 채굴된 나머지 원소가 그들만의 독특한 방식으로 결합된다.

물론 이 원소들은 모두 채굴해야 하며 그 과정은 현대사회의 상당 부분을 뒷받침한다. 미국처럼 산업화된 현대사회에서 모든 개인은 매일 평균 20파운드의 모래, 15파운드의 석탄, 3갤런의 석유, 1파운드의 철광석, 1파운드의 소금 그리고 0.5파운드의 인산염을 필요로 한다(인산염은 주로 우리가 먹는 곡물을 재배하는 데 비료로 사용된다).

하지만 이게 다가 아니다. 광물질교육연합Minerals Education Coalition에 따르면 당신이 누리는 현대 생활 방식을 지탱하기 위해서는 평생 매일 총 100파운드의 광석을 지구에서 채굴해야만 한다. 나쁜 소식은 이 모든 채굴을 하면서 (물에서 연료에 이르기까지) 소비한 자원량이 어마어마하게 많고 채굴된 모든 것을 처리하면서 소비한 자원도 마찬가지라는 사실이다.

채굴 과정에서 얼마만큼의 낭비가 발생할까? 어떤 의미에서 채굴은 모두 낭비와 관련 있다. 낭비 없는 세상에서는 정제된 원소로 이뤄진 주괴가 지구 표면에 풍부하게 뿌려져 있어 쉽게 채집해 사용할 수 있을 것이다. 그러나 물론 실상은 그렇지 않다.

일단 주괴 가격에서 낭비 요인의 일부를 파악할 수 있다. 일례로 금을 들어보자. 확인된 금 매장량이 100만 온스인 금광을 사려면 얼마를 지불해야 한다고 생각하는가? 1차로 금광 가치는 금 가격(1온스에 약 1,400달러)에 매장된 금 무게를 곱한 것이라고 생각할 수 있다. 어림잡아 약 14억 달러 정도다.

그러나 현실적으로 금은 채굴하기가 매우 어렵기 때문에 단돈 5,000만 달러에 해당 금광을 매입할 수 있다. 그렇다. 금광은 일반적으로 해당 광산에 매장된 금 1온스당 50달러로 가치를 계산한다.

만약 순금이 1온스당 1,400달러에 팔릴 때 그 금광은 1온스당 고작 50달러로 가격을 상정한다면 1,350달러의 가격 차이는 금의 가격이 아니라 그 금을 채취해 정제하는 과정에서 필연적으로 발생하는 낭비 가격임을 쉽게 알 수 있다.

그런데 심지어 1온스당 50달러조차 낭비다. 금광의 가치는 1온스당 50달러인데 그 광산에 금이 매장돼 있는지 여부를 판단하기 위해 막대한 양의 노동과 위험이 투입됐기 때문이다. 낭비가 없는 세상이었다면 그런 판단을 내리는 데 그 정도 자본과 위험을 감수할 필요가 없었을 것이다. 금을 캐는 광부들이 뚫은 구멍마다 광맥이 들어 있지는 않다.

임의의 100에이커 땅속에 들어 있는 모든 금의 가치는 사실상 0이다. 당신 집 뒷마당에 있을 수도 있고 없을 수도 있는 금 부스러기는 아무런 가치가 없다는 점에서 사실 금은 가치가 없다. 당신은 은행을 찾아가 당신 집 뒷마당에 있는 금광 채굴권을 담보로 돈을 빌릴 수도 없다.

원소 가격에는 숨은 낭비 외에도 인간의 희생도 포함돼 있다. 많은 광산이 근본적으로 사람과 환경 모두에 해롭다. 전 세계적으로 아동 노동과 심지어 강제 노동이 존재한다. 인간의 희생을 완전히 없애거나 최소한 줄이기라도 할 수 있을까? 우리가 사용하는 스마트폰 같은 제품을 제조하는 사람들이 이 문제를 해결하기 위해 할 수 있는 일은 없을까? 있다. 하지만 그렇게 단순하진 않다. 희토류원소를 결합하는 공급망이 이루 말할 수 없을 정도로 많은, 수백만 명의 사람을 거치기 때문이다.

개발도상국의 한 작은 마을이 있다고 생각해 보자. 그 마을에 광부를 고용하지 않은 광산이 하나 있다. 광부가 없는 대신 아무나 광산에 와서 광석을 캐내 땅 위로 갖고 올라오면 그 무게에 따라 돈을 받을 수 있다. 광석은 한 트럭 분량으로 중간 업자에게 판매된다. 중간 업자는 다시 한 열차 분량으로 먼 도시에 있는 정제공장에 판다. 정제공장은 수십 명의 생산자에게서 광석을 사들인다. 그 광석을 정제하는 데 필요한 화학물질도 역시 멀리 떨어져 있는 시설에서 만들어진다. 이 시설은 10여 개 국가에 자체 공급망을 보유하고 있다.

이 광석에서 생산된 원소로 부품을 생산한 다음 또 다른 시설로 운송한다. 그곳에서 제조 공정의 각기 다른 단계를 밟는다. 그 미완성 제품은 어쩌면 전 세계 각기 다른 나라의 각기 다른 장소에서 모두 결집돼 제조 공정의 또 다른 단계를 거친다.

만약 당신이 수백만 대 스마트폰을 만드는 사업을 하고 있다면 이것들을 제조하는 과정에 포함된 사람과 장소의 숫자는 상상을 초월할 것이다. 항상 모범적으로 일하도록 공정의 전 단계를 효과적으로 감시할 수는 없다.

그러니 당신이 할 수 있는 일은 함께 사업하는 사람들에게 특정 지침을 따르라고 지시하는 것 그리고 그들이 그들의 공급 업체에 같은 일을 하게끔 요구하는 것이다. 이런 요구는 공급망 전체에 전달된다. 이 낭비 산업에서는 언제나 돈이 만들어지기 때문에 낭비가 불가피하다. 그러나 책임감 있는 제조사는 불시에 공급 업체를 조사하고 그들의 하청 업체에도 똑같이 할 것을 요구한다.

지속 가능한 방식으로 구축된, 윤리적으로 공급된 원재료만 이용해 스마트폰을 제조할 수 있을까? 공교롭게도 바스 반 아벨Bas van Abel은 페어폰Fairphone을 설립하면서 바로 그런 일을 하기 시작했다. 그의 목표는 지속 가능하고 안전한 환경에서 훌륭한 노동 조건 아래 완벽한 모듈식이라 수리 및 업그레이드가 쉽고 디자인도 오래가는 휴대전화를 만드는 것이었다. 뿐만 아니라 이렇게 제조된 휴대전화는 재활용도 수월해야 한다.

분명 그의 생각은 충분히 매력적이었다. 페어폰은 크라우드소싱 프로젝트로 시작해 생산이 시작되기도 전에 이미 2만 5,000대가 판매됐다. 현재까지 페어폰은 10만 대 이상 판매됐으며 심지어 폐기된 중고 폰에서 원재료를 '채굴'하기까지 하고 있다.

페이폰이 단순히 '공정한' 휴대전화를 제조하는 쉬운 길을 택한 것은 아니다. 쉬운 길은 규제가 잘돼 있는 선진국만을 대상으로 사업하는 일일 것이다. 예를 들면 콩고처럼 환경이 훨씬 불안한 곳에 위치한 광산 대신 호주 광산에서 채굴된 원재료를 구매하는 것이다. 그러는 대신 페어폰은 가장 위험 부담이 큰 지역까지 진출해 생산자와 제조 환경을 향상하기 위해 노력하고 있다.

그러나 이런 실천조차도 완벽하다고 할 순 없다. 반 아벨은 이를 인정하면서 이렇게 말한다. "문제는 아동 노동력을 착취하는 광산과 일을 해야 한다는 것이다. 그리고 여전히 노동환경이 기가 막히게 좋은 광산은 없다는 문제도 있다." 그러나 그는 좀 더 고압적으로 접근할 경우 오히려 역효과가 날 수 있다고 경고

한다. "만약 당신이 감시를 하면서 일거수일투족을 지시에 따르게 하면 그들은 당신이 보고 싶어하는 것을 전시용으로 보여주기만 할 것이다"라고 덧붙였다.

반 아벨의 의도는 분명 훌륭하지만 그의 비전을 완벽하게 실현하기는 어렵다.

재료비나 인건비 차원에서 낭비는 단지 스마트폰을 제조하는 데 필요한 재료를 모으는 데 중요하다. 제조 과정에서 발생하는 낭비를 이야기하기 시작하면 책 1권을 써도 될 정도다. 그래서 간단하게 언급하고 지나가기 위해 새 폰을 만들어 원하는 소비자에게 배송했다고 가정해 보자.

이제 몇 년이 지났다고 생각해 보자. 우리가 정성 들여 만들었던 그 멋진 새 스마트폰은 적어도 이 스마트폰을 구매한 소비자 입장에서는 유효 수명이 다했다. 이제 이 스마트폰에는 어떤 일이 벌어질까?

확실히 이 휴대전화를 제조하기 위해 사용된 모든 재료를 채굴하는 데 포함된 막대한 비용, 어려움 그리고 낭비를 고려할 때 이 기기에 포함된 그 귀중한 재료는 신속하고 효율적으로 재활용 가능할 것이다. 그렇지 않은가?

꼭 그렇지는 않다.

우리는 왜 스마트폰을, 예를 들면 알루미늄 캔만큼 재활용하지 않을까? 얼핏 보면 휴대전화는 재활용하기에 적합한 것처럼 보인다. 그건 모든 종류의 편리한 귀금속을 담은 하나의 작은 용기다. 100달러 지폐로 담배에 불을 붙이는 만화 속 뚱뚱한 고양이를 닮은 쓰레기통에 스마트폰 하나를 던져 넣으면 쓰레기의 완벽한 전형이 된다.

그런데 바로 이 부분에서 문제가 생긴다. 아마도 인체 내 화학물질을 전부 더한 가치가 약 1.92달러 정도라는 통계 수치를 들어본 적 있을 것이다. 이론적으로는 대체로 일리 있다. 결론적으로 인간은 탄소, 수소, 산소, 칼슘 등과 같이 비교적 흔한 물질로 이뤄져 있다. 반면 우리가 사용하는 스마트폰은 알루미늄, 금, 리튬 외에도 온갖 다양한 물질로 이뤄져 있다.

여기서 안 좋은 소식이 있다. 당신의 휴대전화에 들어 있는 원재료는 당신 몸속에 들어 있는 원재료보다 훨씬 가치가 낮다. 사실 인체 내 원료의 겨우 절반 정도의 가치를 지닌다.

휴대전화에 들어 있는 금을 살펴보자. 금은 전체 잔존가액의 절반을 차지한다. 세계적으로 금의 1차 평균생산량은 광석 1톤당 금 1그램으로 알려져 있다(즉, 금은 광산에서 얻는다). 1그램은 종이 클립 하나의 무게와 같다. 광석 1톤은 대략 대학 기숙사 방에서 볼 수 있는 미니 냉장고 크기에 준한다.

재활용과 관련해 당신이 생각하는 종류의 스마트폰, 예를 들어 아이폰 6의 무게는 약 5온스다. 1톤이 되려면 아이폰 6,400개가 필요하다는 뜻이다. 911메탈러지 코퍼레이션911Metallurgy Corp.

의 데이비드 미쇼David Michaud에 따르면 아이폰 6는 내부에 약 0.014그램의 금이 들어 있다. 따라서 아이폰 1톤에는 약 90그램 의 금이 들어 있는 셈이다. 지금까지는 괜찮다. 아이폰 속 금의 강도는 자연에서 발견할 수 있는 가공 안 된 광석과 비교하면 훨씬 낫다. 아이폰 1톤 속에 90그램의 금이 들어 있다면 광석 1톤 속에는 1그램의 금이 들어 있다.

만약 금광 업자가 광산에 들어가 순수한 아이폰 광맥을 만날 수 있다면 크게 축하할 만한 일이라고 해도 좋다. 그러나 아이 폰 광맥이 자연에서 발견되는 경우는 없다.

아이폰 1톤에서 얻을 수 있는 3온스의 금을 1온스에 1,400달 러로 환산하면 4,200달러의 가치가 있다. 스마트폰 1대당 65센 트의 가치가 있다는 계산에 도달한다.

여기에 함정이 있다. 즉, 아이폰 재활용 문제는 희토류원소 를 채굴하는 문제와 다르지 않다는 것이다. 희토류원소는 넓게 분포돼 있다. 아이폰을 집에서 녹이는 건 현재 선택할 수 있는 옵션이 아니므로 이 스마트폰을 65센트 미만의 비용을 들여 용 광로로 운반할 방법을 찾아야만 한다. 쓸모없다고 내다 버린 아 이폰을 구입하는 방법을 찾아내는 일은 차치하더라도 그 가격 에는 스마트폰 1대를 우편으로 보내기도 어렵다.

그러나 여전히 희망은 있다. 왜냐하면 스마트폰 속에는 구 리나 니켈처럼 가치 있는 다른 물질도 있기 때문이다. 5온스짜리 아이폰 속에 든 금속량을 1차 생산에서 획득하려면 각각 상응하는 광석 약 2온스가 필요하다. 현재 가격으로 아이폰 속에 든 니켈은 약 3센트, 구리는 5센트의 가치가 있다. 아이폰 6는 약 31그램의 알루미늄도 포함하고 있다. 알루미늄은 1톤당 약 1,500달러의 가치가 있으니 아이폰 속 알루미늄의 가치는 약 5센트다. 금, 구리, 니켈 외의 다른 금속은 그만한 가치가 없다. 너무 소량 사용되기 때문에 스마트폰에서 낮은 등급의 광석을 추출해 내는 것보다 높은 등급의 광석을 광산에서 캐는 편이 더 효율적이다.

그러므로 금은 65센트 그리고 나머지 다른 금속은 13센트의 가치가 있다. 이 숫자로 뭘 하긴 어렵다.

그러나 애플은 좀 더 낙관적인 입장이다. 언젠가 1차 생산 금속 대신 100퍼센트 재활용 금속만 사용해 자사 스마트폰을 제조할 날이 오기를 기대하면서 2017년 쓰레기와의 전쟁을 선포하고 아이폰 및 다른 장치를 해체할 수 있는 로봇을 제작하는 파일럿 프로그램을 시작하기까지 했다. 스포일러 경고를 한다면 애플이 이 목표를 달성하기까지는 상당한 시간이 걸릴 듯하다.

버려진 기기 대다수가 여전히 작동된다. 그러므로 이 기기들을 자르고 녹이거나 로봇을 이용해 해체하는 대신 다시 사용하면 어떨까?

성능 재활용은 이미 어느 정도 이뤄지고 있다. 앞서 언급했듯이 2년마다 1,000달러를 주고 신형 스마트폰을 구입하는 얼리 어답터가 신형 스마트폰 구매를 결정하고 기존 스마트폰을 쓰레기통에 던져 넣지는 않는다. 그 폰은 여전히 아마 적어도 100달러의 가치는 있을 것이다. 그런데 100달러라는 돈은 대다수 사람들이 호기롭게 무시할 수 있는 금액이 아니다. 이렇게 전 사용자가 포기한 스마트폰이 새로운 주인을 찾는 방법은 여러 가지가 있다.

그러나 이 스마트폰이 재사용되고 2차 혹은 3차 사용 주기를 거친 지 몇 년이 지나면 그 가치는 훨씬 더 떨어져 아마도 고작 5달러 혹은 10달러가 될지 모른다. 이쯤 되면 더는 이 스마트폰을 파는 수고를 감수할 만한 가치가 없다(거래 비용도 낭비의 한 유형이다). 그러나 이 스마트폰에는 누군가 그것을 쓰레기통에 던져 넣는 것이 적절치 않다고 느낄 만큼의 가치는 충분히 있다.

그래서 결국 벽장이나 도처에 있는 잡동사니 서랍으로 알려진 매립장으로 보내질 가능성이 있다. 믿을 만한 통계에 따르면 각 가정에 사용하지 않고 그냥 보관 중인 스마트폰이 20억 대가 넘는다.

스마트폰의 사용 연한이 끝났을 때 무슨 일이 일어났든 상관없이 이 휴대전화는 근본적으로 아무런 가치가 없다. 무슨 일이 일어났길래?

지알시 와이어리스GRC Wireless 사장이자 공동 창립자인 마크 레프Marc Leff가 등장해야겠다. 그의 회사는 상태에 상관없이 모든 스마트폰을 구매한다. 당신이 휴대전화를 보내면 그들은 수표를 보내준다. 그들은 구매한 스마트폰에 각각 다른 가격을 지불한다. 예를 들어 낡은 플립폰에는 10센트, 그리고 최신, 최고급 사양 스마트폰에는 400달러까지 지급한다.

우리는 레프를 만나 그가 하는 사업에 관해 상세한 이야기를 나눴다. 레프는 자기 사업을 생계이자 일종의 과업으로 보는 것 같다. 매일 대량으로 도착하는 휴대전화들은 거의 같은 두 집단으로 분류된다. 첫째 집단은 여전히 작동하는 폰으로 중고 시장에서 판매할 수 있다. 레프가 우리에게 말한 대로 그의 목표는 스마트폰 하나가 사용 연한인 15년 동안 다섯 번 혹은 여섯 번의 생명주기를 갖게 하는 것이다. 15년 후 오늘 최고급 사양을 갖춘 스마트폰은 이 세상 어느 누구에게도 아무 가치가 없는 것으로 전락할 수 있다. 그리고 레프의 회사 입장에서는 바로 이 절반에 해당하는 부분에서 이윤이 창출된다.

나머지 절반의 휴대전화, 즉 레프가 불과 10센트짜리 동전 하나를 지불하는 전화는 대부분 금전적으로 손해거나 고작해야 본전치기다. 이 휴대전화는 다시 두 집단으로 세분된다. 첫째 집단은 개발이 덜 된 국가에서 해체해 부품을 추출한다. 이런 스마트폰은 그 자체로는 가치가 거의 없을 정도로 낡았지만 다른 곳에서는 여전히 잘 사용될 수 있다. 구형 휴대전화는 부품 공급망이 없기 때문에 부품을 분해하는 사람은 유용한 서비스를 제공하고 생계를 유지하며 궁극적으로는 충전 단자의 핀이 고장 난 것 외에는 아무런 문제가 없는 휴대전화로 인해 발생하는 낭비를 줄이고 있다.

겨우 10센트 정도의 가치나 인정받을 수 있는 둘째 집단의 스마트폰은 금과 알루미늄 같은 '용이한' 금속을 추출하기 위해 제련소로 보내진다.

결국 당신이 스마트폰 1대에서 얼마나 많은 유효 수명을 얻어내든 언젠가 이 스마트폰은 아무 가치가 없어진다. 그리고 집에서 재활용 공정을 수행할 수 있게 하는 중요한 기술적 변화가 일어나지 않는 한 이 폰은 이를 다른 사람에게 보낼 때 드는 우편 비용보다도 가치가 없기 때문에 재활용이 불가능하다(물론 한 번에 컨테이너 1대 분량의 스마트폰을 보낸다면 이야기가 달라진다).

이건 하나의 역설이다. 스마트폰 1대만은 사실상 아무런 가치가 없다. 그러나 어느 해 전 세계는 15억 대의 스마트폰을 제조했고 얼마 지나지 않아 이 폰들을 처리해야 할 날이 다가온다. 여기에는 모두 합해 금 22톤이 있으며 이에 비례하는 양의 다른 원재료도 있다. 그런데 지금 우리가 언급한 내용은 불과 단 하나의 품목과 관련된 것이고 그중에서도 아주 작은 부분에 불과하다. 컴퓨터 스크린, TV, 노트북, 프린터를 모두 더하면 적어도 금만 봤을 때 모든 신제품의 10퍼센트는 재활용으로 대체 가능하다는 사실이 한 추정치를 통해 확인된다.

어떻게 하면 이런 낭비를 막을 수 있을까? 이 문제는 해결하기 어려운 것처럼 보일 수 있지만 쉬운 해결책이 있다면 어떻게 하겠는가?

'외부효과의 내부화internalizing externalities'라 불리는 경제 개념이 하나 있다. 이는 외부비용을 발생시킨 개인 혹은 기업(단체)에 외부비용 행위에 대한 비용을 부과하는 것이다. 예를 들어 A라는 회사가 강을 오염시킨 경우 환경에 입힌 피해에 대한 가치를 그 금액이 얼마든 세금 형태로 해당 회사에 부과해야 한다. 그러면 해당 기업은 직접적으로 지불해야 하는 세금뿐 아니라 자사의 행위가 유발하는 전반적 영향을 어쩔 수 없이 고려하게 된다. 세금 부과 방법은 자유 시장의 이론적 효율성을 개선할 수 있는 단연코 유일한 평가 방식이기도 하다.

만약 우리가 매립장에 버려진 스마트폰이 환경에 10달러의 손상을 가한다고 판단할 수 있다면 예치금 제도를 법제화할 수 있다. 스마트폰을 구입할 때 선불로 10달러를 더 내는 것이다. 휴대전화의 유효 수명이 다했을 때 그 폰을 누가 소유하고 있든 소유주는 둘 중 하나를 선택할 수 있다. 스마트폰을 매립장에 버리고 10달러의 환경 피해를 입히거나 아니면 이 스마트폰을 제출하고 예치금 10달러를 돌려받는 것이다. 미국의 몇몇 주는 음료수 병에 예치 제도를 시행하고 있다. 음료수를 살 때 예치금 10센트를 지불하면 빈 병을 반납한 사람은 10센트를 돌려받을 수 있다. 스마트폰에도 같은 시스템을 적용할 수 있다.

만약 매립장으로 보낸 스마트폰의 사회적 비용이 0이라면 시스템 전체에는 당연히 낭비가 사라진다. 만약 오늘 1,000달러짜리 스마트폰의 15년 후 가치가 10센트라면 이 폰의 총가치 중 99.99퍼센트가 소비된 것이다. 완벽한 세상에서 만약 당신이 요술 지팡이를 흔들어 이 스마트폰에서 핵심 원소를 분리할 수 있다고 해도 그 가치는 단 1달러에 불과하다. 비록 우리의 1,000달러짜리 스마트폰의 가치가 종국에는 1달러가 돼 그것을 쓰레기통에 버린다 하더라도 사실상 우리는 여전히 그 스마트폰의 모든 가치를 획득한 것이나 마찬가지다.

그러나 매립장으로 보내진 스마트폰의 사회적 비용은 0이 아니다. 그럼 얼마일까? 사실은 잘 모른다지만 스마트폰이 몇몇의 꽤 위험한 독성 물질로 이뤄져 있다는 건 안다. 다수의 스마트폰에는 납과 수은뿐 아니라 비소가 포함돼 있다. 덜 알려져 있지만 여전히 똑같이 위험하고 해로운 카드뮴, 염소, 브롬 그리고 리튬도 들어 있다. 그러나 이런 물질을 덜 사용하는 것이 현재 추세다. 애플은 자사의 〈아이폰 X 환경 보고서iPhone X Environmental Report〉에서 아이폰 10은 비소가 없는 액정 유리와 무수은, 무PVC, 무베릴륨, 무브롬계 난연재료를 채택하고 있다고

02. 당신의 주머니 안에는 60개 원소가 들어 있다

홍보했다.

어떤 의미에서는 매립장으로 보내지는 스마트폰을 걱정할 때 훨씬 더 큰 문제를 놓치게 된다. 지난해 제조된 모든 스마트폰의 총중량은 약 25만 톤에 달하지만 매년 스마트폰으로 인해 생산되는 쓰레기의 총중량은 5,000만 톤이다. 만약 당신이 올해 제조된 모든 스마트폰을 매립장에 바로 내다 버린다면 그 결과로 인한 전 세계 전자기기 쓰레기 증가율은 반올림 오차 내가 될 것이다.

이 5,000만 톤의 전자기기 쓰레기를 환산하면 1인당 15파운드라는 수치가 나온다. 그러나 당신이 선진국 국민이라면 그 2배 이상의 쓰레기를 생산한 것이다. 무수히 많은 스마트폰을 버려야만 버려진 전자레인지 1대 무게와 동일해진다. 스마트폰 안에는 아주 작은 납이 들어 있을지 모르지만 집 차고에 버려둔 커다란 TV 안에는 적어도 6파운드의 납이 포함돼 있다.

미국에서 폐전자기기는 매립장 쓰레기 총량의 불과 2퍼센트에 불과하지만 이 2퍼센트가 매립장에 매립된 모든 독성 물질의 70퍼센트나 차지한다. 폐전자기기의 재활용률이 20퍼센트 대임을 고려하면 앞으로 더욱 심화될 수밖에 없는 문제다.

폐기물 속 금을 추출해 내기 위해 매립장을 채굴하는 것이 합리적인 날이 올까? 아마도. 우리가 할 수 있는 최상의 가정은 매립장 쓰레기 1톤당 금이 약 2그램 정도 포함돼 있다는 것이다. 일반적으로 1차 생산에서 생산할 수 있는 양의 2배에 해당한다. 그러나 매립장 광석에는 금 원광석보다 독성 물질이 훨씬 더 많이 포함돼 있다. 따라서 이건 말이 안 될 수도 있다.

무시무시한 폐기물의 위험성을 충분히 인식하고 있는 사람들을 대표해 당신은 어쩌면 공동묘지 속 광석 함유량이 어느 정도인지 궁금해할지 모른다. 만약 당신이 높이 6피트 높이의 공동묘지를 채굴할 때 보석, 의료 장치 혹은 금니와 함께 매장되는 사람 비율에 관한 합리적 가정을 고려하면 흙 1톤당 약 0.25 그램의 금을 얻을 수 있을 것이다. 하지만 죽은 자에게는 다행스럽게도 그런 광석은 상당히 품질이 낮다.

02. 당신의 주머니 안에는 60개 원소가 들어 있다

03

반짝인다고
모두 낭비일까?

Is All That Glitters Waste?

우리 마음속에서 금은 항상 특별하다고 여겨져 왔다.

그런데 왜? 금의 매력은 순전히 미적인 부분에서 기인하는 것처럼 보인다. 분명 금은 예쁘고 절대 녹이 슬거나 변색되지 않는다. 하지만 이를 제외하면 금은 영양가가 전혀 없고 대피소를 짓기에 부적절하며 도구나 무기 제작에도 유용하지 않다.

혹 우리가 금을 사랑하는 이유는 금의 희소성 때문일지 모른다. 이유가 무엇이든 주로 그저 어딘가 금고 속에 그냥 묵혀둘 금속을 찾고 채굴하는 데 막대한 양의 에너지, 돈 그리고 시간을 투자한다. 이거 낭비 아닌가?

이 질문의 답은 가치문제에 좌우된다. 금을 이야기할 때 광산 회사 경영진은 이렇게 말하길 좋아한다. "금 1온스로 한 사람에게 멋진 양복 1벌을 사줄 수 있다." 그리고 이 말은 어느 정도 사실이다. 한 측면에서 다른 모든 것의 가격이 변할 때도 금 가격은 정말로 변한 적이 없다. 100년 전 미국 정부가 주조한 20달러 금화에는 1온스의 금이 포함돼 있었다. 당시 당신이 남성용 맞춤 정장 1벌을 구매하려면 20달러 혹은 금 1온스를 지불해야 했다. 오늘날 동일한 1온스의 금을 구매하려면 1,400달러가 필요한데 이는 현재 맞춤 정장 1벌을 사는 데 지불해야 하는 금액과 거의 비슷하다.

1915년 주택 1채를 구매하려면 평균적으로 3,200달러 혹은 금 160온스가 필요했다. 2019년 미국 주택 1채 가격은 22만 5,000달러다. 이 금액을 1온스당 1,400달러로 나누면 금 160온스가 필요하다는 계산이 나온다.

주택, 정장 및 다른 상당한 것의 가격은 금으로 표시할 때 바뀌지 않았다. 다른 값비싼 금속도 이와 거의 비슷한 양태를 보인다. 즉, 가스 1갤런 가격은 100년 동안 거의 대부분 25센트 동전에 들어 있는 은의 가치와 비슷했다. 미국에서 은화가 통용됐을 때 가스 1갤런 가격은 대략 25센트였다. 오늘날 은을 받고 이 오래된 25센트 동전을 팔면 가스 1갤런을 살 수 있을 만큼의 돈을 수중에 넣게 된다.

금의 매력이 미학적인 데 있든 가치에 있든 금에 대한 관심은 매우 높아서 우리는 수천 년 동안 계속해서 금을 캐내고 있다. 고고학자들은 오늘날 불가리아에서 최소 6,000년 전 금으로 만든 물건을 발견했다. 거의 5,000년 전 오늘날 이라크의 도시인 고대 우르ur에서는 금으로 만든 체인을 착용하고 있었다. 이집트인은 금을 천상의 금속이라 믿었고 이를 태양의 신 라ra와 연관 지어 생각했다. 힌두교 신화에서 금은 세상의 영혼이다. 그리고 고대 아즈텍인에게 금은 문자 그대로 신들의 배설물 teocutilatl이었다.

첨단 과학 시대에 대한 지나친 자부심은 금물이다. 현대 과학자들은 어떻게 금과 다른 천상의 원소가 존재하게 됐는지 아직 밝혀내지 못했다(최근 몇몇 이론에 신들의 소화관은 들어 있지도 않다).

금과 관련된 관용구를 들여다보면 우리가 금의 가치를 높이 사고 있다는 사실이 자명해진다. 우리가 'Go for the gold(성공을 위해 전력을 다한다)'라고 말할 때 금은 성공을 나타낸다. 'Gold standard(최적의 기준)'인 무엇을 이야기할 때 금은 우수함을 나타낸다. 또 어떤 사람이 'Heart of gold(순수한 마음)'를 갖고 있다고 말할 때 금은 순수성을 뜻한다. 어떤 사람이 'Sitting on a gold mine(아주 값진 것을 갖고 있음)'이라고 말할 때 금은 기회를 뜻한다. 어떤 것을 묘사하면서 'Worth its weight in gold(같은 무게의 금만큼 가치 있는)'이라고 말할 때 금은 부를 상징한다.

금은 대단히 밀도 높은 금속이다. 일반 소형 트럭 바닥을 충분히 채울 금도 오늘날 가격으로 환산하면 6,000만 달러 이상의 가치가 있다. 인간 역사를 통틀어 이제까지 채굴된 금의 총량은 흥미롭게도 두 가지 이유에서 뜨거운 논쟁의 대상이다. 많은 국가가 다양한 지정학적 이유로 자국의 금 매장량을 실제보다 과장하거나 축소해 보고했다는 의혹이 있다. 게다가 금은 몇 번이고 계속해 재사용된다. 만약 당신이 오늘 금시계를 산다면 그 시계에는 고대 파라오를 장식하는 데 사용했던 약간의 금 원자가 포함돼 있을 것이 거의 확실하다. 그러나 역사를 통틀어 채굴된 금 총량의 추정 범위는 꽤 다양하다. 최소 올림픽 수영장 하나를 채울 정도거나 최대 그런 수영장 3개를 채울 정도에 달한다.

희소성 면에서 보면 지각地殼 속 10억 개의 원자 중 약 1개의 원자가 금이다. 그러나 만약 금이 균등하게 분포돼 있다면 우리가 금을 발견하거나 혹은 채굴하기가 불가능했을 것이다. 다행히 금은 그다지 분산돼 있지도 않고 때때로 꽤 순도 높은 덩어리 형태로 모습을 드러낼 때도 있다. 금은 맥상광상 형태로 발견될 때가 더 많다. 맥상광상은 지구 깊숙한 곳에서 녹아버린 금이 바위틈을 뚫고 올라와 형성된다. 게다가 금은 무겁기 때문에 강바닥에 모인다. 지질연대를 거치면서 강바닥에는 눈에 띄는 바위로 이뤄진 지층이 발달하고 이 중 하나는 비교적 높은 금 함량을 자랑한다.

금을 찾는 방법의 다양성 때문에 금광석 1톤의 생산량은 광석 1톤 중 금 1그램 미만에서 톤당 거의 50그램까지 천차만별이다. 당신은 아마도 후자의 광석이 낮은 품질의 금보다 선호되리라고 생각할지 모르지만 그렇게 간단하진 않다. 예를 들어 네바다주 금광석은 등급이 낮지만 추출할 때 갱외 설비만 이용해 막대한 양을 획득할 수 있다. 반면 등급이 높은 광상은 지구 깊숙한 곳에 매장돼 있어 그곳까지 도달하기가 어렵다.

채굴 방식과 무관하게 금광석은 제련해야 한다. 금광석의 구성에 따른 다양한 제련 기술이 있지만 이 책에서는 가장 대표적인 제련 방식 하나를 살펴볼 것이다. 이 과정에서 첫 번째 공정은 광석을 분쇄하고 이를 물, 시안화물과 혼합하는 것이다. 이 혼합물에 산소를 주입해 산소가 시안화물과 화학작용하며 물 속에서 금이 용해되도록 한다. 그다음 이물을 걸러내고 여기에 아연말을 더하면 이것이 금을 다시 굳게 만든다. 이제 당신은 아연과 금 혼합물과 시안화물 용액을 가졌다. 그다음으로는 또 다른 6가지 원소가 아연과 금 혼합물에 더해져 융제flux라고 불리는 물질이 생성된다. 이를 가열해 화씨 3,000도(섭씨 1,650도)까지 끓인다. 이를 2시간가량 데우면 금은 바닥으로 가라앉고 광재slag라고 불리는 나머지 것들이 맨 위에 뜬다. 이 광재를 쏟아 금 대부분이 분리됐는지 분석한다. 그다음 남아 있는 금을 틀에 넣고 주괴를 만든다.

채굴 과정에서 발생하는 낭비를 파악하기는 쉽다. 광산을 찾고 개발하는 데 막대한 자본이 들어간다. 광산까지 이어지는 길을 닦아야 하고 장비를 제작해야 한다. 위에 기술된 과정 하나를 개발하기까지의 시행착오를 생각해 보자. 광석을 채굴하는 데 인간 자본도 투입된다. 전 과정의 각 단계에서 막대한 양의 화석연료가 소비된다. 그리고 시안화물은 확실하게 무해하진 않다. 금 생산이 환경에 미치는 영향은 크다. 제련 과정에도 근본적으로 낭비가 발생할 수밖에 없는데 각 처리 단계에서 금 일부가 소실되기 때문이다.

하나의 물질을 얻기 위해 이 모든 노력, 이 모든 에너지, 이 모든 지출을 감수한다. 이 물질은 총생산량의 90퍼센트가 거의 균등한 비율로 몸을 치장하거나 부를 축적할 용도로 소비된다. 단 10퍼센트만 실용적 목적으로 쓰이는데 이 중 대다수는 전자기기에 사용되며 그렇게 사용된 금의 대부분이 종국에는 매립장으로 향한다.

이 모든 노력이 낭비일까? 사람들은 금의 가치를 높이 산다. 그래서 어떤 의미에서 이 모두를 낭비라고 말하긴 어렵다. 그런데 왜 많은 사람이 금을 그렇게 높게 평가하는 것인가 하는 질문에는 쉽게 답을 내놓지 못한다. 버핏은 종종 투자의 일환으로 금을 매입하는 행위를 조롱한다. 그는 만약 당신이 이 세상의 모든 금을 구매하고 싶다면 그 비용은 10조 달러에 이른다고 말한다. 대신 그 돈으로 미국의 4억 에이커 농경지와 엑슨모빌Exxon Mobile 16주를 구매한다면 당신 수중에 1조 달러는 여전히 그대로 남아 있을 것이다. 그리고 나서 그는 이렇게 덧붙인다.

지금부터 100년 후 4억 에이커의 농경지는 엄청난 양의 옥수수, 밀, 면화 및 다른 작물을 생산한 상태일 것이고 이후에도 계속 그 정도의 가치(통용되는 통화가치와 무관하게)가 있는 농작물을 생산할 것이다. 아마도 엑슨모빌은 자사 주주에게 수조 달러의 배당금을 지급할 것이고 수조 달러 이상의 가치를 가진 자산을 보유하고 있을 것이다(그리고 기억할 것은 당신이 엑슨모빌 주식을 16주나 소유하고 있다는 사실이다). 17만 톤 금의 크기는 변화가 없지만 아무것도 생산할 수 없다.

버핏의 주장은 맞는 말이다. 이 장 앞부분에서 언급됐듯이 100년 전에는 금 1온스로 남성용 정장을 샀다. 그리고 오늘날에도 여전히 금 1온스로 남성의 정장 1벌을 살 수 있다. 금은 저장 가치지 소득을 유발하는 자산은 아니다.

세계가 금본위제를 채택했을 때 모든 공식 통화는 그 가치를 금으로 보장받았다. 만약 한 국가가 통화공급량을 증가시키고 싶으면 땅에 구멍을 파서 금을 찾아내야만 한다. 통화를 보증하려고 땅 밑에 매장된 금속을 채굴하는 데 엄청난 양의 에너지가 소비됐다. 한 관점에서 보면 이런 관행은 낭비처럼 보일 수 있지만 초인플레이션을 경험해 본 국가 입장에서는 이 관행이 안심할 수 있는 안정감을 준다.

때때로, 예를 들어 스페인인이 신세계에서 캐낸 막대한 양의 금을 본국으로 갖고 돌아왔을 때처럼 금도 인플레이션을 유발할 수 있다. 그러나 일반적으로 금의 상대적 희소성과 채굴의 어려움은 재원으로서 금의 실질적 가치다.

물론 기술에 따라 이 모든 것은 바뀔 수 있다. 소행성 16프시케16 Psyche는 700퀸틸리언quintillion 달러 정도의 가치를 지닌 금속(금은 물론 플래티나와 니켈)을 포함하고 있는 것으로 추정된다. 뿐만 아니라 이 소행성은 거의 금속으로 이뤄져 있다. 만일 그 금속을 경제적으로 수확할 수 있다면 금 가격을 형편없이 떨어뜨려 급기야는 전설의 도시 엘도라도에서처럼 도로를 금으로 포장해도 될 정도가 될 것이다.

만약 어떤 다른 재앙이 인류 문명에 닥친다면 우리가 사용하는 지폐가 아무짝에도 쓸모없어질 수 있다. 그러나 금의 공급이 급격하게 증가하지 않으면 금은 거의 분명히 그 가치를 유지할 것이다. 그렇기 때문에 인류가 부를 축적할 목적으로 금을 사용하는 것이 최적의 선택은 아닐지 몰라도 엄밀히 말해 낭비는 아니다.

04

현지에서 채굴하고
전 세계에서 제련하기

Mine Locally, Smelt Globally

이 책 뒷부분에서는 국내산 식품만 먹는 운동locavore movement을 살펴보고 '식품 소비에 내재된 낭비량은 식품이 최종 목적지까지 이동한 거리의 함수인가' 하는 질문에 답을 내고자 한다. 이 분석을 금속에도 적용할 수 있다.

우리가 소비하는 농산물이 재배지에서 소비지까지 이동한 거리는 평균 1,500마일이다. 이렇게 먼 거리를 이동함에도 농산물을 이동시키는 데 사용된 에너지는 이를 재배하면서 사용한 총에너지의 극히 일부에 불과하다.

반면 알루미늄 광석은 채굴된 장소에서 제련소까지, 보통 농산물 이동 거리의 2배를 더 이동한다. 광석이 엄청나게 무겁고 디젤을 연료로 공기 중에 탄소를 내뿜는 컨테이너 선박에 의해 운송된다는 점을 고려하면 분명 알루미늄 광석의 이동 거리는 막대한 낭비를 의미할 것이다. 그렇지 않은가? 그런데 꼭 그렇지는 않다.

알루미늄은 막대한 양의 알루미늄을 포함한 보크사이트라는 퇴적암에서 추출된다. 5톤의 보크사이트는 순알루미늄 1톤을 거뜬히 생산할 수 있다. 반대로 5톤의 금광석은 단 2.5온스의 금밖에 생산할 수 없다. 구리 광석으로 지어진 집의 무게만큼을 채굴하면 겨우 이 집에 필요한 전기 배선에 사용할 정도가 된다. 이 모든 것을 비교해 봤을 때 보크사이트는 비교적 순도가 높은 물질이다.

보크사이트에는 다량의 알루미늄이 포함돼 있지만 이를 추출하는 일은 까다롭다. 알루미늄을 얻으려면 두 가지 공정을 거쳐야 한다. 첫 번째 공정은 바이어법Bayer Process이라고 알려져 있으며 산화알루미늄aluminum oxide, 즉 알루미나alumina를 생산한다. 알루미나는 중간 산물로 추가 제련이 필요하다. 알루미나를 알루미늄으로 전환하는 데 가장 일반적으로 사용되는 공법은 홀에루Hall-Héroult, HH 공정이다.

보크사이트는 무거워서 휴대용 여행 가방을 가득 채웠을 때 그 무게가 약 60파운드에 달한다. 알루미나 역시 무겁기는 마찬가지다. 동일한 여행 가방에 알루미나를 가득 채우면 무게는 약 180파운드다. 그러나 이 원료들은 채굴된 곳에서 지구 둘레

10분의 1을 이동해 결국 금속으로 형태를 바꾼다. 전체 공정에 이런 이동 거리가 더해지는데 어떻게 낭비가 없을 수 있을까?

모든 것은 에너지로 집약된다. 알루미늄을 생산하는 전 단계에서 막대한 양의 에너지가 투입되고 특히 HH 공정은 전기를 필요로 한다. 지나치게 많은 전기가 소요돼서 업계 관계자는 막 생산된 작은 알루미늄 벽돌을 '포장된 전기'라고 부른다.

6만 4,000개의 알루미늄 음료수 캔을 만들 수 있는 양인 알루미늄 1톤을 제련하려면 1만 5,000킬로와트시의 전기가 필요하다. 이는 미국 한 가정에서 1년 동안 사용하는 전기 소비 총량보다 더 많다.

알루미늄은 1톤에 약 1,500달러에 판매된다. 미국의 일반 가정용 전기는 1킬로와트시당 10센트 정도다. 이를 계산해 보면 1,500달러 가치의 알루미늄을 생산하기 위해 가정용 전기로 약 1,500달러어치의 전기가 필요하다는 추정이 가능하다. 그러므로 보크사이트를 집 지하실에서 제련하는 것은 좋은 생각이 아니다. 사실 제련 과정은 심한 낭비를 초래한다. 그리고 가정용 배전망은 그 정도 전기를 일반 가정에 송전할 수 있도록 설계돼 있지도 않다. 지역 송전선을 업그레이드해서 당신이 제련할 수 있는 전기를 수신받는 것은 극도로 비효율적이다.

이론적으로 가내 제련과 비교해 상업적 알루미늄 생산은 얼마나 더 효율적일까? 일반적으로 알루미늄을 이윤이 남게 생산하려면 제련소는 에너지 사용료를 반드시 알루미늄 판매 가격의 최저 33퍼센트에서 최고 40퍼센트 사이에 맞춰야 한다. 분명 제련소는 공장에서 쓰는 전기를 전부 소매가로 지불할 수 없다.

알루미늄 생산자는 가정용 전기 가격의 절반이 안 되는 가격에 전기를 구매해야 한다. 단연코 세계 최대 알루미늄 생산국인 중국의 제련소는 막대한 보조금 덕택에 전기 1킬로와트시에 5센트를 지불한다. 이는 1톤의 알루미늄을 생산하는 데 에너지 비용이 약 700달러 든다는 뜻이다.

미국의 경우 미국이 세계 최대 알루미늄 생산국이었던 1998년 이후 광석에서의 알루미늄 생산이 급감했다. 2000년에 들어서면서 미국에는 약 23개의 알루미늄 제련소가 가동 중이었다. 그리고 20년이 지난 후에는 아주 소수만이 남아 있다. 중국과 마찬가지로 현재 살아남은 미국 제련소도 상당한 규모의 보조금을 받아 운영된다. 뉴욕 북부에 있는 알루미늄 회사 알코아Alcoa의 마세나 웨스트 제련소는 세계적으로 알루미늄 가격이 거의 3분의 1 가까이 상승했음에도 지난 3년간 뉴욕시에서 거의 7,000억 달러의 보조금을 지급받았다.

보조금을 받지 못하는 경우 알루미늄 생산자들은 창의적이어야만 한다. "거기 돈이 있어서" 은행을 턴 은행 강도 윌리 서튼Willie Sutton처럼 알루미늄 제련은 저렴한 전기를 공급받을 수 있는 곳에서 이뤄지는 것이 일반적이다.

예를 들어 막강한 지열발전 용량을 자랑하는 아이슬란드는 3개의 알루미늄 제련소를 보유하고 있으며 이들은 이 나라에서 생산되는 총전력의 약 70퍼센트를 담당한다. 심지어 호주처럼 아이슬란드에서 멀리 떨어져 있는 국가가 이곳까지 보크사이트를 배로 운송할 가치가 있게 하는 것이 바로 이 저렴한 전기료다. 시드니에서 레이캬비크까지 거리는 1만 2,000마일이 넘는다. 말 그대로 지구 끝에서 끝으로 이동하는 것이다.

보크사이트를 현장에서 제련하는 것과 비교해 멀리 제련소까지 배로 보냈을 때 얻을 수 있는 효율성은 얼마나 될까? 두 옵션을 생각해 보자. 첫째, 모든 보크사이트 제련소는 보크사이트 광산 옆에 지어진다. 둘째, 모든 보크사이트 제련소를 싸고 청정한 에너지가 있는 곳에 짓고 광석을 그곳으로 운송한다. 벤자민 맥렐런Benjamin McLellan은 자신의 논문 〈온실가스 배출 회피를 기반으로 한 대규모 금속광물 제련소의 위치 최적화Optimizing location of bulk metallic minerals processing based on greenhouse gas avoidance〉에서 직접 계산을 시도했다. 그는 현재 전기 배전망을 기반으로 보크사이트 생산국이 알루미늄과 알루미나 생산을 현지화하는 경우 온실가스 총배출량은 약 14퍼센트 증가할 것이라고 추정한다. 반면 노르웨이로 공장을 이전하는 경우 현재 배출량의 약 44퍼센트 이상을 저감할 수 있다고 밝혔다.

이는 중요한 문제다. 온실가스 배출량이 14퍼센트 늘어난다는 것은 매년 9,000억 톤 이상의 이산화탄소를 배출한다는 것과 같다. EPA는 이 수치가 한 해 미국 1,000만 가구가 사용하는 에너지 총량과 같다고 추정한다. 텍사스주 총가구수보다 많다(이것이 순증가라는 점을 명심해야 한다. 맥렐런은 심지어 이 수치에 전 세계로 보내지는 컨테이너 선박에서 배출하는 탄소량은 포함하지 않았다). 이 같은 낭비의 감소는 모든 전력원이 똑같이 효율적이지 않다는 데서 기인한다.

현재 우리가 전력을 생산하는 방식을 감안할 때 지속 가능한 청정에너지를 공급할 수 있는 곳까지 알루미늄 광석을 배로 수송하는 것이 알루미늄 광석을 현지에서 곧바로 제련하는 것보다 극적으로 효율적이지 않을 만큼 먼 곳은 지구상 어디에도 없다.

보크사이트를 제련하려면 엄청난 전력이 소모되기 때문에 새로운 제련 방법을 찾아낼 수 있는 알루미늄 제조사에 막대한 금전적 이득이 보상으로 주어져야 한다. 희망적인 가능성 중 하나는 알코아나 리오 틴토Rio Tinto 같은 알루미늄 제조사와 애플이 진행하고 있는 공동 벤처 프로젝트인 탄소제로의 새로운 알루미늄 제련법을 상업화하는 것이다. 다른 기업은 기술을 또 다른 방법으로 적용해 볼 수 있을 것이다. 한 프로젝트는 제련 공정에서 발생하는 온도를 현저히 낮추기 위한 방법을 모색 중이다. 온도를 낮추면 에너지 사용량이 함께 줄기 때문이다. 현재 제련 공정을 새로운 화학물질에 기반한 공정으로 대체하는 좀 더 획기적인 구상도 진행 중이다.

　미래에는〈스타트렉Star Trek〉스타일의 수송 기술로 가장 저렴하고 가장 깨끗한 에너지를 사용할 수 있는 곳으로 광석을 운반해 최종 알루미늄을 필요한 장소까지 수송할 수 있을 것이다. 그러나 그날이 올 때까지 결론은 자명하다(물론 그 결론도 반직관적인 것처럼 보일 수 있다). 즉, 적어도 보크사이트로 알루미늄을 제작하는 경우 시드니에서 레이캬비크까지 느린 선박을 이용해 퇴적암을 수송하는 것이 합리적이다.

05

3만 피트 상공에서의 낭비

Waste at 30,000 Feet

전 세계적으로 안전하고 경제적인 민간항공의 도입은 여행 시간과 육지에서 발생하는 차량 사고 인명 피해를 획기적으로 줄이는 데 기여하고 있다. 그런데 비행 자체의 낭비는 없을까?

간단히 답하자면 그 답은 '그렇지 않다'다. 지나치게 많은 낭비가 발생해 일각에서는 부정적으로 인식된다. 주로 탄소 배출 측면에서 그렇다. 비행기가 하늘을 날 때 막대한 양의 탄소를 배출한다는 사실에 이의를 제기하는 사람은 아무도 없다. 1마일을 비행할 때마다 승객 1인당 6온스 이상의 이산화탄소를 연소한다. 그리고 식물을 다루는 장에서 보겠지만 약 2시간 정도 소요되는 1,000마일을 비행할 때 승객 1인당 약 400파운드의 이산화탄소를 배출한다. 미국인이 한 해 평균 3만 6,000파운드의 이산화탄소를 배출한다는 점을 고려하면 그렇게 많은 비행을 하지 않아도 탄소발자국에서 상당한 비중을 차지하게 된다. 그리고 비행은 앞으로도 계속 증가하기만 할 것이다.

낭비 문제를 충분히 살펴보려면 비행을 가장 비슷한 대안인 자동차 운전과 비교해 봐야 한다. 어떻게 하면 비행기의 이산화탄소 배출량과 자동차의 탄소 배출량을 비교할 수 있을까? 휘발유 1갤런의 무게는 약 6파운드고 약 20파운드의 이산화탄소를 배출한다. 만약 자동차가 갤런당 20마일을 달릴 수 있다면 1마일당 1파운드의 이산화탄소를 배출하고 있다는 뜻이다. 만약 혼자서 1,000마일을 운전해 간다면 동일한 거리를 비행기가 비행할 때의 이산화탄소 배출량보다 약 2.5배 더 배출한다. 달리 말하면 비행기는 승객 1인 기준 갤런당 약 50마일을 갈 수 있다는 뜻이다. 그러나 한심하게 들릴 말을 한번 해보자면 사실 차를 운전하는 것과 비행기를 타는 것은 서로 완벽한 대안이 될 수 없다. 1갤런짜리 우유를 사러 길모퉁이 상점에 갈 때 비행기를 타거나 하와이까지 차를 운전해 갈 수는 없다. 또 출장을 갈 때 미국 회사원은 1년에 약 1만 마일을 운전해서 가지만 비행기로는 2만 마일을 이동한다. 만약 비행기가 존재하지 않는다 해도 회사원이 2만 마일을 추가로 더 운전해 출장 가는 일은 없을 것이다.

그러나 비행과 관련된 낭비는 탄소 배출에 그치지 않는다. 승객이 생산하는 쓰레기를 살펴보자. 먹지 않은 음식, 반만 먹다 남긴 음식, 작은 와인 병, 반만 쓰고 남은 세면도구, 신용카드 신청 양식, 싸구려 귀마개, 빈 컵 등등. 2016년 이런 쓰레기는 총 110억 파운드 혹은 비행기 1기 승객 1인당 2.5파운드에 달했다(물론 여기에 화장실 쓰레기는 포함돼 있지 않으며 이는 공정하지 않은 셈법이다. 그러나 비행기에 탑승한 승객 절반이 화장실을 1번씩은 사용했다고 가정하면 비행기 1기 승객 1명당 2파운드의 쓰레기가 더 있는 셈이다).

항공사들은 이런 비효율성—비행에 여분의 1온스가 추가될 때마다 항공사에 돌아오는 비용—을 알고 있고 그래서 이를 줄이기 위해 노력하고 있다. 즉, 먹지 않은 음식물 쓰레기 폐기 방법을 바꾼다거나 쓰지 않은 편의 용품의 내용물을 기부하거나 분해 가능한 컵을 사용하는 등 수십 가지 다른 계획을 도입하고 있다. 이런 유의 쓰레기 문제는 엄청난 노력이나 비용을 들이지 않고도 적어도 부분적으로나마 해결할 수 있다는 인식이 점점 더 커지고 있다.

항공 이동에는 경로나 게이트와 관련해 또 다른 형태의 낭비도 발견된다. 전 세계 공항 게이트 수는 한정돼 있고 그러므로 수용 가능한 비행기 수도 한정돼 있다. 이런 비행 편 중 일부는 어쩔 수 없이 과잉 판매되는 한편 다른 비행 편은 자리를 다 채우지 못한 채 운항하기도 한다. 두 경우 모두 문제며 항공사들은 이 문제를 해결할 수 있길 바라고 있다.

2년 전 사고를 기억하는 사람이 있을 것이다. 당시 유나이티드 항공사 비행기에서 한 남성이 다른 승객에게 자리를 내주고 강제로 끌려 나갔다. 이유는 해당 비행 편의 좌석을 수용 가능한 인원수보다 더 많이 팔았기 때문이다. 만약 당신이 그 다른 승객이었다면 유나이티드 항공사가 지구상에서 고객 서비스를 가장 잘하는 항공사라고 생각했을지 모른다. 그러나 나머지 다른 사람은 자신이 그 쫓겨난 승객 입장이 돼 이 이야기를 들으며 공포를 느꼈다. 비행기에서 강제로 쫓겨난 승객은 공교롭게도 의사였으며 다음 날 환자와의 약속이 있었다.

　　이 사건으로 인해 몇몇 항공사는 초과 예약된 비행기 좌석을 자발적으로 포기하는 승객에게 지불하는 보상금을 100~200달러에서 눈이 번쩍 뜨일 만한 1만 달러로 인상했다. 경제 이론 렌즈를 통해 본 이런 조치는 초과 예약된 비행기 좌석 문제를 해결하는 올바른 방법이다. 만약 당신이 승객에게 5,000달러를 주고 비행기 좌석 표를 팔라고 제안했지만 아무도 팔지 않는다면 당신은 (비행기에서 승객을 끌어 내릴 것이 아니라) 좌석 포기에 대한 제시 금액을 더 높여야 한다.

　　좌석 수보다 적게 판매된 비행 편도 항공사에는 걱정거리다. 종종 누군가 온라인에 장거리 상업용 비행기에 혼자 타고 있는 사진을 올린다. 우리 중 다수는 항공사 운영이 재밌으리라 생각하지만 항공사 CEO는 그런 이야기를 들으면 움찔한다.

AI가 이런 낭비를 없애거나 최소한 경감하는 가장 그럴듯한 방법이다. 하루에 민간항공기 10만 대가 운항을 하고 비행 편마다 승객 수, 항공권 가격 등과 관련된 엄청난 양의 데이터가 생산된다. 비행 개선에 쓰이는 이런 데이터는 앞으로 더 증가할 것이다. AI는 더 많은 비행기가 만석으로 비행할 수 있게 할 것이고 항공권 평균 가격을 낮추는 데 기여할 것이다.

항공사는 낭비를 줄이는 데 의미 있는 진전을 보이고 있다. 영국 버진 애틀랜틱Virgin Atlantic 항공사는 모든 항공기 무게를 1파운드씩 줄이면 매년 1만 4,000갤런의 연료를 절약할 수 있음을 알아냈다. 이 계산을 기반으로 항공사는 음료수 유리잔을 더 얇게 제작하고 더 가벼운 디저트를 제공했다. 미국 항공사는 연방항공국Federal Aviation Administration을 설득해 35파운드 종이로 제작된 비행 매뉴얼 대신 전자 매뉴얼 도입을 허용하게끔 했다. 종이 매뉴얼 대신 아이패드에 매뉴얼을 탑재할 경우 전체 항공기 연료비를 매달 10만 달러씩 줄일 수 있기 때문이다. 또 아메리칸 항공사는 운항 중인 모든 항공기에서 스카이몰SkyMall 상품 카탈로그를 제거할 경우 매달 연료비를 3만 달러씩 더 절약할 수 있다는 사실을 발견했다. 유나이티드 항공은 기내 잡지를 더 얇은 종이에 인쇄해 매달 거의 3만 달러의 연료비를 절약했다. 항공 산업의 역사를 뒤돌아보면 이런 식의 작은 변화가 큰 결과를 가져온 사례가 많다. 당신도 1987년 아메리칸 항공사가 모든 승객의 저녁 식사용 샐러드에서 올리브 단 1알을 빼면 매년 4만 달러를 절약할 수 있음을 알아냈다는 이야기를 들어본 적 있을 것이다. 올리브 1알을 뺐다고 낭비가 줄었을까? 당신이 올리브 1알에 얼마나 높은 가치를 부여하느냐에 그 답은 달라진다.

산업용 디자인 스튜디오 프리스트먼구드PriestmanGoode는 장거리 비행에서 일회용 플라스틱을 식수대로 교체하면 막대한 양의 쓰레기를 줄일 수 있다는 제안을 했다. 싱가포르 항공은 싱가포르에서 뉴저지주 뉴어크로 가는 18시간 직항 편도 비행에 식수대를 설치하면 비행 1번에 플라스틱 병 수를 무려 3,400개나 줄일 수 있다고 주장한다.

그러나 항공 분야에서 쓰레기를 줄이는 방법을 생각할 때 우리는 재활용을 다룬 장에서 확인한 현상을 유념해야 한다. 소비가 좀 더 효율적이고 좀 더 저렴해진다면 사람들은 자연스럽게 소비를 늘릴 것이다. 만약 비행기를 통한 이동이 점점 더 저렴해진다면 사람들은 비행기를 더 많이 이용할 것이다. 그렇다면 비행기 이용 증가는 쓰레기의 순증가로 이어질까? 이 질문의 답에는 무수히 많은 주관적 가치판단이 필요하므로 이 책이 명확한 답을 제시하긴 어렵다.

06

맘에 들지 않으면
그냥 반품하세요

If You Don't Like It, Just . . . Return It

의복은 누구에게나 필요하다는 점을 고려할 때 80조 달러 규모의 세계경제에서 우리가 옷 구매에 1달러 중 3센트밖에 소비하지 않는다는 것은 낮은 수치로 보인다. 대중문화에서 패션의 중요성을 고려하면 특히 그렇다.

1인 기준으로 우리가 매년 약 300달러를 옷 구입에 쓴다는 뜻이다. 물론 이 숫자에는 약간 오해의 소지가 있다. 좀 더 잘사는 국가에 사는 사람이 개발도상국에 사는 사람보다 훨씬 더 많은 돈을 쓴다. 부강한 서구 세계 사람들은 지나치게 많은 옷을 구매하기 때문에 매년 구매는 했지만 한 번도 입지 않은 의복을 돈으로 환산하면 평균 300달러가 넘는다.

의류 소비는 주로 낮은 가격과 빠르게 변하는 소비자 취향에 의해 조장된다. 우리는 새 옷 구매를 대수롭지 않게 생각하고 그래서 지난번 구매한 옷이 더는 취향에 맞지 않을 때 옷을 더 구매한다.

우리가 입을 옷을 일회용으로 바라보는 관점은 새롭다. 역사를 통틀어 대부분의 경우 사람들은 한 계절보다는 훨씬 긴 시간 동안 그들의 옷을 고수한다. 예를 들어 가라테에서 착용하는 기술 등급을 보여주는 벨트가 실력이 높아질수록 옅은 색에서 어두운색으로 변하는 이유가 이 때문이다. 등급이 높아지면 같은 벨트를 점점 더 어두운 색으로 다시 염색할 수 있다.

심지어 오늘날 남성 셔츠는 종종 셔츠 몸통 부분과 다른 색의 깃이나 커프스를 특징으로 한다. 이런 디자인은 남자들이 이 부분이 오염되거나 닳았을 때 이를 교체해 셔츠를 버리지 않고 계속 입을 수 있게 했던 시기를 상기시킨다.

이전 세대가 의복에 보인 근검절약 정신은 1920년대의 전설적이면서도 완벽히 사실에 입각한 한 이야기에서 훨씬 더 분명하게 드러난다. 당시 아사 T. 베일즈Asa T. Bales는 여성들이 동물 사료 포장재인 면 가방을 재활용해 옷을 만든다는 사실을 알았다. 그는 사료 제조업자를 위한 일종의 차별화 장치로 재활용된 옷감에 무늬를 인쇄하는 방식을 특허 냈다. 사료 포장재로 만든 옷을 그 시대 뉴스 기사에서는 흔하게 찾아볼 수 있다.

이전 세대의 근검절약 정신과 현대 의류 산업 관행을 비교해 보면 엄청난 양의 쓰레기가 양산되고 있음을 확인할 수 있다. 당신도 유행을 선도하는 애버크롬비 & 피치Abercrombie and Fitch의 한 관리자가 2013년 인터뷰로 일으킨 논란을 기억할지 모른다. 그는 자신의 회사가 팔다 남은 옷이나 비정기적 재고품을 가난한 사람에게 기부하지 않고 전량 태워버린다고 말했다. 자사 제품을 가난한 사람이 입을 경우 브랜드 이미지가 입을 타격을 우려했음을 시사하는 인터뷰였다. 현재 애버크롬비 공식 웹사이트는 "우리 회사는 2013년 이후 인도주의적 지원을 하는 국제기구 월드 비전World Vision과 협력 협약을 체결하고 전 세계 빈곤층 가정과 어린이에게 의류를 제공하고 있습니다. 최대한 많은 양을 기부하기 위해 최선을 다하고 있지만 많은 다른 기업과 마찬가지로 특정 상품의 경우 규제와 손해배상 등의 이유로 제공할 수 없는 것도 있습니다"라고 밝히고 있다.

자사에서 폐기한 헌 옷을 종국에 누가 입을지 걱정하는 회사가 비단 애버크롬비만은 아니다. 특수층만의 전유물이라는 이미지를 유지하는 것이 프리미엄 브랜드가 집착하는 가치일 수 있다. 《선데이타임스Sunday Times》에 실린 한 기사는 명품 브랜드 버버리가 지난 5년간 1억 달러 이상의 버버리 제품을 소각해 폐기했다고 보고했다. 이 기사가 지적한 대로 "디자이너 브랜드들은 회색시장에 헐값에 등장한 그들의 제품을 '적절하지 않은 사람'이 입길 원하지 않는다".

오늘날 우리 주변에는 상상을 초월할 만큼 너무 많은 옷이 있다. 미국 대중가수 저스틴 비버Justin Bieber는 본인이 자인한 대로 캘빈클라인에서 속옷을 무료로 무한정 제공받기 때문에 같은 속옷을 2번 입지 않는다. 조지 클루니George Clooney는 1번 착용한 양말을 세탁해 노숙자에게 기부한다는 소문이 있다.

옷을 1번만 입는 것이 낭비인가? 엄격하게 말해 그리고 이 책 기준에서 그 답은 질문받은 사람의 취향에 달려 있다. 〈반지의 제왕Lord of the Rings〉에서 요정의 밧줄이 골룸의 목을 태운 것처럼 2번 신은 양말이 당신의 발을 태운다면 당신은 하루에 1컬레씩 혹은 그런 상태인 한 1시간마다 양말을 1컬레씩 내다 버릴 수밖에 없다. 그러나 실질적으로 말해서 그 양말들의 유효 수명은 하루보다는 훨씬 길다.

어떤 면에서 이 질문은 유용성보다는 유행에 관한 질문이다. 패션 개념 그리고 패션이 함의하는 개성은 결코 새로운 것이 아니다. 스타일은 매해 바뀌고 전 세계 패셔니스타들은 유행을 따라잡으려고 안간힘을 쓴다. 토머스 제퍼슨Thomas Jefferson은 그 시대 남녀는 유행에 관한 한 시류를 따라야 한다고 주장했다. 그리고 셰익스피어도 소설 속 등장인물에 관해 이런 의견을 냈다. "이 남성의 영혼은 그가 입는 옷이다." 로마 시인 오비드Ovid는 볼테르Voltaire와 벤자민 플랭클린Ben Franklin이 그랬던 것처럼 무수히 많은 책의 지면을 패션 관련 조언들로 채웠다.

물론 이들의 대척점에 서 있는 사람도 있다. 그중 하나가 영국 작가 쿠엔틴 크리스프Quentin Crisp다. 그는 사람들이 스스로 누구인지 잘 모를 때 유행을 따른다고 주장했다. 그러나 대다수 사람에게 중요한 것은 바지 길이고 그래서 누구보다 열심히 유행을 따른다.

패션의 중요성이 대두된 것은 1925년 발표된 클래식 소설 《위대한 개츠비The Great Gatsby》에서였다. 주인공은 자신이 사랑하는 대상에게 부를 과시하기 위해 옷장 문을 열면서 이렇게 말한다. "(개츠비는) 우리에게 2개의 커다란 옷장을 열어 보였다. 그 안에는 엄청난 수의 정장, 실내복, 넥타이 그리고 높다랗게 쌓아 올린 셔츠들이 차곡차곡 정리돼 있었다. '나 대신 옷을 구매해 보내주는 사람이 영국에 살고 있어요. 그는 새로운 계절이 시작될 때마다 자신이 선정한 패션 아이템들을 내게 보내줍니다.'" 이런 유행은 소설 속 개츠비가 태어나기 전부터 이미 진행 중이었다.

비교적 새로운 것은 패션의 민주화로 최소 엘라이 휘트니Eli Whiney에게로 거슬러 올라간다. 그가 발명한, 면에서 씨앗을 빼내는 조면기 가격이 면의 가격을 낮췄다. 갑자기 거의 모든 사람이 오래된 옷이 닳기 전에 새 옷을 살 수 있게 됐다. 자동화와 세계화는 그 추세를 더욱 강화했으며 가격을 낮추고 낮춰 급기야 최신 유행을 좇아 질 낮은 옷을 사서 입고 버릴 수 있는 패스트 패션 시대와 마주하게 됐다. 한 추산에 따르면 사람들은 새로 산 옷을 5번 정도 입고 버린다고 나타났다.

소셜 미디어가 그 경향을 더욱 부추긴다는 증거는 같은 옷을 입은 사진을 포스팅하길 원치 않는 사람이 있다는 것 외에도 더 있다. 이런 세상에서 누군가 사진에 남길 수 있는 가장 모욕적인 말은 "난 네가 늘 그 옷을 입고 있을 때가 좋아"일 것이다. 이 같은 성격은 수개월 동안 매번 똑같은 옷을 입는 배우 다니엘 래드클리프Daniel Radcliffe와 대조를 이룬다. 이 때문에 파파라치들은 수주 전에 찍은 것처럼 보이는 그의 사진을 판매할 수 없다.

지난 세대들은 옷을 몇 벌이나 갖고 있었을까? 20세기 초반 미국인은 자신의 소득에서 13퍼센트를 의류 구입비로 사용했다. 보통 가정의 1900년도 소득이 750달러였으므로 가구 소득 중 100달러를 의류 구매에 소비했다는 뜻이니 큰 비중을 차지한다. 이제 우리는 소득의 단 3퍼센트만 옷을 사는 데 소비하지만 구입 품목별로 보면 6배 정도 더 많은 옷을 구입하고 있다. 의류 가격이 급격하게 하락했기 때문이다.

좀 더 과거로 거슬러 올라가 보면 당신은 아마도 19세기경 지어진 오래된 가옥에는 모든 현대식 가정에서 발견할 수 있는 두 요소가 빠져 있다는 사실을 눈치챌 수 있을 것이다. 바로 화장실 세면대와 침실 벽장이다. 사람들은 이런 용도로 특별한 가구를 사용했다. 화장대와 옷장이다. 오늘날의 대형 붙박이장과 비교했을 때 앤티크 옷장 크기는 단연코 작다. 앤티크 가구는 일반적으로 우리가 현재 갖고 있는 정도의 옷을 수납하기에는 턱없이 작다. 오늘날까지 살아남아 있는 옷장은 소득 중간 혹은 상위 가정에서 사용했을 가능성이 높다. 미국 가정에서 흔히 볼 수 있는 오늘날의 대형 옷장은 1950년대 손님용 침실 크기와 맞먹는다. 대형 붙박이장은 불과 40년 전 처음 등장했으며 이 즈음 세계화로 인해 의류 가격이 크게 하락했다.

시간을 좀 더 뒤로 돌려서 위대한 프랑스 역사학자 페르낭 브로델Fernand Braudel의 저술을 생각해 보자. 그는 3권짜리 자신의 저서 《15~18세기 물질문명과 자본주의Civilization and Capitalism, 15th-18th Century》에서 부분적으로는 마르크스의 역사에 대한 경제적 관점을 반박할 목적으로 15~18세기 보통 사람의 경제 상황을 고찰했다. 그는 옷에 관해 광범위하게 언급하면서 당시 사람들은 오늘날 우리가 소유한 것만큼 다양한 종류의 옷을 갖고 있지 않았다는 점을 지적하기는 하지만 옷이 단 1벌밖에 없는 당시 농부의 이미지는 사실이 아니라고 적었다. 그는 이탈리아 사르데냐주에서는 애도 기간 1년 동안 똑같은 셔츠를 입어야 하는 관습을 지켰다고 기록했다. 이는 당시 옷을 좀 더 자주 갈아입는 것이 일상적인 일이었음을 암시한다. 그는 이전 세기에 질병이 감소한 이유가 농부들이 갈아입을 옷을 더 많이 보유하게 된 데 있다고 진단한 한 영국 관찰자의 말을 인용하고 있다.

사람들이 옷을 한 달 평균 1벌씩 구매하면서 세계는 옷으로 넘쳐나고 있다. 의복 구매율은 15년 전과 비교했을 때 2배가 늘어났다. 이 같은 관행은 한 사람이 매달 구매한 옷 1벌이 결국 옷장을 나와 최종적으로는 매립장으로 갈 가능성이 높음을 암시한다.

미국인은 매주 평균 2파운드의 옷을 버린다는 사실이 이 이론의 신뢰성을 뒷받침한다. 실제로 EPA에 따르면 버려진 의류의 60퍼센트가 매립된다. 또 다른 20퍼센트의 헌 옷은 연료용으로 소각된다. 그리고 나머지 20퍼센트는 재활용된다.

이 수치는 현실 세계에서의 경험과 불일치하는 것처럼 보인다. 대다수 사람은 옷의 60퍼센트를 쓰레기통에 던져 넣지 않고 20퍼센트를 연료용으로 태우지 않으며 나머지 20퍼센트를 재활용하지도 않는다. 못 쓰게 된 의류와 속옷은 제외하고 미국인 다수가 가장 많이 사용하는 헌 옷 처리 방식은 중고품 바자회 같은 자선단체에 기부하는 것이다. 우리가 기부한 옷이 가난한 사람에게 돌아간다고 생각하면 기쁜 일일 것이다. 그리고 새 옷을 구매하는 행위는 나중에 그 새 옷이 궁핍한 누군가에게 돌아갈 것임을 알고 하는 일종의 자선 행위가 된다.

그러나 실제로는 그렇지 않다. 오늘날 세상은 옷으로 넘쳐나고 기부된 옷 중 세계 다른 곳에서 누군가 입게 되는 옷은 10퍼센트를 가까스로 상회한다. 나머지는 궁극적으로 매립장에 매립되고 또 다른 상당량의 헌 옷은 단열재로 사용하기 위해 파쇄되거나 걸레로 쓰인다.

버려진 헌 옷 중 타인이 입게 될 옷은 가장 먼저 지역 자선단체로 보내진다. 이들은 판매 가능성이 가장 높은 헌 옷을 골라 받는다. 이렇게 선택한 옷 중 적잖은 것이 사실 상표까지 붙어 있는 새 옷이다. 매의 눈을 가진 전문 매입꾼이 가죽, 캐시미어, 프리미엄 브랜드, 기타 누구나 원하는 품목을 귀신같이 골라 가격을 매기고 상점에 진열한다. 그러나 꼬리표가 거의 항상 날짜에 따라 색깔로 구분돼 있어 특정 기간, 아마도 한 달 안에 판매되지 않은 상품은 새로운 기부 물품이 들어올 수 있도록 폐기한다.

이 옷 중 나머지는 해외로 보내져 거기서 뭉치로 판매된다. 일각에서는 이 과정을 비난하면서 일종의 식민지화라고 부른다. 현지 섬유 산업에 타격을 입힐 뿐 아니라 고유 의복 문화에 부정적 영향을 미치고 서양 로고가 새겨진 티셔츠와 청바지를 선호하는 쪽으로 현지인의 취향을 편향시킨다고 주장한다.

또 다른 한편에서는 이런 주장에 반대하며 그들이 저렴한 의복이 유입되면서 발생하는 모든 일을 간과한다고 말한다. 그 옷을 수선하고 리폼하고 세탁해 판매해야 할 직원이 필요하다. 게다가 비영리재단이 수출업자에게 옷을 팔아 얻는 돈은 선한 목적으로 사용될 수도 있다. 이 문제와 관련한 분노는 꽤 깊어서

동아프리카 몇몇 국가는 자국 섬유 산업을 보호하기 위해 헌 옷이나 헌 신발 수입을 금지하거나 혹은 적어도 무거운 세금을 부과하는 절차를 진행 중이다.

옷을 쉽게 사고 쉽게 버리는 문화—엄청난 양의 옷이 유효수명이 다하기 전에 매립장에 매립되는 악순환을 포함—가 가능한 이유는 현대 경제가 값싼 옷을 만드는 데 놀라울 정도로 유능하기 때문이다.

옷을 만드는 비용이 지나치게 싸서 의류 제조업체는 필요 수량보다 2배 많은 옷을 제작하는 것이 합리적일 수 있다. 말도 안 된다고? 슈퍼볼 결승에 진출한 2개 팀을 위해 제품을 여러 버전—셔츠, 재킷, 모자, 스웨트 셔츠 등—으로 제작하는 것이 일상적인 생산자가 있다고 생각해 보자. 이 생산자는 두 팀 모두 우승 팀이라면서 제품을 홍보하지만 결승전이 끝나면 절반은 폐기 처분돼야 한다는 것, 보통은 가난한 지역으로 보내진다는 것을 안다. 이런 관행은 미식축구에만 국한되지 않는다. 온갖 프로 스포츠에서 같은 일이 벌어진다. 스포츠 팬에게 자신이 응원하는 팀의 승리를 축하하는 옷을 구매하도록 부추기는 행복감은 수명이 짧아 며칠 후면 아니 몇 시간 후면 잦아든다. 패배한 팀의 버려진 상품 절반은 사업 비용에 불과하다. 그리고 승리한 팀의 옷도 수명이 제한적이기는 마찬가지다.

패스트패션 현상은 의류 자체의 폐기를 넘어 파급효과가 크다. 표백이나 염색에 필요한 화학물질의 영향과 합성섬유를 만들 때 필요한 연금술을 고려해 보면 의류 산업은 환경에 상당히 유해하다. 그러나 천연섬유도 비판에서 벗어날 수는 없다. 면이나 리넨 생산은 땅과 물 집약적이다. 리바이스 501 청바지 1벌이 환경에 미치는 영향을 심층 고찰한 연구는 리바이스 스트라우스 & 코퍼레이션Levis Strauss & Co.이 청바지 1벌을 생산하는 데 600갤런 이상의 물이 필요하고 40파운드가 넘는 이산화탄소를 배출한다는 사실을 확인했다. 지속 가능성 전문 컨설팅 회사 콴티스Quantis가 제출한 보고서는 인간이 유발하는 전 세계 이산화탄소 배출에서 의류 산업이 차지하는 비중은 6퍼센트가 훨씬 넘는다는 결론에 도달했다. 그러나 의류 산업이 세계경제에서 차지하는 비중은 3퍼센트에 불과하다. (이 수치를 달리 보면 의류 산업의 이산화탄소 배출은 항공 산업 전체 배출량의 약 3배에 해당한다.)

흥미롭게도 옷이 제작된 이후 소비되는 자원량이 종종 옷을 제작하는 데 필요한 자원량보다 더 많을 때가 많다. 결국 옷은 유지가 필요하다. 우리는 자주 물속에 옷을 넣고 빨고 그 물은 처리 시설을 거치며 화석연료를 사용해 데워진다. 여기에 낭비가 있을까? 우리는 옷을 너무 자주 세탁해 소중한 자원을 낭비할까? 리바이스 회장 칩 버그Chip Bergh는 적어도 청바지와 관련해서는 그렇게 생각한다. 그는 자신의 회사가 생산한 10년 된 청바지를 한 번도 세탁기에 넣지 않았다고 자랑스럽게 말하는 경우가 많았다. 앤더슨 쿠퍼Anderson Cooper도 비슷한 생각이다. 그는 청바지를 1년에 1~2번밖에는 빨지 않으며 그것도 청바지를 입고 샤워한 후 건조대에 걸어서 말린다고 말했다.

일회용 패션의 의도치 않은 영향을 판단하기란 거의 불가능하다. 그러나 우리는 다른 역사적 시대를 고찰해 보는 것으로 그 영향을 어렴풋이나마 짐작할 수 있을지 모른다. 바바라 터크먼Barbara Tuchman에 따르면 인류는 과거에도 이런 상황을 경험했다. 1300년대 중반 추정컨대 유럽 인구 3분의 1이 흑사병으로 목숨을 잃었다. 사람들은 죽은 사람이 입었던 남아도는 옷의 사용처를 찾아야만 했다.

이 시기 유럽에서는 이 옷을 원재료로 사용하는 제지 산업이 시작됐다. 비싸고 부족한 양피지와 달리 새로운 종이가 대량으로 생산돼 양피지를 대체했다. 100년 후 구텐베르크Gutenberg는 유럽에 가동 활자를 소개했다. 양피지 혹은 값비싼 수제 종이를 사용하던 세상에서는 쓸모없는 장치였다. 남아도는 옷이 현대 세계를 창조한 가장 중요한 요소 중 하나였다고 말하는 것은 지나친 비약이 아니다. 불행하게도 현시점에서는 남아도는 옷 문제를 해결할 수 있는 '킬러 애플리케이션'이 없다.

기술은 버려진 옷의 가장 적절한 용도를 찾아내는 일을 좀 더 효율적으로 만든다. 제작된 모든 옷에 컴퓨터 판독이 가능한 전자 태그를 심는 일이 곧 가능해질 것이다. 그 칩의 가격이 급격히 하락해 곧 1센트 미만으로까지 떨어진다면 말이다. 만약 특정 옷에 어떤 원사가 들어 있는지 좀 더 알 수 있는 방법이 있다면 기계가 그것을 구별해 낼 것이다. 순면으로 제작된 옷은 걸레로 재사용 가능하다. 반면 합성섬유는 연료로 사용할 수 있다.

시장 세력이 자연스럽게 이런 비전을 추진할지 여부는 분명하지 않다. 예외 없이 누구나 그렇게 하려면 정부 지시가 필요할지도 모른다.

궁극적으로 낭비가 적은 세상으로 나아가는 연속선 위에서 움직일 때 옷과 우리 관계는 변할 것이다. 아마도 우리 옷은 색깔과 무늬를 바꿀 수 있게 설정돼 셔츠 2벌이면 충분하게 될 것이다. 그 과정에서 예복을 대여하는 것처럼 옷 소유권 공유를 가능케 하는 서비스가 다양한 옷에 대한 필요를 채워줄지 모른다. 결국 옷은 닳아 없어지지 않으며 모든 양말은 신을 때마다 새것 같은 느낌을 줄 것이다. 클루니가 반길 만한 소식이다.

07

반품된 상품

Returned Goods

온라인 주문이 생소했을 때는 눈으로 보고 만져보고 입어보지 않은 상품을 구매하는 데 관한 걱정이 일반적이었다. 오늘날 그런 우려는 고루한 것처럼 보인다. 그러나 1990년대에는 신용카드 번호를 온라인에 입력하는 것(그리고 Y2K)에 대한 우려가 가장 임박한 현실이었다. 대체 누가 그런 미친 짓을 하겠는가?

이런 우려를 잠재우기 위해 온라인 판매자는 과거 방문판매의 선례를 (문자 그대로) 따랐다. 100년 전 시어스Sears 백화점은 1918년 카탈로그에서 고객에게 이렇게 약속했다.

우리는 이 카탈로그에 소개된 모든 상품이 제공된 설명, 사진과 조금의 오차도 없이 같음을 보증합니다.

우리는 우리 백화점에서 구매한 모든 상품이 당신을 완벽하게 만족시킬 것이며 당신이 기대한 바로 그 서비스를 제공할 것이라고 확신합니다. 또 당신이 구매한 상품은 지불한 만큼의 충분한 가치를 되돌려드릴 것이라고 확신합니다.

만약 우리 백화점에서 구매한 상품이 어떤 이유에서든 마음에 들지 않는다면 비용 없이 반품할 수 있습니다.

그리고 우리는 당신이 원하는 상품으로 교환해 드리거나 고객이 지불한 수송 비용을 포함해 환불해 드릴 예정입니다.

자유로운 반품 정책이 온라인 소매업체 사이에 보편화되면서 일반 오프라인 판매자도 유사한 정책을 채택했다. 시간이 지나면서 소매업자들은 반품 가능 기간을 놓고 서로 경쟁하게 됐다. 그렇게 오늘날의 편리한 반품 시스템이 갖춰졌다.

그러나 이 문제는 여기서 멈추지 않았다. 반품은 단순히 쉬운 것만이 아니었다. 무료 반품도 함께 시행됐다. 또 당신이 원하면 반품 상품을 운반해 주는 현지 소매업자를 활용할 수 있었다. 어떤 경우 아마존 같은 판매사는 송장shipping label을 요구하지도 않았다. 당신이 상자에 반품할 상품을 넣어 집 문 앞에 두면 리턴 페어리Return Fairy 직원이 신속하게 수거해 가고 구매자 신용카드로 즉각 환불이 이뤄졌다.

그래서 우리는 손쉬운 반품을 사랑하게 됐다. 자유로운 반품은 구매자의 구매 행동에 변화를 가져올 정도였다. 어떤 사이즈의 셔츠를 주문해야 할지 모르면 그냥 각기 다른 사이즈 셔츠 3장을 시키고 나머지 2장은 반품하면 된다. 대형 전자기기를 구매할지 말지 아직 마음의 결정을 못했다면? 그냥 주문 먼저 한다. 만약 마음에 들지 않으면 그냥 반품하면 된다.

반품이 너무 편해지면서 이제는 미국 모든 소매 구매의 약 10퍼센트를 차지하게 됐다. 온라인 주문 중 30퍼센트는 반품된다.

미국에서의 이런 관행은 약 4,000억 달러 규모에 해당하는 40억 건의 반품 사태를 유발하며 이는 평균 반품 비용이 100달러임을 뜻한다. 이 외 다른 국가에서는 다시 4,000억 달러 규모의 120억 건 반품이 발생하고 있다.

미국에서는 한 해 모든 반품의 10퍼센트가 1월 첫째 주에 발생한다. UPS는 대다수의 포장된 상품을 소매업체에 돌려보내는 날을 '국가 반품의 날National Return Day'이라고 부른다. 일반적으로 국가 반품의 날은 1월 초지만 2018년에는 블랙 프라이데이 홍보로 온라인 소매가 급상승해 12월 19일이 됐다. 전미소매협회National Retail Foundation에 따르면 최근 성탄 시즌 동안 미국인 3분의 2가 물품을 반품했으며 이들 중 25퍼센트는 구매를 할 때 나중에 반품할 의도가 있었다고 시인했다. 주요 반품 물류 회사인 옵토로Optoro에 따르면 반품된 상품 중 단 20퍼센트만이 불량품이다.

반품이 가장 빈번히 이뤄지는 상품은 단연코 의류며 반품률이 절반이 넘는 의류 판매업자도 있다. 인터넷 신발 판매업체 자포스Zappos는 주문한 여러 품목 중 하나만 남기고 나머지는 반품해도 좋다는 정책을 활용하고 있으며 이를 통해 고객이 물품을 쉽게 반품할 수 있도록 유도한다. 자포스는 평균적으로 판매한 신발 중 35퍼센트를 돌려받는다. 그러나 일부 고객은 주문한 신발 중 50퍼센트를 돌려보내기도 한다. 그리고 놀랍게도 이들은 자포스가 절대적으로 선호하는 고객이다. 자포스의 서비스 및 운영 부문 부사장 크레이그 애드킨스Craig Adkins에 따르면 "우리의 최고 고객은 최고의 반품률을 기록하지만 우리 회사 제품 구매에 가장 많은 돈을 지불하는 고객으로 회사에 가장 큰 수익을 안겨준다". (자포스를 소유하고 있는) 아마존 같은 다른 판매업자와 베스트 바이Best Buy는 자포스의 반품 정책에 동의하지 않으며 반품률이 높은 고객은 구매 혹은 반품을 제한한다. 업계 전체가 소매업자들이 쉬운 반품 정책을 악용하는 고객을 찾아내 이용을 금지할 수 있게 도와주는 데 헌신하기도 한다.

　　그럼 이 모든 반품된 상품은 어떻게 될까? 소매 경제의 잘 보이지 않는 약점으로 '역물류reverse logistics'라고 불리는 과정을 통해 처리된다. 이는 제조업체에서 소매업체 그리고 구매자에게 가는 정상적 상품 흐름을 역으로 처리하는 것을 말한다. 이 업계를 완벽하게 이해하기란 몇 가지 이유에서 어렵다. 첫째, 반품된 상품을 똑같은 방식으로 처리하는 기업은 단 한 곳도 없다. 둘째, 특정 기업이 반품을 처리하는 방식도 끊임없이 바뀐다. 셋째, 반품 처리 방법은 개별 상점 차원에서도 다를 수 있다. 넷째, 기업은 다소 불투명한 반품에 대해 입을 다무는 경우가 많다. 이는 고객이 자신이 구매한 상품이 최신 제품이라고 생각하길 더 좋아하기 때문이다. 반품 처리는 큰 골칫거리여서 최근까지도 공간이 필요해질 때까지 혹은 폐기하기 전까지 해당 상품을 물류 창고에 그대로 적재해 뒀다.

반품 상품 외에 역물류의 또 다른 한 축은 판매되지 않은 상품이다. 미국에는 전체 소매 판매 중 반품이 차지하는 비중 10퍼센트 외에도 처음부터 판매되지 않은 상품 5퍼센트가 있다. 여기에는 유행이 지난 의류, 더는 최신이 아닌 전자기기(계획적 진부화에 관한 장에서 봤듯이) 등등이 포함돼 있다. 소매 판매 공급망 내에서 역물류가 차지하는 비중 15퍼센트는 폴란드의 GDP와 거의 비슷하다.

많은 기업이 이렇게 반품된 상품을 다르게 처리하지만 대다수는 4단계 분류 시스템을 따른다. 각각의 단계를 들여다보자.

물건이 되돌아오면 답해야 하는 첫 번째 질문은 "이 반품을 새 상품처럼 판매할 수 있을까?"다. 만약 새 상품으로 팔 수 있다면 실제 혹은 가상의 선반으로 돌아간다. 그러나 반품량의 절반도 안 되는 양만이 다시 상품화돼 나중에 전액을 받고 판매된다. 또 다수의 물품이 개봉되거나 사용되거나 혹은 손상된 포장 상자에 담겨 있다. 어떤 상품이 새 상품인지 아닌지 문제는 복잡하다. 사용된 상품을 새 상품으로 판매하는 것은 불법이지만 '사용된' 상품에 대한 널리 통용되는 정의는 없다.

그런데 새 상품으로 팔 수 없는 물건은 어떻게 될까? 이들은 2단계로 넘어가 사용감 있는 제품, 파손 상품 혹은 반품 상품으로 판매된다. 아마존이 "저렴한 가격에 사용감 있는 제품을 획득할 수 있는 믿을 만한 마켓플레이스"라고 기술한 아마존 웨어하우스 딜Amazon Warehouse Deals이 한 사례다. 다른 기업은 반품을 사용된 혹은 개봉된 상품으로 표시해 매장 내에서 판매한다. 일부 판매업자는 반품을 판매할 수 있는 아웃렛 상점을 운영한다. 이는 베스트 바이 전략의 일부기도 하다. 베스트 바이는 반품만 판매하는 13개의 상점을 운영하고 있다. 이런 아웃렛에서 구매한 상품은 상품 자체 결함이 없는 경우 반품할 수 없다.

게다가 몇몇 소매업체에는 반품을 재포장해 판매하는 절차가 있다. 이런 상품은 신상품과 마찬가지로 동일한 보증기간과 반품 권리를 보장받는다. 확인되지는 않았지만 적잖은 컴퓨터 구매자가 리퍼 제품을 찾으며 검증 절차가 매우 엄격하므로 리퍼 제품이 통계적으로 새 상품보다 좀 더 신뢰할 수 있다고 주장한다.

판매되지 않은 재고가 이런 경로로 판매되는 경우도 많다. 과거 의류 소매상은 판매되지 않은 재고품을 로스Ross와 티제 이맥스TJ Maxx 등 패션 업계 순위 서열로 한 단계 아래인 할인 전문 판매 소매상에게 판매했다. 이들은 유명 브랜드 제품을 싼 가격, 일반적으로 평균 10달러 정도에 판매한다. 그러나 오늘날 소매업체는 자신들이 직접 할인 판매 회사를 운영하는 경우가 많다. 일례로 미국 유명 백화점 체인인 노드스트롬Nordstrom은 판매되지 않은 상품을 처분하기 위한 2차 시장으로 노드스트롬 랙Nordstrom Rack을 운영 중이다. 또 다른 미국 유명 백화점 체인인 삭스 피프스 애비뉴Saks Fifth Avenue는 오프 피프스Off Fifth를, 메이시스Macy's는 백스테이지Backstage를, 블루밍데일즈Bloomingdales는 블루밍데일즈 아웃렛Bloomingdale's Outlet을 각각 운영 중이며 이 외에도 여러 사례가 있다. 이런 아웃렛 매장은 급신장세를 보이고 있다. 노드스트롬 랙은 이미 본점인 노드스트롬보다 매장 수가 더 많으며 앞으로도 계속 신규 매장을 열 예정이다.

이렇게 경제적으로 판매할 수 없는 상품(반품이나 재고 모두)은 3단계로 보내지고 번들로 묶여 판매된다. 이것이 가장 흥미로우면서도 가장 빠르게 성장하고 있는 상품 폐기 방식이다.

반품과 재고 상품을 팔레트(화물 포장용 부자재_옮긴이) 단위로 판매하는 비스톡B-Stock, 비유엘큐BULQ 그리고 리퀴데이션 닷컴 Liquidation.com 등의 몇몇 온라인 청산업체가 운영되고 있다. 이들은 실질적으로는 기업 간 판매 회사지만 이 회사 사이트에 방문해 팔레트로 제공되는 비스톡 상품을 경매 형식으로 입찰할 수 있다. 어떤 판매자는 경매 방식을 피하고 팔레트로 제시된 상품을 대폭 할인된 가격으로 내놓는다. 당신은 반품이든 재고든 상관없이 가정용품, 의류, 전자기기, 때로는 상태까지 범주를 구체화할 수 있다. 또 품목의 총소매가와 함께 사진과 목록을 볼 수 있다. 그러나 여기까지가 다다. 부품이 모두 있는지 여부나 해당 품목이 작동하는지 등을 알 길은 없다. 반품이 허용되지 않는 건 말할 것도 없지만 할인 폭도 커서 정가의 80퍼센트 할인이 일반적이다. 이 사이트들을 돌아다니는 데는 약간 중독성이 있으며 인터넷에는 여기에서 무수히 많은 물건을 구매해 집에서 상품을 언박싱하는 이들의 재밌는 영상이 넘쳐난다.

이 상품에는 어떤 일이 벌어질까? 사실 이들의 행선지는 수백만 가지다. 많은 사람이 이 물건들을 구매한 다음 개별적으로 이베이나 아마존 마켓플레이스에 내놓는다. 일부에서는 구매한 상품을 테스트해 보고 잠재적으로 수리해 다른 플랫폼에서 판매한다. 또 일부 상품은 해외로 보내지고 그곳의 다소 덜 풍족한 시장에서 거래된다.

일명 2차 시장, 즉 포스트 리테일post retail 경로는 반품이나 재고 상품이 유입되는 시장으로 성장하고 있으며 규모도 상당하다. 콜로라도주립대학교 재크 로저스Zac Rogers 박사는 그 누구보다 이 2차 시장에 관한 많은 연구를 수행하고 있다. 그의 연구팀은 이 시장을 전당포, 아웃렛 매장, 고철 판매상, 온라인 경매장, 자선단체, 벼룩시장, 염가 판매점 등의 여러 범주로 분류한다. 그는 2008년 당시 미국에서 2차 시장의 규모는 총 3,100억 달러였으나 8년 뒤 5,540억 달러로 약 80퍼센트 신장했음을 확인했으며 이 시장 규모는 미국 GDP의 3퍼센트에 해당한다고 지적한다.

2차 시장은 1차 시장과도 경쟁한다. 이베이에서 흠집 나거나 찌그러진 와플 기계를 구매한 사람은 월마트에서 와플 기계를 사지 않는다. 소비자 입장에서는 이제 상품을 구매할 수 있는 경로가 너무나 많아졌기 때문에 스티븐 그로버 클리블랜드Steven Grover Cleveland 재임 기간 이후 명맥을 유지해 오던 전통적 소매업체는 파산하게 될 것이다. 더 많은 점포들이 문을 닫으면서 더 많은 상품을 2차 시장으로 넘겨 적재하고 있다. 아마존, 이베이, 월마트, 아마존 웨어하우스 딜, 노드스트롬 랙 그리고 무수한 할인점이 즐비한 세계에서 시어스Sears나 제이시페니JCPenney의 가치 제안은 무엇일까? 전통적 소매업체는 필사적으로 이 질문에 답하려고 한다. 제이시페니는 그 일례로 2019년 후반 유명 디자이너 브랜드가 만든 '새것 같은 제품'을 판매하는 온라인 중고 위탁판매점 스레드업thredUP과 협력을 체결했음을 발표했다. 다시 말해 제이시페니가 앞으로 신상품과 함께 중고품도 판매하기 시작할 것이라는 뜻이다. 물론 이 전략은 진보 행진 혹은 팬데믹 사건과 경쟁할 수 없었고 2020년 7월 페니는 파산을 선언했다.

1차 시장 혹은 2차 시장에서 판매되지 않은 상품은 4단계인 매립장에서 유효 수명을 마감한다. 앞서 언급한 반품 물류 회사 옵토로는 미국에서 약 50억 파운드의 반품된 상품이 매립장에 매립된다고 추정한다. 이는 모든 반품의 25퍼센트를 차지할 수도 있다. 왜일까? 파손이 너무 심한 상품이나 속옷, 부패성 상품의 경우 종종 반품 이후 재판매가 불가능하기 때문이다. 이런 상품의 가치는 소매업체에서 다시 제조사로 돌려보낼 때 들어가는 운송비 가치보다 낮은 경우가 많다. 오프라인 소매점에서는 믿을 수 없을 정도로 빈번하게 일어나는 일이라 이들은 상품을 그냥 자신들의 대형 쓰레기 수거통에 집어넣는다. 비교적 실행하는 사람은 적지만 소매점 뒤에 위치한 덤프스터 dumpster(금속제 대형 쓰레기 수거함_옮긴이)에서 물건을 수거해 팔면 편안한 삶을 살 수 있다(하지만 몇몇 지역에서는 이 쓰레기 수거함을 뒤지는 것이 불법이라는 사실을 꼭 지적할 필요가 있다). 2015년 잡지《와이어드Wired》에서 랜달 설리번Randall Sullivan은 쓰레기통을 뒤지는 일을 취미로 하는 오스틴 출신 맷 말론Matt Malone을 소개했다. 말론의 본래 직업은 성공한 컴퓨터 보안 컨설턴트다.

우리는 말론과 그의 독특한 부업에 관해 이야기를 나눴다.

말론의 생각에 따르면 그는 간단한 비즈니스 모델을 통해 1시간에 약 75달러를 무기한으로 벌 수 있다. 즉, 하루나 이틀간 덤프스터를 뒤져 찾아낸 물건을 아마존에 목록화해 올린 다음 모두 포장해 아마존으로 보내서 창고에 보관하거나 유통하는 것이다. 그는 그게 정말로 간단한 일이라 말한다. 종종 이 일을 좀 더 할까 하는 유혹에 빠질 때도 많지만 그는 자신의 본업을 너무나 사랑한다. 심지어 이 부업에만 전념할 수 있는 시간에도 그는 끊임없이 쓰레기 속에서 놀라운 것들을 발견한다. 우리는 '끊임없이'라는 단어를 강조하고 싶다. 그는 일화 하나를 소개했다. 서핑보드를 갖고 싶다고 마음먹은 후 지역의 한 서핑보드 제작업체 덤프스터를 뒤져 결국 그 회사에서 폐기한 1,300달러짜리 서핑보드를 찾는 데 성공했다는 것이다.

덤프스터 뒤지기에 대한 그의 생각은 좌뇌와 우뇌처럼 나뉘어 있다. 한쪽에서는 멋진 물건을 찾아낸 다음 그것을 팔아 달콤한 수익을 올릴 때 희열을 느낀다. 그러나 그의 반대쪽 뇌는 이 일에 뭔가 문제가 있다는 신호를 항상 보낸다. 그는 사회에 근본적 문제가 있다고 생각한다. "우리 문명처럼 과소비와 낭비 수준에 도달한 모든 문명은 붕괴됐어요. 우리 사회가 붕괴되고 있어요. 우리도 이스터섬처럼 어느 날 아침 일어났을 때 나무가 모조리 잘려나간 모습을 발견하고 싶은 걸까요?"

용도에 맞지 않아서, 색깔이 달라서 혹은 단순한 변심 때문에 반품하는 것은 할 수 있는 일이다. 하지만 어떤 이들은 반품 시스템을 여러 이유로 악용한다. 전미소매협회에 따르면 전체 반품의 약 5퍼센트는 부정으로 취득한 상품이다. 가장 큰 비중을 차지하는 것이 훔친 물건으로 2배로 잔인한 일이다. 또 다른 반품은 직원의 부정행위다. 우리 중 1명은 10대 시절 한 대형 소매업체에서 재고 적재 업무를 담당하면서 오랜 시간 앉아 교육을 이수해야 했던 일을 생생하게 기억한다. 어느 순간 회사에서 보안 직원을 데리고 들어왔다. 그는 모든 직원에게 이렇게 말했다. "우리는 여러분 중 누군가가 TV 손잡이 하나를 잡아 뺀 다음 관리자에게 가서 손잡이가 없는 TV를 할인 가격으로 직접 구매할 수 있는지 묻는 일이 일어나지 않길 바랍니다." 그는 계속해서 직원들이 반품을 악용해 회사를 속이지 않길 바란다고 설명했는데 여기에는 덤프스터에서 꺼낸 상품을 반품하는 것도 포함돼 있었다. 솔직히 말해 그가 그 방법들을 설명하기 전까지는 그중 어떤 것도 겪어본 적 없었고 그래서 이렇게 생각하기 쉬웠다. '난 이 문제와는 무관해.' 그것은 학문적 수행이었지만 직원들이 반품으로 사기 치는 게 손쉬운 일임을 극명하게 보여줬다. 반품의 또 다른 주요 사기 수법은 워드로빙wardrobing이다. 옷을 사서 입고 그 옷을 반품하는 과정을 무한정 반복하는 행위를 말한다. 이는 사실상 불법은 아니지만 소매업체는 여전히 이를 부정행위로 간주한다. 그리고 이런 반품 관행은 꽤 널리 퍼져 있다. 한 추정치에 따르면 부정적 방식으로 획득한 상품의 반품 중 3분의 1이 워드로빙에서 비롯된다.

자유로운 반품 정책은 신뢰를 바탕으로 구축된 시스템이다. 판매자는 고객이 단 1번 슈퍼볼 파티를 시청하기 위해 TV를 구매하거나 결혼식 피로연에서 1번 입기 위해 드레스를 구매한다고 생각하지 않는다. 만약 너무 많은 사람이 악용한다면 기업 입장에서는 이 정책이 더는 재정적으로 현명한 선택이 아닐 수 있다. 좋은 소식은 수십억 달러에 이르는 것으로 추산되는 반품 부정이 전체 반품에서 차지하는 비중은 여전히 아주 미미하다는 것이다. 그러나 여기에는 평범한 예외와 특이한 예외가 모두 존재한다. 2019년 당시 스페인에 거주 중인 22세 남성이 아마존을 상대로 37만 달러의 상품을 편취한 사건이 일어났다. 이 남성은 여러 상품을 주문하고 무게를 단 다음 포장 상자 속 물건을 빼내고 대신 동일한 무게의 흙을 넣은 뒤 흙이 든 상자를 반품했다. 아마존 직원이 상자 중 하나를 개봉하고 부정행위를 발견한 것은 시간이 좀 지난 뒤였다. 그러나 당신은 2차 시장에서 팔레트로 반품 상품을 구매한 사람이 흙으로 가득 찬 상품 상자를 받았다고 생각해 볼 수 있다. 다시 한 번 말하지만 이런 종류의 사기 행위가 빈번하게 발생하지는 않기 때문에 우리 모두 편리하게 사용할 수 있는 반품 제도가 아직 명맥을 유지한다.

그런데 이 모든 반품이 환경에 미치는 영향은 무엇일까? 전 세계적으로 매일 5,000억 건의 반품이 발생한다는 사실을 감안하면 의심의 여지 없이 엄청난 영향을 미친다고 말할 수 있다. 반품 수거 트럭이나 소매점으로 반품 상품을 다시 배송하는 차량이 있다. 그리고 사용된 포장재와 인쇄된 라벨이 있다. 일단 상품이 되돌아오면 2차 시장이든 어디든 다른 곳으로 보내져야 한다. 그리고 그곳에서 또다시 어딘가로 발송이 된다. 이 과정이 낭비 아닐까? 엄밀히 말해 아니다. 물론 이를 처리할 수 있는 다른 방법을 찾는 것이 바람직하기는 하다.

역물류를 처리하는 또 다른 방법을 연구 중이다. 한 가지 제안은 구매자가 원하지 않는 상품을 판매상에게 다시 돌려보내는 대신 다음 구매자에게 보내는 것이다. 또 다른 방법은 2차 시장이 반품을 직접 받아 판매하는 것이다. 현재 우리가 유지하고 있는 반품 시스템에는 비효율성이 무수히 많다. 그리고 반품이 전체 경제에서 비교적 큰 비중을 차지한다는 점을 고려하면 효율성을 재고할 경우 많은 이익을 얻을 수 있다.

08

음식물 쓰레기

Food Waste

특정 유형의 낭비는 다른 낭비보다 좀 더 큰 감정적 반응을 불러일으킨다. 음식물 쓰레기는 꽤 마음에 와 닿는 예일 것이다. 부모들은 (세계 어딘가에) 굶는 아이들이 있으니 음식을 남기지 말라고 자녀에게 가르친다. 지역에 따라 다를 수 있지만 굶주림은 언제나 세상에 존재한다. 엄청난 양의 음식이 버려지는 이 세상에서 4초마다 1명씩 굶주림으로 사망한다는 사실은 적어도 비극처럼 보이고 좀 더 과장해 말하면 완전한 악처럼 보인다.

그런데 얼마나 많은 음식물이 버려질까? 그리고 이유는 무엇일까? 음식물 쓰레기가 전 세계 기아 문제에 기여할까 혹은 기아 현상에 다른 원인이 있을까? 음식물 쓰레기를 어떻게 처리할 수 있을까? 이런 질문의 답에 관해 광범위한 의견 일치는 이뤄지지 않았다. 그러나 음식물 쓰레기의 역학과 함의를 고려할 때 우리는 우리만의 결론에 도달할 수 있다.

우선 얼마나 많은 음식이 버려질까? 우리는 막연히 음식물 쓰레기양을 알 수 있다고 생각하고 있다. 그러나 그렇지 않다. 이유는 두 가지다. 첫째, 아무도 음식물 쓰레기양을 정확히 집계하고 있지 않다. 음식물 쓰레기에 관한 대부분의 수치는 추론이나 다른 사람에게 들은 이야기에 근거한다. 그 결과 이 장에서 제시하는 수치는 대체로 추정치다(전 세계 알루미늄 생산과 관련한 수치는 추정치가 아니다). 그러나 우리는 독자가 음식물 쓰레기에 관해 논리적 결론을 내릴 수 있도록 도움을 줄 만큼의 정확성은 충분히 확보하고 있다고 어느 정도 자신한다.

둘째로 더 큰 이유는 음식물 쓰레기를 정의해야 한다는 것이다. 우리가 어떤 정의를 사용하느냐에 따라 음식물 쓰레기 수치는 크게 달라진다. 아마도 많게는 3배까지 달라질지 모른다.

생각해 보자. 당신이 생각하는 음식물 쓰레기는 무엇인가? 가장 적은 음식물 쓰레기양을 도출하는 가장 보수적인 정의는 소비할 수 있으나 소비하지 않아서 결국 매립장에 매립되는 모든 음식을 말한다. 이 집계에 따르면 미국은 매년 1인당 약 350파운드의 음식물 쓰레기를 생산한다. 이를 환산하면 1인당 1일 1파운드 미만의 쓰레기를 만든다는 뜻이다. 미국인이 하루 평균 5파운드의 도시 쓰레기를 생산한다는 사실을 감안할 때 무게별로 보면 매립되는 모든 것의 20퍼센트가 음식이라고 생각하는 편이 합리적이다. 이런 정의의 사용은 여러모로 합당하다. 매립된 음식은 강력한 온실가스인 메탄을 대량 방출한다. 그러므로 매립장으로 향하는 음식물은 특히 해로운 형태의 쓰레기다. 소비되지 않아서일 뿐 아니라 결국 해를 입히기 때문이기도 하다.

이와는 상반되게 훨씬 더 광범위하고 포괄적인 정의도 있다. 이 정의에서는 공급망에서 제거된 모든 것 혹은 인간이 소비하기에 적절하지 않은 모든 것이 음식물 쓰레기를 구성한다.

이 광범위한 정의에는 가축용 사료로 재배된 식품, 바이오 연료를 만들 때 사용된 음식, 퇴비로 쓰기 위해 수확하지 않고 쟁기로 갈아버린 곡식, 혹독한 날씨와 해충으로 죽은 곡식 등이 포함된다. 인간이 먹을 수 있는데 먹지 않는다면 그걸 낭비했다고 그럴듯한 주장을 할 수 있다. 특히 당신이 바이오 연료를 만들기 위해 옥수수를 다른 용도로 사용하는 것이 이 세상 어딘가에 배고픔으로 고통받는 사람이 있다는 점에서 나쁜 선택이라고 생각한다면 이런 정의를 사용하기에 괜찮은 이유가 된다. 이는 사람들이 좀 더 포괄적 정의를 사용할 때 선택하는 표현에 의해 상당히 분명해진다. 그들은 "재배된 모든 식량의 절반은 절대 인간의 위까지 도달하지 못한다"는 식으로 말한다. 이 정의를 사용하면 미국 음식물 쓰레기는 1인당 연간 무려 900파운드에 이르며 다른 선진국도 그 양이 살짝 적기는 하지만 비슷한 수준이다.

이 방법들로 계산한 실제로 버려지는 음식물의 총량은 각기 다르다. 문제를 더욱 복잡하게 하는 것은 일부 연구자는 순중량만으로 음식물 쓰레기양을 측정하는 반면 어떤 연구자는 버려진 음식물의 금전적 가치를 사용하고 또 어떤 연구자는 버려진 음식물의 열량 함유량caloric content을 사용한다. 한 방법에 따르면 1파운드의 꽃등심 스테이크는 경작지에 갈아엎진 1파운드 밀보다 훨씬 많은 양의 쓰레기를 생산한다. 사용된 방법에 따라 실제 버려진 음식물량의 추정치는 15~50퍼센트 사이에서 차이를 보인다.

우리가 음식물 쓰레기에 관해 어떤 정의를 사용하든 혹은 얼마나 정확하게 음식물 쓰레기의 총량을 측정하든 매년 미국에서 매립장에 매립되는 6,000만 톤의 음식물 쓰레기는 고찰을 시작하기 좋은 주제다. 그렇게 많은 음식물 쓰레기가 매립되는 이유는 무엇일까?

한 해 6,000만 톤은 많은 것처럼 들리고 실제로 그렇다. 그만큼의 식량을 생산하려면 버지니아 크기만 한 농장이 필요하다. 1년에 6,000만 톤이 되려면 매달 기자Giza의 대피라미드Great Pyramid만큼의 무게가 필요하다. 물론 미국 총인구를 펼쳐놓으면 앞서 언급한 1인당 하루 1파운드라는 수치를 얻는다. 이 수치는 사과 1개와 아보카도 1개 무게처럼 보인다. 그러나 총량을 보면 엄청난 양이 된다.

버려지는 개별 식품 목록은 상상을 초월한다. 항공모함 1기는 길이가 1,000피트고 6,000명의 선원을 수용할 수 있다. 항공모함과 총선원 무게는 추수감사절 다음 날 미국인이 내다 버리는 칠면조량과 거의 맞먹는다. 그다음으로 추수감사절 야채도 두 번째 항공모함 무게만큼 쓰레기통에 버린다. 당신 집 쓰레기통 안에서는 그리 많은 것처럼 보이지 않겠지만 문제는 모두가 그렇게 쓰레기를 생산하고 있다는 것이다.

그러나 문화적으로 미국인은 음식물을 버리지 않기 위해 많은 노력을 기울인다. 볶음밥, 브레드 푸딩과 콘비프 해시에 이르기까지 미국인에게 사랑받는 수백 가지 음식의 탄생 이야기는 하나같이 한 가지 질문, 즉 '남은 음식을 버리지 않고 어떻게 처리하지?'에서 시작한다.

1950년대 디즈니랜드의 한 멕시칸 레스토랑에서 토르티야 영업 사원은 만든 지 오래된 토르티야가 무더기로 쓰레기통에 버려진 것을 발견했다. 그는 경영진에 토르티야를 잘라 튀겨서 내자고 제안했다. 그렇게 토르티야를 튀겨 양념을 첨가한 결과 도리토스doritos가 탄생했다. 1953년 미국 식품 회사 스완슨Swanson은 추수감사절을 대비해 필요한 것보다 훨씬 많은 양의 칠면조를 주문했고 50만 파운드가 남았지만 이를 어떻게 처리해야 할지 도무지 알지 못했다. 다행히도 게리 토머스Gerry Thomas 라는 영업 사원이 비행기 기내식에 사용되는 3칸짜리 식판을 만들어 저녁 식사용 냉동식품으로 판매하자는 제안을 내놓았다. 그렇게 남은 칠면조를 잘 사용했고 TV 디너(TV를 보면서 먹는 즉석음식_옮긴이)라는 것이 탄생했다. 잡은 돼지 1마리를 모두 사용하고 싶은 부지런한 도축업자는 돼지 멱따는 소리만 빼고 모든 부위를 사용하라는 말을 듣는다. 그러므로 우리가 음식물 쓰레기에 집단적으로 무감각한 것은 아니다. 우리는 음식물 쓰레기를 만들지 않기 위해 전력을 다하고 있다.

그렇게 많은 음식물이 매립장에 매립되는 간단하면서도 쉽게 고칠 수 있는 이유가 하나 있다면 좋을 것이다. 그러나 그런 건 없다. 음식물 쓰레기 총량과 미국인이 다른 국가 국민에 비해 더 많은 음식물 쓰레기를 배출하는 이유를 설명할 근본 원인 하나를 꼽는다면 식품 가격이 현저히 하락했다는 것이다. 지난 50년간 미국 식품 가격은 절반이 하락했다. 그리고 같은 기간 동안 국민 1인당 버린 음식물량은 50퍼센트 증가했다. 경제적 관점에서 보면 매립장에 매립되는 음식물의 가치는 약 1,750억 달러에 이른다. 이 수치는 상당히 크지만 3억 5,000만 명의 인구에 대비하면 연간 500달러 혹은 1일 1.25달러 정도다. 미국인들은 하루 1달러 혹은 25센트짜리 동전 하나 때문에 자신의 행동을 크게 바꾸길 원치 않는다.

그럼 음식 가격이 어떻게 그렇게까지 저렴해질 수 있었을까? 1만 년 동안 인류에게 식량을 공급하기 위해 전체 인구의 거의 90퍼센트에 해당하는 인력이 필요했다. 오늘날 경제적으로 부강한 세계 서구 국가에서는 인구의 약 3퍼센트만 있으면 된다. 물론 그 비결은 대체로 자동화다. 또 현재 우리가 재배하는 작물 대부분을 차지하는 유전자 조작 작물이나 선별 종자로 재배한 작물 때문이기도 하다. 이는 새로운 현상이 아니다. 농부들은 특별히 생산성 높은 작물의 이종교배가 더 많은 수확을 가능하게 하리라는 것을 이미 수천 년 전에 알았다. 그리고 엑스선을 만드는 법을 알게 된 이래 우리는 뭔가 놀라운 일이 벌어지길 기대하면서 종자에 엑스레이를 투사해 오고 있고 이따금 그 일이 일어나기도 한다.

세상에는 5만 개가 넘는 식용식물이 있지만 우리가 섭취하는 열량의 3분의 2는 단 세 가지 식물에서 온다. 바로 옥수수, 쌀 그리고 밀이다. 현대의 식품 가격이 낮게 유지되는 이유 또한 이 작물 생산에 특화돼 있기 때문이다. 옛날 속담에 이런 말이 있다. "옥수수밭에서는 옥수수를 제외한 어떤 작물도 자라지 않는다." 이 말이 전적으로 맞진 않지만 우리는 우리가 먹을 작물을 재배하는 데 꽤 효율적이다. 100년 전에는 한 농부가 1에이커 농지에서 옥수수 30부셸(1부셸은 8갤런 정도_옮긴이)을 재배했을지 모르지만 오늘날 우리는 동일한 농경지에서 그 5배가 넘는 옥수수를 재배할 수 있다. 그러나 미국이 작물 재배에 효율적이라 해도 가치 기준 세계 2위 식량 수출국에 비하면 그 정도가 무색해 보인다.

그 국가가 어딘지 짐작 가는가? 바로 네덜란드다. 네덜란드는 메릴랜드만 한 크기의 국토에 인구가 밀집돼 사는 국가다. 그런 나라가 어떻게 그럴 수 있을까? 놀라우리만큼 훨씬 더 우수한 효율성을 통해서다. 그들은 밀집되고 기후가 조절되는 비닐하우스에서 미국에서 사용하는 화학물질의 단 3퍼센트만 필요한 농작물 재배법을 활용해 작물을 재배한다. 또 정밀 농업으로 많은 야채의 생산성을 2배로 증가시키고 있다. 즉, 필요에 따라 각 식물을 개별 관리한다. 그렇게 네덜란드는 양파와 감자의 세계 최대 수출국이 됐다. 이런 혁신과 그 외 수백 가지에 달하는 방법을 통해 우리가 앞으로 어떻게 식품 생산 과정에서 쓰레기를 지속적으로 줄여나갈 수 있는지에 관한 작은 깨달음을 얻을 수 있다.

식품 가격을 계속 낮게 유지할 수 있는 다른 요인도 있다. 미국에서 아동 노동을 금지하는 법이 통과됐을 때 작물 수확을 위한 구체적 예외 조항이 포함됐다. 냉방이 가동된 사무실에서 서류를 철하는 일을 하려면 16세는 돼야 하며 태양 아래서 곡식 따는 일을 하려면 12세 이상으로 부모의 허락이 있어야 한다(부모 허락 없이 이 일을 하려면 14세 이상이어야 한다). 어떤 환경에서는 심지어 최저 연령 12세조차 지켜지지 않는다. 일례로 미국 경작지에서 6세 아동이 노동하다가 발각된 적도 있다. 농업 노동자들은 최저임금법 적용을 받지 않는 경우가 많다. 1938년 최저임금법의 예외 조항은 좋은 의도로, 즉 가족 농가구의 부모가 자녀에게 집안일을 시키더라도 이 법을 어기는 것이 되지 않도록 하기 위해 삽입됐다. 그러나 이 법은 그저 법으로 남아 있을 뿐 미국에서 재배된 농산물의 25퍼센트가 약 5,000명의 아동 노동자가 수확한 것으로 이들은 농산물 가격을 낮게 유지하는 데 도움을 주고 있다. 미국의 농업 부문은 저임금으로 수작업을 하는 성인 노동자에 의존하고 있으며 이들 중 다수는 불법 이민자로 합법적으로 노동하는 사람이 받을 수 있는 많은 보호를 받지 못한 채 낮은 임금을 받고 노동을 제공하고 있다.

마지막으로 미국 농업은 정부에서 연간 무려 약 200억 달러에 달하는 막대한 보조금을 지급받는다. 어떤 사람들은 국가 안보를 이유로 농업 부분 보조금 제도를 옹호하면서 식량 자급자족이 불가능한 국가는 자주국방도 불가능하다고 지적한다. 이런 보조금 또한 식품 가격을 낮추는 요인으로 작용한다.

쓰레기의 정의 중 하나가 결국은 매립장에 버려지는 먹을 수 있는 음식이라면 가정에서 저녁을 먹고 남은 음식만 매립장의 쓰레기가 되진 않는다는 사실을 기억하는 것이 중요하다. 음식물 쓰레기를 생산하는 4대 주요 출처는 식품 가공 처리 업체, 식당, 식료품점 그리고 개인 소비자다. 자, 이제 진짜 음식물 쓰레기가 어디서 오는지 각각을 살펴보기로 하자.

우선 식품 가공과 생산을 들여다보자. 이 단계에서 식품 손실이 일어나는 방식은 몇 가지가 있다. 외양, 형태 혹은 크기를 이유로 일정량의 식품이 추려져 폐기된다. 어떤 과일이나 야채의 경우 상당한 양이 버려질 수 있다. 어떤 산업에서는 이런 식품을 판매하는 2차 시장이 있으며 기업은 더 많은 2차 시장을 조성하고 있다. 돼지 갈빗살이 모두 완벽하다면 핫도그를 만들수 없을 것이라는 말이 있다. 그러나 많은 경우 미관상 문제가 있는 상품은 쓰레기가 된다.

똑똑한 생산자는 식품 쓰레기를 줄이기 위해 조심하면서 불완전한 농산물을 재활용할 방법을 찾아냈다. 못생긴 홍당무는 이제 껍질을 벗기고 잘게 잘라 '아기 홍당무'로 판매한다. 물론 잠시 멈추고 생각해 보면 잔인하기 짝이 없는 이름이기는 하다.

그런데 심지어 이런 아기 홍당무처럼 야채나 고기를 손질하고 껍질을 벗기거나 도살할 때도 어느 정도 유실이 발생한다. 과일을 주스로 만들 때 쓰레기가 생기고 우유를 저온살균할 때, 식품을 통조림으로 만들 때, 제품을 구울 때 역시 쓰레기가 생긴다.

마찬가지로 유통 과정에서도 낭비가 생긴다. 2019년 후반 루마니아에서 양을 싣고 출발한 배가 전복돼 배에 실려 있던 1만 5,000마리 양 중 거의 전부가 익사했다. 그러나 유통 과정의 낭비는 잘못된 물류 기획에서 상점 단위의 수요 변화에 이르기까지 비극적이지 않은 여러 이유로 발생한다. 그리고 사실상 모든 부패성 식품 화물은 유효기간이 끝나가는 시한폭탄이다.

다음 출처는 식당이다. 소비 패턴이 변함에 따라 식당은 음식물 쓰레기를 점점 더 많이 생산하고 있다. 코로나19 팬데믹이 발생하기 얼마 전 역사상 처음으로 미국인은 식료품점보다 식당에서 더 많은 시간을 보냈다. 식당은 어떻게 식품을 버릴까? 조리 전 바닥에 흘리거나 탄 식품은 쓰레기가 된다. 어떤 음식은 조리는 되지만 판매되지는 않는다. 식당은 음식을 식탁에 내려놨을 때 손님들이 탄성을 지를 수 있도록 혹은 인스타그램용 멋진 사진을 얻도록 제공하는 음식량을 점점 더 늘리고 있다. 남은 음식을 포장해 주기는 하지만 식당을 이용하는 고객은 평균적으로 제공받은 식사의 20퍼센트를 먹지 않고 남긴다. 이는 많은 식당 이용자가 하루 1.25달러 가치의 음식물 쓰레기 중 4분의 1을 그 식당에서 채운다는 뜻이다. 이 요인을 모두 감안할 때 식당에서 한 끼 식사를 할 때마다 0.5파운드의 음식물 쓰레기가 발생한다. 비록 일부 식당이나 자선단체에서 남은 음식을 빈곤층에 전달하기 위해 노력하고 있지만 이 중 약 90퍼센트는 결국 매립장으로 보내진다.

코로나19 팬데믹은 음식물 쓰레기에 두 가지 영향을 미쳤다. 팬데믹 초기 음식물 쓰레기가 급증했다. 식품 공급망은 식품 절반은 식료품점에서 판매하고 나머지 절반은 식당, 카페테리아, 스타디움, 크루즈 여객선 그리고 기타 상업적 기업에 판매하도록 설계돼 있다. 두 번째 절반이 곤두박질치면 그곳으로 보내진 식품 대부분은 쓰레기가 된다. 미국낙농업자협회Dairy Farmers of America는 미국에서 매일 50만 갤런의 우유가 폐기된다고 추정한다. 단 1명의 가공업자가 하루에 부화되지 못한 달걀 10만 개를 처분한다.

그러나 팬데믹의 2차 영향은 음식물 쓰레기의 급격한 감소다. 이제 소비자가 집에서 음식을 조리하는 경우가 늘어나 남은 음식을 먹을 가능성이 더 높아졌다. 식당에서 제공하는 분량은 엄청 많은 데 비해 집에서 제공하는 양은 좀 더 현실적이다. 이 관찰은 그럴 수 있는 일 그 이상이다. 식료품점이 공급 부족을 겪으면서 가정은 식품 소비를 좀 더 효율적으로 관리해야 할 동기가 부여됐다. 한 추정치에 따르면 영국에서 소비자가 버린 기본 주식—빵, 우유 그리고 토마토—비중은 팬데믹 기간 동안 절반이 감소했다.

식료품점도 음식물 쓰레기를 생산한다. 이 장을 집필 중일 때 우리 중 1명은 호주에서 가장 훌륭한 식료품점을 방문해 수십 명의 직원이 낙농, 제빵, 포장육 섹션에서 모든 상품을 폐기하는 장면을 목격했다. 우유, 베이컨, 달걀, 치즈, 거의 모든 제품을 쓰레기통에 던져 넣고 있었다. 그날 이른 아침 상점 뒤편에서 작은 화재가 발생했고 이후 식품 감독 관리자가 모든 표본을 채취했다. 화재 잔여물이 묻은 것은 전량 폐기해야만 했다. 그런데 상점 뒤에 있는 덤프스터가 잠겨 있어서 아무도 값비싼 베이컨을 훔쳐 갈 수 없었다. 대다수 베이컨은 이미 훈연됐다는 것이 아이러니를 더했다. 식료품점에 설치된 덤프스터는 법적으로 일반인이 접근할 수 없게 돼 있는 경우가 많다. 오래되고 익히지 않은 새우를 먹었을 때 생기는 건강 위험 요소 때문이다.

물론 식료품점 화재가 매일 일어나지는 않는다. 그러나 화재가 일어날 수 있다는 사실 그리고 화재가 일어났을 때의 대응은 식료품점이 판매하는 상품을 얼마나 까다롭게 관리하는지 강조해서 보여준다. 세계적으로 확산되고 있는 '어글리 푸드Ugly food' 운동에도 불구하고 많은 상점이 모양이 못생긴 상품을 선반에서 치우거나 폐기한다. 또 유통기한이 곧 도래할 식품도 폐기한다. 유통기한이 해당 식품의 섭취 안전성에는 아무런 영향을 미치지 않을 수도 있지만 말이다. 상점들은 매일 폐점 직전 대다수의 조리 식품도 폐기한다. 게다가 신상품을 진열할 자리를 만들기 위해 제때 진열되지 못한 음식도 폐기한다.

가정의 음식물 쓰레기는 어디서 생길까? 솔직히 말해 대다수 쓰레기는 불완전한 정보에서 나온다. 하지만 판매자에게는 불완전한 정보를 좀 더 명확하게 바로잡아야 할 동기가 전혀 없다. 혼란을 야기하는 주된 요인 중 하나는 포장에 사용된 여러 날짜다. 일부 포장지에는 유통기한이 표시돼 있다. 다른 포장지에는 판매 기한이 표시돼 있다. 어떤 포장지에는 '언제까지 사용 가능'하다고 표시돼 있다. 식품을 포장한 날짜, 며칠까지 먹기, 적어도 몇 월 며칠까지 먹기, 몇 월 며칠까지 신선함을 유지함, 몇 월 며칠에 폐기하기 등은 어떨까? 가끔은 아무 설명도 없이 날짜만 인쇄된 경우도 있다. 이런 정보가 무엇을 의미하는지 실제로 잘 모르는 소비자는 표시된 날짜 이후 먹으면 탈이 날 것이라는 보수적 의미로 생각한다. 그래서 많은 소비자가 의심스러우면 내다 버리는 전략을 취한다. 포장재에 표시된 날짜가 음식을 내다 버릴 때 느끼는 죄책감을 조금은 덜어주는 미묘한 효과도 낸다. 그렇다. 당신은 그 식품으로 뭔가 조리해 보려고 했지만 유통기한이 지나서 어쩔 수 없다. 그러므로 음식을 버리는 건 당신 잘못이 아니다.

그러나 문제를 유발하는 것은 포장재에 표기된 유통기한이 아니다. 식료품점에서 소비자는 특정한 주에 자신이 요리할 음식에 아주 적극적인 자세를 보이며 미식가의 성찬을 준비하기 위한 재료들을 야심 차게 사들이는 경우가 많다. 그러나 한 주가 시작되고 그 주가 끝나갈 때쯤 이들은 피자를 주문한다. 야심 차게 준비한 식품 중 일부는 냉동하거나 냉장 보관 할 수 있지만 대다수 식품은 버려야 한다. 식량이 부족했던 시절에는 먹다 남은 소고기를 소금에 절이고 오이는 피클을 만들었으며 산딸기류 열매는 잼을 만들어 나중에 먹을 수 있었다. 그러나 식품이 지나치게 싸고 풍족할 때 왜 그런 수고를 하겠는가?

소비자는 요리할 때 하나같이 필요한 것보다 더 많은 양을 요리한다. 또다시 그러지 않을 이유가 어디 있는가? 식품이 너무 싸다. 그래서 늘 남는 음식이 생기고 남은 음식은 나중에 먹겠다는 좋은 마음으로 다시 포장해 두지만 곧 까맣게 잊어버린다. 냉장고 뒤쪽으로 밀려나 있던 이 음식을 다시 발견했을 즈음에 그것의 유일한 잠재적 용도는 고등학교 과학박람회 프로젝트에 출품하는 것이다.

흥미롭게도 당신이 먹는 식단이 건강하면 할수록 음식물 쓰레기를 만들 가능성은 더 높다. 건강한 식단은 신선한 과일과 채소를 많이 포함하는데 쉽게 상하기 때문에 이 중 절반 이상이 폐기된다. 절반 이상이 쓰레기 처지가 되는 또 다른 항목은 해산물이다. 해산물은 문자 그대로 후각 테스트를 통과하지 못할 때가 많다.

쓰레기 발생이 소비자 쪽으로 가까워질수록 쓰레기 비용이 더 비싸지고 영향력이 더 커진다. 만약 한 농부가 못생긴 당근을 따지 못하거나 땄다가 곧바로 폐기해 버리면 손실은 거의 없다. 그러나 밭에서 가공업자 그리고 식료품점을 거쳐 당신 가정에까지 도달하는 데 성공한 후 저녁 식사에 초대받은 손님들이 떠나고 그들 접시 위에 남겨진 음식은 단순한 음식물 쓰레기가 아니다. 비록 당신이 남은 음식으로 퇴비를 만들어 집 화단의 장미에 사용한다고 하더라도 에너지 낭비, 노동 낭비, 시간 낭비다.

이런 상황을 쉽게 바꿀 방법이 있을까? 과거에는 분명 기술이 도움이 됐다. 식품을 냉장할 수 있는 능력은 인간 역사에서 쓰레기를 줄일 수 있는 가장 큰 진보라고 말해도 과언이 아닐지 모른다. 마찬가지로 신선한 야채의 유통기한을 2배로 늘릴 수 있는 코팅 스프레이도 있다. 또한 저렴한 센서가 식품 유통기한과 무관하게 특정 식품이 안전한지 아닌지 감지할 수 있을 것이다. 고기 재배 혹은 3D 프린팅 육류는 동물을 도살하는 과정에서 이뤄지는 실수로 인한 쓰레기를 줄일 것이다. 어떤 이들은 쓰레기가 미치는 영향을 최소화하기 위해 세계가 곤충을 갈아 만든 밀가루나 혹은 좀 더 구미에 당길지 모르는 채소로 만든 대체육으로 교체해야 한다고 주장한다. 심지어 다양한 육류 중 하나를 바꾸는 것만으로도 식품 생산이 생태계에 미치는 영향을 줄일 수 있고 그 결과 음식물 쓰레기도 줄일 수 있다. 예를 들어 1칼로리 기준으로 볼 때 가금류에는 소보다 훨씬 적은 자원이 필요하다. 그리고 많은 채식주의자나 비건이 이런 식단을 채택하는 이유는 대체육이 갖는 알려진 건강상 이점 때문이 아니라 환경적 이유 때문이며 동물에게 먹이기 위해 엄청난 양의 사료용 식량을 재배해 믿을 수 없을 만큼 적은 양의 인간용 식량을 생산한다고 지적한다.

그럼 매년 발생하는 1인당 500달러어치의 음식물 쓰레기를 어떻게 바라봐야 할까? 그저 우리가 안전하고 영양가 높은 (혹은 외관상 완벽한) 음식을 먹기 위해 지불하는 대가일까? 그것의 일부는 분명 선택이다. 이를 진정으로 낭비라고 생각할 수 있을까? 만약 10여 개의 못생긴 당근을 내다 버려 완벽하게 생긴 당근을 먹을 수 있다면, 반대로 당신이 예쁘게 생긴 당근을 구매하기 위해 내다 버린 10여 개의 당근에 높은 가격을 지불할 의사가 있다면 쓰레기의 정의는 주관적이다. 우리는 동일한 기준을 다른 데는 적용하지 않는다. 만약 도자기 공장에서 만든 항아리가 미학적으로 결함이 있어 비록 사용 가능하더라도 결국 폐기 처분한다면 버려진 항아리 때문에 우리 손을 쥐어짜면서 괴로워하지는 않을 것이다. 단순히 비즈니스를 위해 치러야 하는 대가라고 생각할 것이다.

왠지 모르지만 음식은 그냥 다르다.

앞서 언급했듯이 버려진 음식에는 특이하게도 윤리적 시선이 투영된다. 우리가 어렸을 때 부모들은 세상 어딘가에는 굶주린 아이들이 있으므로 음식을 남기지 말고 다 먹어야 한다고 훈육했고 그 경고는 인간의 공감 능력에서 비롯됐다. 당신의 저녁 식사 접시에 있는 음식과 다른 국가의 굶주린 어린이를 연결하는 것은 논리적으로 문제가 있어서 심지어 이를 지칭하는 (상대적 빈곤의 오류라는) 용어까지 있지만 그건 철저히 인지상정 문제다. 컴퓨터는 우리 부모가 어린 우리에게 강요했던 것과 비슷한 잘못된 논리에 속아 넘어가지 않을 것이며 그저 기계와 비교했을 때 인간이 얼마나 다른지(그리고 더 낫다고 우길 테지만)를 뚜렷하게 부각해 보여줄 뿐이다. 논리적으로 오류가 있고 전적으로 인간적인 이 정서가 프랑스 상원이 식료품점의 식품 폐기 금지법을 만장일치로 통과시켰지만 도자기에 대한 유사한 법안은 통과시키지 않은 이유를 설명한다.

세계에는 약 8억 명이 굶주리고 있다. 왜일까? 전 세계 인구가 먹기에 충분한 식량을 생산할 수 없어서는 아니다. 우리는 모두를 먹일 수 있는 것보다 더 많은 열량을 생산한다. 그리고 분명 지난밤 당신이 깍지콩을 남겨서도 아니다. 슬픈 진실은 전 세계 굶주린 사람의 거의 80퍼센트가 식량 순수출국에 살고 있다는 것이다. 현대사회에서 굶어 죽는 것은 식량이 없어서가 아니라 돈이 없기 때문임이 밝혀졌다. 결국 가장 큰 문제는 우리가 음식을 버리기 때문이 아니라 지구상 많은 사람을 굶주리게 하는 식량 할당 방식을 선택하기 때문이다. 우리 과제는 농업이 아니라 윤리다.

그러나 모든 음식물 쓰레기를 죄악시하거나 강제로 이를 금

08. 음식물 쓰레기

지하려는 시도는 어쩌면 더 많은 음식물 쓰레기를 생산하는 길로 가게 될 수 있다. 우리가 반복적으로 목격해 온 것처럼 좋은 의도에서 쓰레기를 줄이려는 시도가 예상치 못한 결과로 이어지기도 한다. 어쩌면 음식물 쓰레기를 만들지 않은 것이 결국 1인당 500달러 이상의 비용을 들게 할 수도 있다. 당신은 차를 몰고 일주일에 1번이 아니라 매일 식료품점에 갈 수 있고 그렇게 채소 낭비를 줄일 수 있다. 하지만 그 대신 얼마나 많은 가스를 낭비하게 될까? 짐작건대 음식물 쓰레기를 만들지 않아서 돈을 절약할 수 있다면 농업계가 식량을 낭비할 것이다. 만약 감자칩 제조 공장에서 감자 껍질을 모아 많은 수익을 남기며 돼지 사료로 판매할 수 있다면 그렇게 하는 것이 합리적이다. 그러나 돼지 사료를 만들기 위해 감자 껍질을 깎는 데 다른 작물을 돼지 사료로 키우는 것보다 더 많은 에너지가 필요하다면 실질적으로 우리가 얻은 것은 무엇일까? 흉년 대비 보험으로 판매할 수 있는 양보다 20퍼센트 더 많은 감자를 심는 것이 농부에게는 더 가치 있을지 모른다. 물론 이 농부는 추가로 심은 감자를 갈아엎어야 할지 모른다는 사실을 충분히 인지하고 있다.

음식물 쓰레기는 어떤 면에서 지구가 얼마나 생산적인지 단적으로 보여주는 증거다. 우리가 살고 있는 지구는 지나칠 정도로 풍부하게 소출을 내고 있기 때문에 이 중 일부를 낭비하지 않는 것이 금전적으로 이득이라는 생각을 하지 못하게 한다.

그래서 이것이 지금 우리가 처한 상황의 아이러니다. 우리는 먹을 수 있는 양보다 더 많은 식량을 생산한다. 식량 생산 비용은 그 어느 때보다 덜 든다. 전 세계 수백만 명이 굶주리는 동안 우리는 엄청난 양의 음식을 버리고 있다. 비만으로 사망하는 사람 수가 기아로 사망하는 사람 수를 넘어선다. 우리는 그 어느 때보다 더 건강한 음식을 선택해 섭취하고 있지만 다른 사람의 선택은 그들의 목숨을 앗아가고 있다.

세계 인구는 최대 110억까지 늘어날 것으로 예상되며 이는 현재보다 50퍼센트 증가한 수치다. 우리는 기존 기술로 앞으로 늘어날 전 세계 인구가 먹기에 충분한 식량을 생산할 수 있을 테지만 110억 인구가 모두 먹기 위해서는 사회적 변화가 필요하다.

그러나 생산 문제는 사소하지 않다. 세계자연기금World Wildlife Foundation의 보고서가 이를 가장 적절하게 말하고 있다. "인류는 앞으로 40년간 지난 8,000년간 농업생산량의 총합보다 더 많은 농산물을 생산해야만 한다. 그리고 우리는 이를 지속 가능하게 할 수 있어야만 한다."

09

거리 딜레마

The Distance Dilemma

만약 당신이 생태학적 문제를 걱정하는 100명에게 그들의 친구와 이웃이 삶에서 쓰레기를 줄이기 위해 해야 할 일이 무엇이냐고 묻는다면, 많은 이들이 첫째로 수백 심지어 수천 마일 떨어진 곳에서 트럭으로 운송된 식품보다는 현지에서 재배된 농산물을 구매하는 일을 꼽을 것이다.

집 근처에서 생산된 식품을 먹는다는 개념은 지난 10년 동안 훨씬 대중화됐다. 이를 입증하기라도 하듯 이 개념을 지지하는 사람들을 기술하기 위해 '로커보어locavore'(자신이 사는 국가나 지역에서 재배한 식품만 먹는 사람을 뜻하는 말_옮긴이)라는 어휘가 만들어지기까지 했다. 이 단어는 2007년 옥스퍼드대학교 출판사가 선정한 올해의 미국 단어가 됐다(영국에서는 탄소발자국이 로커보어를 간발의 차로 누르고 올해의 단어 타이틀을 거머쥐었다. 이는 종종 탄소발자국을 줄이는 것이 사람들이 국내에서 생산된 식품을 먹기로 결정하는 데 필수적이기 때문에 그럴듯하다.) 식료품점은 이제 근교에서 생산된 상품을 별도로 표시하고 있으며 많은 식당도 유기농, 지속 가능한 국내산 제품을 사용한다고 홍보한다.

그러나 현지에서 생산된 식품이 정말로 쓰레기를 덜 만들까? 언뜻 이는 너무 분명한 사실처럼 보인다. 로스앤젤레스에서 재배한 콩을 사는 것은 피오리아(일리노이주 작은 도시_옮긴이)에서, 심하면 호주 퍼스에서 생산된 콩을 사는 것보다는 낭비가 덜 생길 것이 분명하다. 하지만 인간의 직관은 익히 알려져 있듯 그 주장 뒤에 있는 진실을 평가하는 데 자기기만적이다. 우리가 먼 곳에서 식품을 운반해 오는 일과 그걸 집 근처에서 재배하는 일에 필요한 에너지 비용을 계산해 본다면 현지에서 생산된 식품을 먹는 것이 실제로 낭비를 덜 일으키는지에 대해 좀 더 명확한 그림을 얻을 수 있다.

과학적 맥락에서 (표준압력에서 1그램의 물을 화씨 1도씨 올리는 데 필요한 열에너지양을 의미하는) '열량calorie'이라는 단어가 사용되는 방식은 이 단어가 식품 맥락에서 사용되는 방식과는 약간 다르다. 식품 열량은 사실 킬로칼로리로 표시된다. 과학에서 의미하는 열량보다 1,000배 더 크다. 과학자들에게 감사한 일이다.

이 장에서는 식품 열량을 이야기할 때 대문자 C 버전의 열량

Calorie(킬로칼로리)을 보게 될 것이다. 식품이든 혹은 다른 출처에서 발생한 에너지든 상관없이 그 수치를 계산하기 위해 킬로칼로리를 사용해 농산물을 운반해 오는 비용과 집 근처에서 재배하는 비용을 비교할 수 있다.

식량을 옮기려면 어떤 화석연료를 사용할 가능성이 높다. 체내 지방처럼 휘발유도 에너지가 축적된 것이다. 휘발유 안에 얼마나 많은 킬로칼로리가 포함돼 있는지 파악하기는 비교적 쉽다. 그것이 연소될 때 물에 얼마나 많은 열을 가하는지 측정할 수 있다.

지방과 휘발유는 열량 밀도가 거의 비슷하다고 알려져 있다. 체내 1그램의 지방이 9킬로칼로리를 저장하고 있다면 1그램의 휘발유는 10킬로칼로리를 저장하고 있다. 휘발유 1갤런은 약 6파운드로 측정되므로 약 3만 킬로칼로리와 같다.

만약 차량 연비가 갤런당 30마일이라면 1마일 가는 데 휘발유 1,000킬로칼로리가 필요하다는 뜻이다. 반대로 사람은 단 50킬로칼로리면 자전거를 타고 똑같은 1마일을 갈 수 있고 100킬로칼로리로 같은 거리를 걸어서 갈 수 있다. 마치 당신 몸이 차보다 더 효율적이라는 것처럼 들릴지 모른다. 그러나 차량 무게는 4,000파운드라는 사실과 차는 고속도로 규정 속도로 주행하고 에어컨을 켠 상태며 운전하는 동안 음악을 들을 수 있고 그리고 연료를 아주 조금만 더 쓴다면 친구도 여럿

태울 수 있다는 사실을 기억해야 한다. 그러나 당신 몸은 슈퍼 컴퓨터, 즉 뇌에 에너지를 제공한다. 자동차는 결코 꿈도 꿀 수 없는 종류의 일이다.

1파운드를 1마일 이동하는 데 필요한 킬로칼로리를 나눠보면 거의 같은 값이 나온다. 인간과 자동차는 에너지 효율이 비슷하다. 그러나 식품과 비교할 때 휘발유는 현저히 값싼 에너지원이다. 만약 인간이 1갤런의 휘발유를 마실 수 있고 곧바로 3만 킬로칼로리를 얻을 수 있다면 2주 동안 매일 단돈 20센트로 몸에 에너지를 공급할 수 있다(하지만 이런 짓은 절대 하지 말길 바란다).

미국 식품 생태계 전반에 걸쳐 1명이 섭취하는 1킬로칼로리마다 그 식품을 재배하고 운송하고 저장하는 데 약 10킬로칼로리가 필요하다. 지난밤 당신이 배달해 먹은 3,000킬로칼로리의 피자를 만들기 위해 결국 3만 킬로칼로리가 투입됐다는 뜻이다. 이것이 휘발유 1갤런에 관한 이야기다. 모든 재료를 모아 피자를 조리하고 그 피자를 당신 집까지 배달하는 데 투입된 에너지는 피자 자체에 포함된 에너지의 10배다. 한 사람은 1년에 어림잡아 100만 킬로칼로리 미만을 섭취한다. 미국 총인구에 10배를 곱하면 매년 미국 인구 전체를 먹이기 위해 300조 킬로칼로리가 필요하다는 사실을 알게 된다. 우리가 먹는 식품이 1킬로칼로리인 경우 다양한 연료로 소비되는 10킬로칼로리의 에너지가 추가로 더 필요하다.

2008년 코넬대학교에서 실시한 한 연구에 따르면 중서부 지역에서 뉴욕까지 채소를 트럭에 실어 보내는 데는 해당 지역의 온실에서 이 채소를 키우는 데 필요한 에너지의 6분의 1만 있으면 된다. 이유가 뭘까? 온실은 막대한 양의 에너지를 필요로 하며 서부의 광활한 땅에서 거대한 규모의 경제를 실현할 수 있다. 이 경우 종합적인 면에서 농산물을 나라 절반을 돌아 트럭으로 운송하는 것이 에너지를 덜 소비한다.

이는 출발지와 도착지가 지구 반대편에 위치할 때조차 그렇다. 뉴질랜드 학자들이 수행한 한 연구는 영국 현지에서 생산된 식품을 소비한 사람과 뉴질랜드에서 수입된 상품을 소비한 사람이 환경에 미친 영향을 비교했다. 그 결과 영국에서 양을 사육하는 데 소비된 에너지가 뉴질랜드 양고기 생산자가 사용한 에너지보다 4배 더 많았다. 심지어 뉴질랜드산 양고기를 영국으로 운송하는 데 들어간 에너지를 포함한 후에도 이런 수치가 산출됐다. 이는 대체로 영국에서 양을 사육하는 데 필요한 추가 에너지와 사료 비용이 원인이다.

그렇다면 아이슬란드에서 바나나를 생산할 경우를 생각해보자. 놀랍게도 그런 일이 있다. 아니 있었다. 알다시피 아이슬란드는 대부분의 세계 바나나 생산지에서 멀리 떨어져 있다. 정말로 멀다. 그러나 아이슬란드는 지열발전이 발달한 국가로 지열은 앞서 알루미늄 제련과 관련된 장에서 언급했듯이 세계 다른 나라의 에너지원과 비교했을 때 비교적 저렴하다. 원거리와 비교적 저렴한 가격을 고려할 때 당신은 이 두 요소가 비교적 저렴하고 효율적으로 온실에서 바나나를 재배하는 데 도움이 되리라라고 생각할지 모른다.

애석하게도 그렇지가 않다. 아이슬란드에서 한 차례 시도하긴 했지만 결과는 대실패였다. 정부가 수입 바나나의 관세를 해제하자 아이슬란드의 국내 바나나 산업이 붕괴했다. 저렴한 에너지와 바나나 산지로부터의 원거리도 아이슬란드가 북극권 한계선과 경계를 이루고 있어 햇빛이 거의 비치치 않는다는 사실을 극복할 순 없었다. 불과 몇 달이면 소비 가능한 다른 적도지역의 바나나와 달리 아이슬란드의 바나나가 다 자라려면 2년이 필요했다. 비록 아이슬란드의 지열 에너지 가격이 저렴하다 해도 필리핀, 코스타리카, 에콰도르 같은 주요 바나나 수출국의 햇빛은 공짜다. 그러므로 아이슬란드에서 재배된 국내산 바나나는 에너지 총비용을 절약할 수 없다.

물론 북극권의 바나나는 극단적인 예일 수 있다. 그러나 현지 농산물 시장도 자동적으로 에너지 효율을 절감하진 못한다. 결국 각각의 농부가 직접 자신의 농산물을 싣고 전 지역을 돌아다녀야 한다. 그러면 소비자도 차로 이동해야 한다. 하지만 농산물을 대량으로 이동하는 데는 중요한 규모의 경제가 있다. 엘스 위넌Els wynen과 데이비드 반제티David Vanzetti가 식품 시스템의 효율성 척도로 이동 거리를 기준으로 삼는 것의 한계를 고찰한 논문에서 지적한 대로, 10톤짜리 트럭 1대에 10톤의 식량을 싣고 1,000킬로미터를 이동하는 것은 0.5톤 트럭 20대로 동일한 양의 농산물을 동일한 거리까지 운반하는 것에 비해 에너지를 덜 소비한다.

각각의 트럭 1대가 시장에 도달할 때까지 엄청난 양의 연료를 태울 뿐 아니라 고객도 다른 필요한 주식을 구매하기 위해 단골 식료품에 들러 물건을 구매해야만 한다. 따라서 농산물 직판장까지의 이동 거리에 슈퍼마켓까지의 거리가 더해지는 것이지 대체되는 것이 아니다. 농산물 직판장까지 이동할 때마다 화석연료가 낭비되는데 고도의 효율성이 보장된 중앙화된 슈퍼마켓에서도 동일한 상품을 찾을 수 있기(있었기) 때문이다.

물론 겉으로 보기에 낭비라고 여겨진다고 해서 그것을 그만둬야 할 이유가 되진 않는다. 가족농업이 번성하고 발전하길 바라며 지속 가능한 농업 관행을 지지하는 다수에게 국내 농부를 지원하는 일은 굉장히 가치 있다. 아이슬란드에는 분명 레이캬비크까지 걸어가서 돈을 더 내고라도 현지에서 재배한 바나나를 먹겠다는 사람이 많을 것이다. 지열 에너지를 사용해 2년간 키워낸 바나나를 먹는 일은 멋지기 때문이다.

그러나 국내산 농산물을 구매하거나 현지 농산물 직판장에 자주 가는 것의 가치 대부분이 예를 들어 현지 농업을 지원하는 등의 무형으로 이뤄져 있다면 그런 무형의 것들도 최소한 어느 정도는 살펴봐야 한다. 농산물 직판장이 제대로 운영되고 있을까? 록웰이 그린 가족 농장에서 재배한 농산물을 토요 장터에서 곧바로 이웃에게 판매하는 소규모 농장의 이미지가 정말로 정확할까?

로라 라일리Laura Reiley는 "농장에서 조작까지Farm to Fable"라는 제목으로 〈탬파베이 타임스〉에 신랄한 고발 기사를 기고, 연재했으며 퓰리처상 최종 후보에 이름을 올렸다. 라일리는 농산물 직판장에 찾아가 상인에게 직접 농산물을 재배했는지 묻고 실제로 그들의 농장이 위치하고 있다는 곳으로 차를 몰고 가기도 했다. 그들이 설명한 그대로일 때도 있었지만 그렇지 않을 때가 많았다. 그는 최소한의 오해 소지는 있지만 대부분은 새빨간 거짓말인 광범위한 관행을 기록했다. 채소는 식료품점에서 거절당한 표기 라벨을 떼어낸 상품이거나 해당 지역 밖에서 구매해 온 것을 지역 특산품으로 재표기해 판매하고 있었다. '유기농' 딸기는 직판장에 오기 전 두 차례 주인이 바뀌었을 수 있으며 그래서 실제로 어디서 재배됐는지 출처가 불분명했다. 식당이라고 상황이 더 좋은 것도 아니었다. 그들은 현지 재배 음식을 제공한다고 했지만 사실 현지에서 재배되지 않았다. 단일 종으로 판매되는 생선은 실제로는 다른 종이었고 비싼 생수병은 수돗물로 채워진 것이었다. 홈메이드 디저트는 상점에서 구매한 것이었고 이 외에도 사실과 다른 것이 많았다.

결국 최종 결론은 국내산 식품 구매가 근본적으로 낭비라는 것이 아니라 상황이 언뜻 보이는 것만큼 그렇게 간단하진 않다는 것이다.

식품 맥락에서 효율성과 지속 가능성 사이의 균형점을 놓고 무한정 제자리걸음만 할 수도 있다. 앞서 인용한 호주 연구는 유기농 식품을 항공으로 운송할 때 이산화탄소 배출 관점에서 어떤 대가를 치러야 하는지 고찰했다. 항공 이동을 다룬 장에서 확인했듯이 항공기 도입은 근본적으로 모든 사람의 탄소 예산을 낭비하게 한다. 반대로 같은 연구에서 만약 항공 이동이 불가능하면 파급효과가 상당히 클 수 있으며 적어도 일부 유기농 생산자를 다시 전통적 농업 방식으로 돌아가게 할 수 있다는 결론에 도달했다.

전반적으로 우리가 먹는 식품이 식탁에 오르기 전까지 이동한 거리를 수치로 산출하는 것이 식품 생산과 관련된 비효율성과 낭비가 어느 정도인지 평가하는 좋은 방법이라는 생각은 솔직히 사실이 아니다. 놀랍게도 식품을 운송하는 데 사용된 에너지는 우리가 먹는 식품을 생산하는 데 사용된 총에너지 중 극히 일부일 정도로 오늘날 식품 운송망은 효율적이다.

아이슬란드의 바나나 (그리고 이 책 전반의) 사례에서 봤듯이 만약 우리 모두가 낭비의 1차 효과만을 고려하면—여기서는 식품 운송에 필요한 추가 연료—상황은 자명해 보인다. 즉, 식품이 소비되는 곳과 최대한 가까운 데서 식품을 재배하면 된다. 그러나 그런 분석은 국내산 식품 생산의 상위 효과를 고찰하는 데는 실패했다. 특히 특정 식품을 생산하기 위해 얼마나 더 많은 에너지, 비료, 물 그리고 토지가 필요한지 고려하지 않았다. 이 분석을 확장하면 쉬운 답이 바뀌는 경우가 많다.

THE SCIENCE OF WASTE

낭비의 과학

01

깊이 들이마시고
내쉬기

Deep Breath and . . . Exhale

이산화탄소를 이야기하지 않고 낭비에 관한 책을 집필하기는 불가능할 것이다. 이산화탄소는 거의 매일 신문 헤드라인을 장식 중이다. 많은 사람에게 이산화탄소 배출은 가장 나쁜 종류의 낭비다. 기후변화에 미치는 이산화탄소의 역할 그리고 바다의 산성화, 해수면 상승, 대규모 멸종, 지구 전반의 사회적 불안정 등 이산화탄소 배출에서 이어지는 결과 때문이다.

그러나 이산화탄소 이야기는 단편적 일화—배출 근원, 배출 방식, 저감 방법—로만 소개돼 우리는 이산화탄소 배출을 부추기는 기전 시스템보다는 이산화탄소 배출 결과에 대해 더 많이 알고 있다.

호흡기관을 통해 인간이 내뿜는 이산화탄소는 낭비일까? 이 질문의 명확한 답이 있다. 그러나 이 답을 진짜로 이해하기 위해서는 이산화탄소를 좀 더 심층적으로 이해해야 한다. 이 장에 이산화탄소와 관련해 당신이 알고 싶은 모든 정보가 담겨 있지는 않다. 그러나 낭비와 관련해 이산화탄소를 이해하기 위해 당신이 알아야 할 대부분의 정보가 있다.

이산화탄소에 관한 전체 이야기를 하려면 45억 년 전 지구가 차갑게 식고 있던 시기로 돌아가야 한다. 지구 내부의 불안정한 원소들이 탈출해 탈기체outgassing로 알려진 과정을 통해 초기 지구 대기를 형성했다. 초기 대기의 정확한 구성 요소는 논란이 있지만 한 유력한 이론에 따르면 수소, 메탄, 일산화탄소 그리고 이산화탄소다.

이 상태가 수억 년 동안 유지됐다. 그리고 나서 약 38억 년 전 바다가 생기기 시작했다. 이 시기 지구에 생명이 존재하긴 했지만 혐기성균anaerobic bacteria과 유사한 형태였다. 즉, 산소가 없는 환경에서만 생존할 수 있었다.

바닷물에는 다수의 기체가 있었으며 이들은 바닷물의 표층수가 공기와 접촉하는 곳에서 일어나는 지속적이고 자연스러운 반응의 결과로 바닷물에 녹아 있었다. 심지어 오늘날에도 이산화탄소가 공기를 떠나 바닷물에서 녹는다. 그러나 수십억 년 전 대기 중에는 이산화탄소가 훨씬 더 많아 막대한 양의 이산화탄소가 바닷물로 침투했다. 이 중 일부는 가스(탄산수를 생산)로 남았지만 대부분은 해수와 반응해 탄산 혹은 더 일반적으로는 중탄산염을 형성했다. 생명체는 이 탄소를 이용해 성장했다.

이들이 죽어 해양 밑바닥으로 가라앉았고 오늘날 우리가 사용하는 석회석과 화석연료가 됐다. 이 사이클은 오늘날에도 계속된다. 바다도 동물이 죽고 부패하면서 얼마간의 이산화탄소를 대기 중으로 발산하지만 방출하는 양보다 흡수하는 양이 더 많아 영겁의 시간 동안 그것을 저장해둔다.

최초로 바다가 형성됐을 때 대기 중에는 사실 산소가 없었다. 이 사실을 알게 된 과정이 꽤 흥미롭다. 빙하에서 얼음핵을 추출해 녹이면 고대 대기의 실제 표본을 얻을 수 있지만 가장 오래된 얼음핵이 겨우 270억 년 전 것이다. 그러나 수십억 년 전 대기 중에 산소가 없었다는 사실은 추론할 수 있다. 왜냐하면 대부분 고대 바위에서 우리가 찾을 수 있는 철은 산화되지 않았다. 산소는 반응성이 높은 물질이다. 쉽게 많은 원소와 결합하며 모든 원소와 반응하길 원하기 때문에 자연에서 가스 상태를 유지하기 어렵다. 즉, 모든 것을 산화하려고 한다. 간단히 말해 먼 옛날에서 기원한 녹이 슬지 않은 철광석은 당시 대기 중에 산소가 없음을 뜻하기도 한다.

약 30억 년 전 뭔가 큰일이 일어났다. 미생물이 무수히 많은 이산화탄소를 대기 중에서 흡수해 바닷물 그리고 햇빛과 결합해 에너지를 생산하는 생물학적 과정이 나타났다. 산소성 광합성_{oxygenic photosynthesis}으로 알려진 이 과정은 그러지 않았다면 불필요했을 폐기물을 생산한다. 그 이름을 당신도 추측할 수 있을 것이다. 바로 산소다.

광합성은 초기 미생물에 엄청난 경쟁 우위를 제공했으며 이들은 번성했다. 그런데 미스터리하게도 약 10억 년 동안 광합성이 이뤄졌음에도 여전히 대기 중 산소는 많지 않았다. 아무도 정확한 이유는 알지 못한다.

그러나 20억 년 전 대기 중에 산소가 넘쳐나기 시작했다. 불행히도 이 산소는 지구상 생존하던 대부분의 혐기성균에는 치명적인 것으로 드러났다. 일부는 여전히 존재하는데 오늘날의 호극성균_{extremophiles}에서 초기 생명체의 잔해를 발견할 수 있다. 이 호극성균은 빛과 공기가 도달하지 않는 심해에 많으며 심해 열수공에서 방출된 황산염을 먹고 산다.

마침내 대기 중 산소 농도는 현재 수준인 약 21퍼센트로 안정됐다. 이런 정체가 형성된 메커니즘에 관해 밝혀진 것은 없다. 영국 과학자 제임스 러브록_{James Lovelock}의 가이아 이론에 따르면 지구의 생명, 즉 전체 생물권은 자기조절 기능을 갖춘 복잡한 시스템으로 생명체에 도움이 되는 범위 내에서 조절된 산소 농도처럼 임계 시스템을 유지한다. 이는 인체가 체온을 섭씨 37도로 조절하는 것과 거의 비슷한 방식이다. 그러나 이 이론은 추측에 지나지 않는다.

약 5억 년 전 바다에서 출발한 조류가 육지에 도달해 거기서 이끼가 됐다. 이때부터 우리는 뿌리 있는 식물을 갖게 됐다. 이후 적어도 오늘날의 관점에서 볼 때 조금 이해하기 어려운 상황이 전개됐다. 만약 당신이 5억 년 전에 살고 있었다면 이끼, 거대한 양치식물 그리고 3층 높이의 버섯으로 뒤덮인 육지를 목격했을 것이다. 나무는 훨씬 뒤에 등장했다. 나무가 등장하기 전 지구에는 이미 상어가 있었다.

오늘날 존재하는 탄소순환은 비교적 단순하다. 식물이 자라면 이산화탄소를 흡수한다. 식물이 죽고 부패 과정을 통해 이산화탄소가 다시 대기 중으로 돌아간다. 그러나 최초 육지 식물이 등장했을 때—그리고 수천만 년 동안—죽은 식물의 부패를 돕는 특수한 세균은 아직 등장하지 않았다. 이 점은 중요하다. 식물이 자라고 이산화탄소를 흡수하고 그러고 나서 죽었다. 식물은 죽지만 절대 완전히 부패하지 않으므로 식물 내부에 있던 탄소는 절대 대기 중으로 돌아가지 않는다.

새로운 식물이 이 죽은 유기물질 위에서 자라고 거기서 마침내 또 죽지만 부패하지 않고 탄소를 방출하지 않는다. 이 과정이 무한 반복된다. 그러므로 육지는 거대한 양의 죽었지만 부패하지 않은 식물로 수북하게 쌓인다. 만약 당신이 석탄이 어디에서 오는지 궁금해해 본 적 있다면 더는 궁금해하지 않아도 된다. 이 무수히 많은 식물 더미가 석탄층이 됐기 때문이다. 신빙성 있는 이론은 1피트 석탄층 하나가 과거 15피트의 수북하게 쌓인 죽은 식물이었고 그래서 두께가 40피트가 넘는 석탄층 하나는 과거 죽은 식물의 물질로 이뤄진 높이가 60피트에 달하는 더미—워싱턴 기념비보다 더 높다—였다고 상정한다.

이 과정의 결과로 바다가 대기 중에서 막대한 양의 탄소를 빼내 격리하느라 바쁠 때, 육지와 육지에 사는 반부패 식물이 나타나 훨씬 더 많은 탄소를 빼앗아 간다.

여기까지는 그래도 괜찮다.

이산화탄소 이야기가 이 지점에 이르면 기가톤이라 불리는 측정 단위가 중요해진다. 기가톤은 10억 톤을 말한다. 1기가톤은 너무 무거운 무게라서 참조할 만한 좋은 예를 들기 어렵다. 하지만 시도는 해보기로 하자. 지구에 사는 사람을 모두 합친 무게는 1기가톤이 되지 않는다. 그리고 모든 자동차와 트럭을 합쳐도 무게는 불과 2기가톤이다.

대신 맨해튼의 모든 것을 예로 들어보자. 모든 빌딩, 사람, 길, 모든 것의 무게를 달아보자. 이 무게는 1기가톤의 8분의 1이다. 하루 동안 멕시코만으로 흘러 들어가는 미시시피강의 강물은 모두 1기가톤에 가깝다. 아니면 당신이 가본 적 있는 가장 큰 스포츠 경기장에 물을 꼭대기까지 채운 다음 이 물의 무게를 잰다. 이 과정을 399회 정도 반복한다. 그러면 1기가톤이 된다.

이제 작은 게임을 해보자. 당신은 지구 대기가 몇 기가톤이나 될 것이라고 생각하는가? 1기가톤과 비슷할까? 최선을 다해 추측해 보길 바란다.

지구 대기는 580만 기가톤이다. 사실상 상상할 수 없는 수치다. 그러나 우리가 앞서 논의한 모든 탄소 축적물—바다, 식물, 이 모든 것에 포함된 석회석, 화석연료, 용해된 이산화탄소—을 더하면 1억 2,000만 기가톤 이상이 산출된다.

그리고 여기 더 충격적 사실이 있다. 한때 이 탄소의 대부분이 대기 중에 있었다.

모두가 동시에 대기 중에 있었던 건 아니다. 그럼에도 이 순수한 부피는 수십억 년 동안 지구 대기를 지배적으로 구성한 것이 이산화탄소였으며 아마도 지구는 오늘날의 금성과 유사했을 것임을 시사한다.

잠시 인간의 호흡에 관해 알아보기로 하자. 참, 그 전에 인간은 일반적으로 어떻게 인체 밖의 탄소를 소비하는지 이야기해 보자. 우리가 생산하는 에너지 대부분은 석탄, 석유, 천연가스 형태로 오래된 탄소 축적물을 태워 얻는다. 이때 산소를 사용하고 탄소를 이산화탄소 형태로 다시 공기 중으로 배출한다.

탄소 1파운드를 태우면 약 1킬로와트시의 전기를 생산하고 이는 약 2.5파운드의 이산화탄소를 만드는데, 이는 사용된 석탄 품질에 따라 달라질 수 있다(앞에서 봤듯이 뭔가 태우려면 산소 원소가 추가로 필요하며 이런 이유로 생산된 이산화탄소는 실제로 원래 연료원보다 더 무겁다. 여기에는 석탄에서 온 탄소뿐 아니라 산소도 포함된다). 다른 연료는 이산화탄소를 덜 생산하며 핵, 태양, 바람 같은 에너지원은 탄소를 직접 방출하지 않는다.

미국 전력망은 모든 연료원을 총망라해 1킬로와트시당 약 1.5파운드의 이산화탄소를 생산한다. 가정용 전기료가 1킬로와트시당 10센트임을 고려하면 평균 전기료에 15를 곱해 가정에서 생산하는 이산화탄소량을 파운드로 산출할 수 있다. 따라서 한 달 전기료가 200달러일 경우 가정에서 사용하는 전기로 매월 배출하는 이산화탄소량은 3,000파운드다.

화석연료를 태우는 인간의 활동으로 생산된 이산화탄소 총량은 1년에 약 40기가톤이다. 대기 무게 580만 기가톤과 비교하면 그렇게 많다고 느껴지지 않는다. 그러나 최근 대기 중에서 이산화탄소가 차지하는 비중은 1퍼센트의 25분의 1에 불과하다. 사실 대기 중 이산화탄소 총량은 불과 3,200기가톤이며 에베레스트산과 동일한 무게다. 그러므로 비교적 적은 양의 이산화탄소를 더하는 것도 대기 중에 포함된 이산화탄소 총량을 큰 비율로 변화시킬 수 있다. 대기 중에는 이산화탄소가 너무 적기 때문에 백분율이 아닌 100만 분의 일(피피엠ppm)로 측정한다. 현재 대기 중 이산화탄소의 농도는 약 420피피엠이다. 만약 420피피엠의 이산화탄소가 약 3,200기가톤이라면 1피피엠은 약 8기가톤이다(이 사실을 기억해둬야 한다. 곧 다시 다룰 것이다).

오늘날의 이산화탄소 수치는 420피피엠인데 인간이 적정 규모의 화석연료를 태우기 시작하기 전(즉, 약 1750년경) 대기 중 이산화탄소는 약 280피피엠에 불과했다. 지질학적으로 말하면 이 270년이라는 시간은 눈 깜짝할 시간조차 되지 않는, 사실상 찰나의 시간이다. 우리는 아주아주 짧은 시간 동안 대기의 탄소 구성비를 대대적으로 바꿔놨다.

지금은 무슨 일이 벌어지고 있을까? 인간 활동으로 방출된 이산화탄소가 연간 40기가톤이던 시절로 돌아가 보면 탄소의 절반만이 대기 중에 남아 있다. 나머지 절반은 자연적 과정을 통해 육지와 바다가 거의 비슷한 비율로 나눠 가진다.

우리가 배출하는 이산화탄소 40기가톤 중 약 20기가톤은 대기 중으로 유입된다. 이를 8기가톤(1피피엠을 의미)의 이산화탄소로 나누면 지구 대기 중 이산화탄소 농도는 매년 약 2.5피피엠 증가하고 있다는 결론에 도달한다. 그리고 현재 정확히 그런 일이 일어나고 있다. 4개월 혹은 5개월에 1번 대기 중 이산화탄소 농도가 1피피엠씩 올라가고 있다. 우리는 실제로 지구 대기의 구성이 수개월 단위의 측정 기간에 눈에 띄게 변하는 것을 볼 수 있다.

방금 언급했듯이 인간은 매년 40기가톤의 이산화탄소를 배출하지만 그중 절반만이 대기 중에 머문다. 이유가 뭘까? 여기서 이야기가 흥미롭게 전환된다. 지구는 자연적으로 막대한 양

01. 깊이 들이마시고 내쉬기

의 이산화탄소를 방출하고 흡수한다. 리드미컬하게 이산화탄소를 들이마시고 내쉬는 거대한 유기체처럼 작동한다. 이런 교환은 바다와 육지에서도 일어난다. 육지에서는 식물이 이산화탄소를 들이마신다. 그리고 죽어서 탄소를 방출하거나, 아니면 동물의 먹이가 됐다가 이 동물이 결국 죽으면서 다시 탄소로 돌아간다. 몇 백 년 전 인간 활동이 막대한 양의 이산화탄소를 방출하기 시작하기 전 지구가 흡수하고 배출한 이산화탄소량은 매년 약 750기가톤으로 사실상 동일했다. 이것이 대기 중 탄소량을 오랜 시간 일정하게 유지해 왔다. 사실 지난 100만 년여 동안 대기 중 탄소 수준은 180피피엠과 280피피엠 사이에서 변동했다. 이 변동을 그래프로 그리면 대기 중 탄소 농도가 두 수치 사이를 일정하게 오르내린다는 점을 알 수 있다. 또 지구 자전축 기울기가 바뀌는 2만 6,000년 주기를 기준으로 대기 중 탄소 농도가 변한다는 이론을 세울 수 있다. 태양에 대한 지구의 상대적 위치와 결합된 기울기의 미세한 변화는 지구의 다른 지역이 받는 햇빛양을 변화시켜 주기적으로 빙하기와 온난화를 유발한다.

그런데 몇 백 년 전 뭔가 변했다. 인간은 막대한 양의 화석연료를 태우기 시작했고 더 많은 이산화탄소를 대기 중으로 배출했다. 현재 우리가 매년 방출하는 40기가톤의 이산화탄소는 지구가 자연적 과정에서 배출하는 750기가톤에 비하면 많지 않은 것처럼 들린다. 그러나 이 정도 양이면 대기 중 탄소 농도의 균형을 깨뜨리기 충분하다.

이쯤 되면 눈치 빠른 독자는 아마도 다음을 궁금해할 것이다. 만약 지구 탄소 체계가 인간의 활동이 없을 때 대체로 균형을 이룬다면 매년 인간이 방출하는 이 40기가톤의 이산화탄소는 왜 대기 중에 머물지 않을까? 아니면 왜 이 40기가톤의 이산화탄소는 자연적으로 생산된 이산화탄소처럼 다시 흡수되지 않을까? 왜 20기가톤은 흡수되고 나머지 20기가톤은 대기 중에 남아 있을까? 그 답은 지구의 탄소순환이 역동적이고 인간 활동에 따라 변하기 때문이다. 즉, 인간이 더 많은 탄소를 배출하면 지구가 더 많은 탄소를 흡수한다. 예를 들어 인간 활동에 의해 배출된 추가 이산화탄소는 지구를 정화하고 더 많은 식물이 성장하게 한다고 제시하는 연구들이 있다. 대기 중 탄소가 더 많다는 것은 더 많은 광합성이 일어나고 식물이 더 많아짐을 의미한다. 그러나―이게 중요한 '그러나'인데―지구 시스템은 인간 활동이 유발한 갑작스러운 증가를 상쇄하기에 충분할 만큼 신속하게 반응할 수 없다. 우리가 기꺼이 몇 천 년을 더 기다릴 수 있다면 아마 반응할 수 있을지도 모른다. 그러나 그동안 지구 시스템은 균형이 깨진 채로 있을 것이다. 모두가 동의하는 사실 하나는 지구의 평균 대기 중 이산화탄소 농도는 증가하고 있으며 지구에 살고 있는 생명체에 궁극적으로 어떤 영향을 미

01. 깊이 들이마시고 내쉬기

칠지가 당면 과제라는 것이다. 탄소순환에 미치는 인간의 기여도가 전체에 비해 작다는 사실이 별다른 위로가 되지 않을 수도 있다. 결국 정상적인 인간의 체온은 섭씨 약 37.78도다. 이 체온을 딱 43.3도까지 올려보라. 그러면 그 인간은 죽는다.

마침내 우리는 인간에게 이르렀다. 인간의 호흡은 대기 중 이산화탄소 농도에 어떤 영향을 미칠까? 사람 1명이 하루 약 2파운드의 이산화탄소를 내뿜는다. 20번 숨 쉴 때마다 1그램을 내뿜는 것이고 이는 종이 클립 1개의 무게와 비슷하다. 이를 세계 전체 인구에 곱하면 1년에 인간이 내뿜는 이산화탄소량은 총 3기가톤에 이른다. 도입부에서 언급했듯이 이 과정은 인간의 체중 감량 방식에 중대한 영향을 미친다. 만약 당신이 지방 1파운드를 뺀다면 지방이 에너지로 전환돼 사라졌기 때문이 아니다. 지방 1파운드를 빼기 위해 당신은 3파운드의 산소를 들이마신다. 그럼 몸은 이 산소를 체내 세포의 탄소와 결합한다. 그리고 당신은 3파운드의 이산화탄소를 내뿜고 1파운드의 물을 생산한다.

대략적으로 계산하면 우리의 생물학적 과정은 대기 중 이산화탄소를 증가시키지 않는다. 우리가 먹는 농작물이 부패했을 것이고 우리가 그걸 먹을 때처럼 이산화탄소를 방출했을 것이란 논리다. 다시 말해 이산화탄소는 소화기관과 호흡기를 통해 대기 중으로 돌아간다.

그럼 화석연료에서 배출되는 이산화탄소를 낭비로 봐야 할까? 물론이다.

만약 화석연료의 연소가 이산화탄소를 전혀 배출하지 않아도 밤새도록 "화석연료로 대기 중 이산화탄소를 증가시킬 방법을 알아낼 수만 있다면"이라고 말하는 사람은 없을 것이다.

그러나 그 외에도 에너지 생산(혹은 인간의 호흡)에서 발생한 이산화탄소는 낭비다. 이는 이산화탄소 자체가 잠재적 에너지원이기 때문이다. 낭비가 없는 세상에서는 우리가 생산하는 혹은 내쉬는 모든 이산화탄소로 다른 기기에 동력을 제공할 것이다. 결국 이산화탄소는 지구상에 존재하는 대다수 생명체에 동력을 공급하는 식량이다. 그리고 모든 식물의 바이오매스(단위 면적당 생물체 중량_옮긴이)는 모든 동물의 바이오매스보다 약 1,000배 더 많다. 식물은 이산화탄소를 흡수해 이를 햇빛과 물과 결합하고 (하나의 에너지원인) 탄수화물과 산소를 생산한다.

인간은 왜 이 과정을 활용할 수 없을까? 현재의 태양광 패널처럼 전력을 생산하는 광기전력효과를 이용하는 대신 인공 나뭇잎을 만들어 광합성으로 액체연료를 만들면 안 될까? 많은 연구자가 인공 광합성이라고 불리는 이 일을 해내기 위해 노력하고 있다. 인공 광합성을 연구 중인 한 회사를 지원하는 빌 게이츠가 말한 것처럼 "만약 인공 광합성이 가능하기만 하다면 마술 같을 것이다".

02

탄소 감축
Carbon Mitigation

만일 우리가 인공 광합성으로 이산화탄소를 사용하지 않는다면 대기를 가득 메운 이산화탄소를 어떻게 줄일 수 있을까? 한 가지 방법은 공기를 직접 포집하는 것이다. 직접 공기 포집 기술은 공기를 불어 이산화탄소가 흡착할 수 있는 표면 위에 분산하는 것이다. 이 이산화탄소를 거의 영원히 지구에 저장할 수 있다. 또는 이를 연료로 전환하거나 나중에 무한 반복으로 복구해 전력원으로 사용한다.

직접 공기 포집은 당신이 상상한 대로 논란이 많은 기술이다. 앨런 노이하우저Alan Neuhauser는 〈유에스 뉴스US News〉에 "탄소 포집은 축복인가 헛수고인가Carbon Capture: Boon or Boondoggle?"라는 제목의 글을 기고했다. 여기서 많은 과학자가 이 기술에 대한 자신들의 부정적인 평가를 '사기' 혹은 '술책' 등의 용어로 표현한다. 그들은 탄소 포집 공장을 가동하려면 엄청난 양의 연료를 태워야 하고 이는 결국 이산화탄소를 다시 대기 중으로 배출할 수 있음을 지적한다.

뿐만 아니라 대기 중 탄소를 제거할 수 있는 기계의 개발 가능성은 많은 이에게 만병치료약처럼 느껴져 마음껏 이산화탄소를 배출해도 된다고 사람들을 부추길지 모른다. 유니버시티 칼리지런던의 시몬 루이스Simon Lewis 교수는 이런 우려를 표명한다. 《가디언The Guardian》지에 기고한 글에서 그는 이렇게 결론 내린다. "일부 배출 흡수 기술이 사실상 소규모로 실현 가능하긴 하지만 이런 지식은 모든 마술적이고 거짓된 사고를 조장한다." 비록 직접 공기 포집 기술이 적정 수준에서 실행될 수 있다 하더라도 한 추정치에 따르면 이 기계들을 가동하는 데 2100년 총에너지 소비량의 25퍼센트가 필요하다.

그러나 1톤당 약 100달러 비용으로 대기 중에서 이산화탄소를 제거할 수 있는 기술을 이용할 방법이 있을지 모른다. 만약 이런 목표의 달성과 측정이 가능하다면 해마다 대기 중으로 배출되는 모든 이산화탄소 제거 비용을 쉽게 산출할 수 있다. 1톤당 100달러가 든다면 1기가톤당 1,000억 달러가 든다는 뜻이다. 매년 대기 중으로 약 20기가톤의 이산화탄소를 배출하고 있으므로 매년 2조 달러가 들어갈 것이다. 세계경제 규모가 80조 달러라는 점을 감안할 때 이 수치는 연간 비용의 2.5퍼센트를 뜻한다.

문제는 비록 톤당 100달러에 대기 중 이산화탄소를 제거하는 일이 가능하다고 하더라도(혹은 애초에 대기 중으로 배출되는 일을 막는다고 하더라도) 이산화탄소를 배출한 사람에게 이 돈을 지불하게 할 메커니즘이 없다. 지구과학자이자 스탠퍼드대학교 교수인 켄 칼데이라Ken Caldeira는 "문제는 이 과제의 중요성이 아니라 이 과제를 수행하게 할 관심이나 유인책이 매우 분산돼 있다는 것"이라고 말한다. 누가 비용을 부담할 것인가?

대기 중 이산화탄소를 제거하는 데 반드시 첨단 기술이 필요하진 않다. 우리 모두 익히 알고 있는, 탄소를 제거할 수 있는 입증된 방법이 하나 있다. 바로 나무다. 현재 전 세계 나무 약 3조 그루가 약 400기가톤의 탄소를 저장하고 있다. 만약 우리가 1조 그루의 나무를 새로 심는다면 약 133기가톤의 탄소를 더 저장할 수 있어 대기 중 이산화탄소를 약 400기가톤 제거할 수 있다.

1조 그루의 나무는 많은 것처럼 보이지만 비평가들은 기타 인간이 필요로 하는 활동, 예를 들어 농경을 방해하지 않으려면 나무를 심을 만한 공간이 충분하지 않다고 주장한다. 하지만 스위스 ETH 취리히대학교 기후변화생태학과 교수 톰 크라우더Tom Crowther는 이 말에 동의하지 않는다. 그의 연구 팀은 AI로 인공위성 데이터를 분석하고 이를 자신의 연구 팀이 수집한 수천 종의 토양 시료와 결합해 사실 1조 2,000억 그루의 나무를 더 심을 수 있는 공간이 있다는 결론을 얻었다. 그는 "우리는 도시 혹은 농경지를 공략하지 않고 버려진 땅만을 조사했다. 그리고 나무를 심으면 우리 시대 가장 중요한 과제 두 가지를 해결할 수 있다는 확신을 얻었다. 바로 지구온난화와 생물학적 다양성 손실 문제다."

이런 접근법을 지지하는 사람들은 우리가 1그루당 30센트에 나무를 심을 수 있으며 1조 그루의 나무를 심어도 3,000억 달러 정도밖에 소요되지 않는다는 점을 지적한다. 이는 다른 유형의 해결책과 비교했을 때 저렴한 방식이다.

비판가들은 상황이 훨씬 복잡하기 때문에 더 상위 결과도 있을 것이라고 주장한다. 즉, 식수뿐 아니라 우리가 조성한 삼림을 유지해야 하며 나무가 산불로 소실되지 않게 해야 한다는 것이다.

이 논의는 그런 접근법이 궁극적으로 얼마나 유의미한지에 달려 있다. 1조 그루의 나무를 심는다는 구상은 이미 유엔 환경 프로그램이 주도하는 '1조 그루 나무 심기'라는 이름의 프로젝트로 구체화됐다. 이 프로젝트는 벌써 수십억 그루의 나무를 심는 성과를 올렸으며 야심 찬 목표에 점차 다가가고 있다.

만약 당신의 활동으로 유발된 이산화탄소를 상쇄하고 싶다면 간단한 산수로 당신이 몇 그루의 나무를 심어야 하는지 알아볼 수 있다. 보통 미국인의 활동으로 하루 100파운드의 이산화탄소가 배출된다. 80년을 산다고 가정하면 미국인 1명이 약 1,250톤의 이산화탄소를 배출하게 된다. 나무 1그루가 0.5톤의 이산화탄소를 저장한다는 점을 고려할 때 2,500그루의 나무를 심으면 한 사람이 배출한 이산화탄소를 제거할 수 있다. 캐나다인과 호주인도 거의 비슷하다. 한편 다른 선진국 시민들은 이 양의 절반 혹은 25퍼센트를 배출한다.

그렇게 많은 나무를 심을 만한 장소가 없다면 탄소배출권—기본적으로 대기 중으로의 이산화탄소 유입을 막는 행위를 대신해 주는 사람에게 돈을 지불하는 시스템—을 구매할 수 있다. 탄소배출권은 유입을 막는 이산화탄소 1톤당 10달러의 가격표가 붙는다. 이 가격으로 환산하면 미국인 1명이 평생 동안 탄소발자국을 상쇄하는 데 필요한 돈은 1만 2,500달러다.

궁극적으로 탄소 배출 저감 혹은 대기 중 탄소 제거 기술을 개발하는 데 가장 큰 걸림돌은 기술이 아니라 바로 돈이다. 탄소 배출은 대체로 경제적 외부효과다. 만약 어느 더운 여름날 차 시동을 그대로 켜놓고 쇼핑하러 간다면 차로 돌아왔을 때 차 안은 여전히 시원하겠지만 일정량의 경제적 손실을 유발하는 이산화탄소를 배출한 셈이다. 그리고 나는 그런 경제적 손실을 보상할 필요가 없었다. 그래서 만약 누군가 차량에 부착해 차에서 배출되는 모든 이산화탄소를 포집할 수 있는 1달러짜리 장치를 만들었다 해도 사실상 그걸 구매할 경제적 동기가 전혀 없다. 심지어 1센트라고 하더라도 그걸 구매할 경제적 이유가 없다. 마찬가지로 세계 대다수 국가는 수천 톤의 이산화탄소를 배출하는 공장에서 탄소 배출을 저감할 어떤 경제적 동인도 없다. 그래서 이런 국가에서는 시장보다 규제에 전적으로 의존해 탄소 저감 노력을 기울이고 있다.

다른 식으로 보면 휘발유 1갤런을 태우면 20파운드의 이산화탄소가 만들어지고 이는 100갤런마다 1톤의 이산화탄소가 생성된다는 뜻이다. 만약 이산화탄소 1톤 제거 비용이 정말 100달러에 이를 수 있다면 모든 수익이 이산화탄소 포집에 쓰이는 갤런당 1달러의 탄소세는 그 1갤런의 휘발유를 태우는 효과를 효과적으로 무력화할 것이다.

이산화탄소 1톤당 100달러를 부과하는 경제적 수단은 이산화탄소 배출량을 상당히 낮출 수 있다. 기업이 이산화탄소 배출량을 줄일 방법을 찾기 위해 서둘러 노력할 것이기 때문이다. 기업가가 탄소 배출이라는 외부효과를 내면화할 수밖에 없기 때문에 막대한 양의 이산화탄소를 배출하는 활동도 에너지 효율성을 크게 제고하기 위한 활동으로 변모할 것이다. 그러므로 이산화탄소를 배출하는 자신들의 행동이 유발하는 실질적 사회비용에 근거해 의사 결정을 내릴 것이다.

탄소세로 거둬들인 돈은 대기 중 이산화탄소를 포집해 제거하는 데 사용하거나 탄소세로 가장 큰 타격을 입은 사람에게 환급금으로 사용될 것이다(이 경우 사실상 모든 것의 가격 상승을 경험하게 되는 빈곤층에게 돌아갈 것이다). 최근 한 연구는 탄소세 수익금을 전체 인구에게 공평하게 나눠준다면 탄소세를 지지하는 일반 국민이 크게 증가할 것이라고 말한다. 피구세pigovian taxes(경제활동 중 오염 물질로 생기는 환경오염 등에 부과하는 세금_옮긴이)로 알려진 이런 세금은 원래 영국 경제학자 아서 피구Arthur Pigoudp에 의해 대중화됐으며 대학 경제학과 교수 사이에서 지지도가 높다. 피구세가 이산화탄소 쓰레기 배출 문제의 해법일까? 그 답은 지켜봐야 한다.

03

전기

It's Electric!

언어가 없는 인류를 상상하기는 어렵다. 언어는 인류 역사상 가장 중요한 기술적 발전이다. 두 번째로 중요한 기술적 발전에 관해서는 어느 정도 이론의 여지가 있지만 우리가 에너지를 생산하고 이용할 수 있다는 사실을 진지하게 고려해 볼 가치가 있다.

세계적으로 모든 1차적 형태(석탄, 태양, 석유 등)의 에너지 소비는 매년 총 500엑사줄exajoule(에너지 단위)에 이르며 이 중 80퍼센트가 화석연료에서 나온다. 이는 거대한 수치로 이를 다른 것과 비교해 보려는 그 어떤 시도도 결국 0만 무한대로 얻게 된다. 1엑사줄은 대략 1억 7,000만 배럴의 석유에 포함된 에너지와 거의 비슷하다.

500엑사줄이 막대한 양의 에너지인 건 맞지만 그 수치는 태양이 매년 지구에 비추는 일조량 3,500만 엑사줄과 비교하면 형편없이 작다. 우리에게 필요한 에너지가 아무리 많다 해도 태양에서 오는 엄청난 양의 햇빛이 있다는 약간의 희망을 갖게 한다.

인간 수준에서 그 수치를 생각하려면 넓은 관점에서 바라보는 것이 더 쉽다. 이렇게 생각해 보자. 당신 몸은 약 100와트w의 에너지를 필요로 한다. 반면 전 세계에서 1인당 소비하는 에너지양은 2,500와트다. 즉, 어떤 특정 개인이 혼자서 할 수 있는 일은 에너지를 사용하면 25배가 된다. 미국이나 유럽 같은 국가에서 에너지 소비량은 인체가 소비하는 에너지의 100배가 조금 넘는다. 다른 국가의 에너지 소비량은 놀라울 정도로 낮다. 인간이 사용할 수 있는 에너지 100와트를 조금 넘는다.

전체적으로 우리는 모든 에너지를 사용하는 데 약 8조 달러를 지불한다. 이 수치는 세계 GDP의 약 10분의 1이며 1인당 하루 약 3달러를 지불한다는 뜻이다. 평균적으로 인간은 하루 단돈 3달러만 지불하면 에너지 사용량을 25배 늘릴 수 있다. 분명 인류 역사상 가장 위대한 염가 거래다.

우리는 이 에너지를 비교적 몇 안 되는 방식으로 생산한다. 약 80퍼센트가 단 세 가지 에너지원, 즉 석탄, 석유 그리고 천연가스에서 거의 비슷한 비율로 나온다. 나머지 20퍼센트는 다른 에너지원, 예를 들어 바이오연료, 핵, 수소, 바람 그리고 태양을 통해 얻는다.

어떤 에너지는 전기 형태로 소비되지만 가장 큰 비중은 아니다. 사실 소비된 모든 에너지의 단 20퍼센트만이 전기다. 이 수치는 자동차, 기차, 화물선, 비행기에 이르는 모든 운송 수단이 소비하는 25퍼센트의 에너지보다 작다. 산업용과 가정용으로 난방과 조리를 위해 사용하는 석유 및 천연가스가 대체로 비슷한 비율을 차지한다(전기는 비교적 신기술이다. 불과 100년 전만 해도 미국 전체 가구의 절반이 안 되는 가정에서만 전기를 사용했다). 오늘날 전 세계 인구의 13퍼센트(10억 이상)가 전기를 사용하지 못한다. 아프리카의 20개가 넘는 국가를 포함해 다수의 개발도상국에서는 인구 대다수가 전기를 쉽게 사용할 수 없다. 2013년 라이베리아 대통령 엘런 존슨 설리프Ellen Johnson Sirleaf는 미국 미식축구 팀 댈러스 카우보이스의 경기장에서 홈경기 중 사용한 전력량이 400만이 조금 넘는 라이베리아 국민 전체가 사용한 전력량의 3배라는 사실을 지적했다.

전 세계 전력 총생산량은 약 25조 킬로와트시다. 중국이 이 중 가장 많은 약 7조 킬로와트시를 사용하고 미국은 4조 킬로와트시를 사용한다. 이 4조 킬로와트시를 미국 전체 인구로 나누면 1인당 전력 생산량은 약 1만 3,000킬로와트시가 된다. 물론 사람들이 개인적으로 그만큼의 전기를 사용하진 않는다. 여기에는 산업 및 가정에서 사용하는 전력량이 포함돼 있기 때문이다. 그러나 평균적으로 1인당 약 1만 3,000킬로와트시가 생산된다(흥미롭게도 이 수치는 그 어느 때보다 더 많은 기기를 보유하게 됐음에도 불구하고 지난 10년간 변동이 없었는데 장치들의 에너지 효율이 향상됐기 때문이다).

그 전기는 어떻게 생산될까? 미국의 경우 미에너지관리청Energy Information Administration에 따르면 1인당 약 4,000킬로와트시의 전기가 각각 석탄과 석유에서 오며 약 2,500킬로와트시는 핵에서 그리고 또 다른 2,500킬로와트시는 재생에너지원에서 생산된다. 화석연료는 언제나 주요 발전원이다. 이들은 비용이나 에너지 밀도 면에서 거의 타의 추종을 불허함이 입증됐다. 화석연료를 열로 전환해 물을 데우는 과정(전력 생산의 가장 일반적 방식)은 간단하고 단순하다.

미국 핵 발전의 경우 2,500킬로와트시 전력 모두가 약 60개 발전소에서 운영 중인 단 100여 개의 원자로에서 생산된다. 60개의 발전소 거의 대다수는 건설된 지 30년이 넘었다. 사실 지난 10년간 새로 지어져 운영 중인 핵 발전소는 단 1기에 불과하다. 그리고 이 나라에서 최근 새로 지어진 핵 발전소는 거의 없다. 미국에서 앞으로 수년 안에 핵 발전이 증가할지 감소할지는 아직 명확하지 않다.

근본적으로 핵에너지는 물을 데우고 발전기를 돌리는 데 여전히 증기를 이용하지만 화석연료를 사용하진 않는다. 핵에너지는 찬반이 첨예하게 갈리는 주제다. 아마 우리 대부분이 핵 발전의 이점과 해결해야 할 과제를 익히 알 것이다. 하지만 몇 가지 근본 사안을 이해하기 위해 좀 더 깊숙이 들어가 보기로 하자. 이론적으로 1파운드의 석탄에는 약 3킬로와트시의 에너지가 포함돼 있다. 하지만 석탄 기반의 전력 생산은 효율성이 불과 33퍼센트 정도다. 이는 석탄 발전에서 단 1킬로와트시의 전기밖에 얻지 못한다는 뜻이다. 이 정도 전력량은 적은 것처럼 보이지만 사실상 평균적인 자동차 엔진보다 효율성이 좋다. 이 때문에 일각에서는 일단의 전기차에 동력을 공급하는 전기를 한곳에서 생산하는 것이 더 효율적일 수 있다고 주장한다. 심지어 전기가 전달되는 과정이나 전기차 내부에서 발생하는 에너지 손실을 고려해도 그렇다.

만약 석탄 1파운드에 3킬로와트시의 에너지가 숨어 있다면 핵분열 발전소에서 허용되는 1파운드의 우라늄-235 안에 들어 있는 최대 에너지는 얼마일까? 답은 1,000만 킬로와트시다. 이것이 핵 발전의 매력이다.

이론적으로는 그렇다. 사실상 핵 발전소들은 핵분열 우라늄 1파운드당 약 2만 킬로와트시의 전력만 생산한다. 그럼에도 이는 석탄 10톤이 생산하는 전기와 같은 전력량이다. 물론 이론상 얻을 수 있는 1,000만 킬로와트시는 실제로 우리가 생산하는

2만 킬로와트시와는 많이 다르다. 그렇다면 나머지 에너지는 어디로 갔을까? 여전히 우라늄 안에 갇혀 있다. 우리는 우라늄에서 1퍼센트 미만의 에너지만 추출할 수 있고 이후 이 에너지를 전기로 전환하는 과정에서 약 33퍼센트만 활용할 수 있다. 이 과정이 우라늄에 포함된 에너지의 아주 적은 양을 사용하기 때문에 폐우라늄 무게는 사실상 전기 생산에 사용된 우라늄 무게와 동일하다. 결과적으로 우라늄-235를 에너지원으로 사용할 때 막대한 양의 핵폐기물이 만들어진다.

반면 일부 원자로는 핵연료를 모두 소비할 수 있다. 1940년대부터 존재해 온 이 기술은 우라늄 부족의 대비책으로 개발됐다. 우라늄 부족은 현실화되지 않았는데 우라늄이 주석만큼이나 흔하다는 것과 대량 채굴이 어렵지 않다는 것을 깨달았기 때문이다. (증식로로 불리는) 이 같은 원자로 기술을 지지하는 이들은 해수에서 우라늄을 추출하고 증식로를 사용할 경우 앞으로 10억 년 동안 고갈되지 않는 청정에너지로 지구에 전기를 공급할 수 있다고 주장한다. 우리는 심지어 이 에너지를 이용해 대기 중 탄소를 제거할 수 있고 탄소 배출 시계를 우리가 원하는 수준으로 낮출 수도 있다. 그러나 그 제안들은 또 다른 책 1권을 쓸 수 있을 정도의 방대한 주제다.

재생에너지에 관한 논쟁이 거세지는 동안 미국 전력 소비와 관련한 놀라운 사실 하나는 미국이 오늘날보다 1950년에 전력 생산의 상당 부분을 재생에너지에 의존했다는 것이다. 이런 사소한 정보는 칵테일파티에서 이야기하기 좋은 흥미로운 주제기는 하지만 몇 가지 이유에서 지금 이뤄지는 논의와는 별다른 관련이 없다. 첫째, 미국 인구는 1950년 이후 2배 이상 증가했다. 둘째, 평균적인 미국인은 현재 연간 약 1만 3,000킬로와트시를 사용하는 반면 1950년도 전력 소비량은 약 2,000킬로와트시였다. 셋째, 전기 1킬로와트시의 평균 사용료를 현재 달러 가치로 환산하면 10센트 정도다. 그런데 1950년에는 지금보다 3배 정도 더 비쌌다. 그 차이는 수력발전에서 기인한다. 수력발전은 오늘날 미국 전력 생산에서 약 6퍼센트를 차지하지만 1950년에는 30퍼센트를 차지했다. 팀 펀홀츠Tim Fernholz 기자는 "이 시대의 전기 수요가 낮았다는 것은 1930년대 후버댐이나 테네시강 유역 개발 공사 같은 대형 프로젝트로 확보된 수력발전으로 전력 생산의 대부분을 책임질 수 있었음을 의미했다"고 썼다.

인류는 전력 생산의 돌파구를 만들 기술을 사용할 수 있을까? 그런 진보가 일어날 가능성이 있는 분야는 수십 가지, 어쩌면 수백 가지가 있다. 아마도 우리는 매일 바다가 조수의 상승과 하강에 따라 저장했다가 방출하는 엄청난 양의 에너지를 활용할 방법을 알아낼 수 있을 것이다. 대기 상층부에는 시속 100마일로 멈추지 않고 끊임없이 부는 바람이 있다. 이것도 이용할 수 있지 않을까? 지구 내부의 용융 핵은 지난 40억 년 동안 식지 않았으며 지금도 여전히 태양 표면만큼이나 뜨겁다. 지각 상부 6마일—우리가 구멍을 낼 수 있는 깊이—에 포함된 열에너지양은 전 세계에 알려진 석유 및 천연가스 매장량에서 찾을 수 있는 에너지양보다 수천 배 더 많다. 그러므로 에너지는 충분하니 두어 개 정도의 돌파구만을 기다려도 될 지도 모른다. 어떤 이들은 에너지원으로 어떻게 처리해야 할지 감조차 잡지 못하고 있는 핵폐기물 40만 톤을 사용할 방법을 연구 중이다. 그리고 용융염 태양발전같이 실험적인 기술도 있다. 용융염 태양발전은 태양에너지가 소금 탱크를 직접 비춰 탱크의 온도를 녹는점까지 올린다(538도 이상). 이 열은 나중에 해가 진 후 전력 생산에 사용돼 태양발전의 가장 성가신 단점 중 하나를 해결할 수 있다.

물리학자 프리먼 다이슨Freeman Dyson은 에너지 생산을 위한 획기적인 아이디어를 제안한다. 즉, 유전자조작 식물을 이용해 액체연료를 생산하는 것이다. 태양이 비추는 곳이면 어디든 무제한으로 공짜 에너지를 쓸 수 있다. 아주 터무니없는 생각은 아닐지 모른다. 2019년 말 케임브리지대학교 과학자들은 오늘날 널리 사용되고 있는 연료인 합성가스를 햇빛, 이산화탄소 그리고 물로 만들 수 있는 인공 잎사귀를 시연해 보였다. 최근 대다수 합성가스는 화석연료로 만든다.

그러나 전력 생산을 위한 모든 기술 중 아마도 가장 어렵고 가장 쓰레기를 덜 만들 가능성이 높은 것은 핵융합 기술이다. 핵융합을 통해 인류는 사실상 쓸모없는 부산물을 거의 만들지 않으면서 소규모 핵을 만들 수 있고 제어할 수 있을 것이다.

핵융합과 관련해 가장 성공 가능성이 높은 시도 중 하나가 최근 프랑스 남부에 설립된 국제열융합실험로International Thermonuclear Experimental Reactor에서 현재 진행 중이다. 이 원자로는 2025년 12월 가동될 예정이다. 만약 성공한다면 이 열융합 실험로는 물론 다른 융합 실험도 SF소설에서 약속하는 청정에너지의 미래를 앞당길 수 있을 것이다. 그 미래에는 폐기물이 거의 없는 청정에너지의 가격이 매우 저렴하고 풍부한 나머지 계량할 가치도 없을 것이다(소설의 저자들은 서둘러 이런 미래 시나리오는 핵분열의 독창적이지만 실패한 약속이라고 덧붙였다).

만약 그런 시대가 온다면 공짜 에너지가 이 책에서 이미 다룬 주제에 어떤 영향을 미칠지 생각해 보라.

공짜 전기는 몽상처럼 들릴지 모르지만 현재는 너무 저렴해져 계량조차 하지 않는 국내 장거리 전화에 분 단위로 가격을 부과했던 것이 그리 오래전 일이 아니다. 2006년 연방통신위원회Federal Communications Commission는 장거리 전화 요금 추적을 중단했는데 당시 대부분의 사람이 어떤 추가 요금도 내고 있지 않아서였다. 벨의 최초 전화는 1876년 등장했으며 장거리 전화가 공짜가 된 것은 그로부터 130년 뒤였다. 핵반응으로 처음 전기를 생산한 것은 1951년이었다. 우리가 국내 장거리 전화를 생각하듯이 전기를 생각할 시기가(좀 더 정확히 말하면 전기에 대해 아무 생각도 하지 않게 될 시기가) 2081년이 되진 않을 것이라고 장담할 수 있다.

전기 사용

Electricity Usage

우리는 생산한 모든 전기를 어떻게 사용하고 있을까? 미국에서의 전기 사용은 가정, 비즈니스 그리고 산업이 동등하게 나뉘어 있다. 가정에서 우리가 사용하는 전기의 절반은 난방과 냉방을 위한 것이다. 즉, 에어컨, 히터, 온수기 그리고 냉장고를 가동하는 데 사용한다.

그러나 낭비를 계산하기 위해 에너지가 어떻게 사용되는지 좀 더 정확하게 아는 것이 중요하다. 넷플릭스가 우편 DVD 판매에서 영화 스트리밍 서비스로 비즈니스 모델을 전환한 것이 쓰레기를 덜 생산하는지 여부를 판단하는 건 성가신 문제다. 구체적으로 계산하려면 인터넷 자체가 에너지를 얼마나 사용하는지 알아야 한다. 이를 시도해 본 사람들은 극도로 다양한 결과를 도출했다. 조슈아 아슬란Joshua Aslan과 그의 동료들은 〈인터넷 데이터의 전기 집약도Electricity Intensity of Internet Data〉라는 제목의 논문에서 이 문제의 해결을 시도한다. 그들은 "인터넷 데이터 전송의 전력 집약도에 대한 기존 추정치(2000~2015년)는 2000년 136킬로와트시/기가바이트에서 2008년 0.004킬로와트시/기가바이트로 최대 다섯 자릿수까지 차이를 보였다"고 지적한다.

엄청난 차이다. 136은 0.004보다 3만 4,000배 더 크다. 더 프라이스 이즈 라이트The Price Is Right에서 특정 물품의 가격을 한 사람은 100달러라고 추정하고 또 다른 사람은 340만 달러라고 추정하는 것과 같다. 당신은 전기 사용료로 킬로와트시당 10센트를 지불할 가능성이 높지만 기가바이트 정보는 13달러를 지불해야 한다. 이 수치들은 3기가바이트 영화를 다운로드하려면 40달러어치의 전기를 사용하고 400파운드의 이산화탄소를 생산함을 뜻한다. 반대로 만약 가장 저렴한 가격의 추산이 정확하다면 같은 영화를 다운로드할 때 40달러어치의 전기를 사용하지 않고 1센트어치 전기 중 10분의 1만을 사용한다. 결과적으로 낭비가 생기는 건 분명하다(40달러어치 혹은 1센트어치 전기는 전기료에 포함되는 금액이 아니라 데이터 전송에 사용된 전기의 종단종end-to-end 비용, 즉 당신과 데이터 출처 사이에 있는 모든 서버나 같은 장소에 배치된 시설 전체에 대한 비용이 포함돼 있다는 점을 알아야 한다.)

그렇다면 추정치에 이렇게 큰 차이가 나는 이유는 뭘까? 두

가지 요소가 상황을 몹시 복잡하게 만들기 때문이다. 첫째, 이 차이의 주요 원인은 인터넷에 동력을 공급하는 장비의 효율성 개선이다. 인터넷은 자체 무어의 법칙 같은 것을 따르며 전력 소비가 2년마다 절반씩 감소한다. 지속적이고 효율적인 데이터 전송 경향은 사그라들 기미가 보이지 않는다.

둘째, 인터넷이 어디서 시작해 어디서 끝나느냐와 관련 있다. 당신은 컴퓨터를 항상 켠 상태로 둘 때 컴퓨터를 컴퓨터라고 간주하는가? 아니면 정보를 보내거나 받을 때만 컴퓨터로 간주하는가? 아니면 키보드나 스크린을 다루는 부품이 아닌 데이터 전송을 처리하는 CPU 영역만 컴퓨터로 간주하는가? 넷플릭스 서버에서 당신의 태블릿까지 이어지는 경로에 이와 유사한 모호함이 존재한다.

심지어 이런 복잡함과 더불어 현재 영화 1편을 다운로드하는 데 필요한 전기료는 아슬란이 제시한 저렴한 추정치에 훨씬 가깝다. 당신이 다운로드한 영화는 아마 5센트에도 훨씬 못 미치는 정도의 전기를 사용했을 것이다. 가장 큰 변수는 당신이 다운로드받은 영화를 시청한 장치였다. 결과적으로 DVD에서 스트리밍으로의 전환이 사실은 낭비를 크게 줄이는 데 기여했다는 뜻이다.

아이패드는 전기로 작동하고 영화를 보려면 충전해야만 한다. 전기를 충전하는 데 전기료가 얼마나 들어간다고 생각하는가? 그 답은 훨씬 더 간단하다. 스마트폰 배터리는 전압 4볼트에 용량이 약 2,000밀리암페어시mAh므로 약 8와트시Wh의 전기를 저장하고 있다. 산수를 해보면 스마트폰을 12번 충전하는데 드는 전기료가 1센트임을 알 수 있다. 아이패드는 3번 충전하는 데 1센트며 노트북은 모델에 따라 아마도 100퍼센트 충전하는 데 약 2센트를 지불한다. 이 장비 중 하나로 영화를 시청하면 DVD를 집으로 배달받아서 볼 때 연소해야 하는 휘발유보다 낭비가 훨씬 줄어든다. 그래도 여전히 DVD플레이어와 TV를 작동시키려면 전기가 필요하다(그리고 배터리 외에도 알카라인 배터리—집에 비치해 둔 손전등에 들어가는 배터리 종류—를 제조하려면 이 배터리 안에 포함된 에너지양의 100배가 넘는 에너지가 필요하다.).

연결 장치의 대중화는 결과적으로 낭비의 생산으로도 이어졌다. 스팸메일을 예로 들어보자. 하루 약 1,500억 개의 스팸메일이 발송된다. 비록 우리가 이 스팸메일을 처리하는 시간은 무시한다고 하더라도 얼마나 많은 전기가 이로 인해 낭비될까? 평균 용량 스팸메일 하나에는 대개 약 25킬로바이트kb 정도의 정보가 포함돼 있다. 우리는 이 데이터를 방금 논의한 전력 사용량에 넣어 계산해 볼 수 있다. 앞서 언급한 것 중 가장 낮은 추정치를 활용하면 스팸메일이 한 해 500만 킬로와트시를 소비하고 그 결과 3,000톤의 이산화탄소를 대기 중으로 배출한다는 추정이 가능하다. 이는 매년 런던에서 뉴욕까지 왕복 비행을 열

차례 할 때 배출되는 이산화탄소와 동일한 양이다. 물론 스팸메일은 다른 방식으로도 쓰레기를 유발한다. 즉, 만약 스팸메일이 없다면 당신의 인터넷 서비스 공급업체가 동료가 보낸 메일인지 혹은 Fr33 V1agRA(무료 비아그라 샘플) 홍보 메일인지 확인하기 위해 모든 이메일을 스캔하는 데 필요한 전력이나 전기를 소비할 필요가 없을 것이다. 그리고 처음 인간이 그런 감지 알고리즘을 작성하는 데 써야 했던 시간도 있다. 스팸메일은 폐기물 발자국이 크다.

가상화폐 같은 다른 시도들은 어떨까? 조너선 쿠미Jonathan Koomey의 논문 〈비트코인의 전력 사용 추정Estimating Bitcoin Electricity Use: A Beginner's Guide〉에 따르면 2018년 현재 전 세계 총전력량의 약 0.2퍼센트가 비트코인 채굴 및 사용에 소비된다. 이는 큰 수치다. 만약 이 추산이 맞는다면 포르투갈의 1,000만 인구가 사용하는 전력량과 동일하다. 국제에너지기구International Energy Agency에서 수행한 또 다른 연구에 의하면 비트코인 채굴은 매년 10~20메트릭톤Mt의 이산화탄소를 배출할 가능성이 있으며 이는 전 세계 에너지 관련 이산화탄소 배출 총량의 약 0.03~0.06퍼센트에 해당한다(사용된 전력량과 배출 비율에 차이가 있는 이유는 비트코인 채굴의 약 75퍼센트가 값싼 재생에너지를 사용할 수 있는 아이슬란드 같은 곳에서 수행됐기 때문에 이산화탄소 배출이 적거나 전혀 없다.)

전기를 생산하고 송전하는 데 진정한 낭비가 발생하는 곳이 어디인지 계산하려면 어디서부터 시작하면 좋을까? 인류는 전기를 사용한 지 100년이 넘었기 때문에 이 수치는 꽤 신뢰할 만한 것으로 밝혀졌다.

첫째, 전기 생산에서 상당한 비효율이 발생한다. 앞서 언급했듯이 석탄은 약 33퍼센트의 에너지만 활용한다. 천연가스도 석탄과 비슷하고 디젤 발전기도 마찬가지다. 태양은 이보다 효율성이 더 떨어져 약 20퍼센트만 활용한다. 그러나 수력발전은 효율성이 높아 에너지 활용도가 80퍼센트를 넘는다. 이를 종합해 볼 때 전체 전력망의 에너지 효율성은 평균 33퍼센트다. 낭비 없는 세상에서 우리는 연료의 단 3분의 1만으로 동일한 양의 전기를 생산할 수 있을 것이다.

이 모두가 전기와 관련해 많은 낭비가 초래되고 있다는 결론에 이르게 한다. 특히 발전소와 송전되는 도시 사이에 설치된 고압 배선을 타고 장거리 송전이 이뤄질 때 모든 전기의 약 4퍼센트가 열 형태로 소실된다. 여기다 가정으로 연결된 저압 배선에서 배전이 이뤄질 때 또 다른 4퍼센트의 전기가 소실된다.

그러나 낭비는 여기서 끝나지 않는다. 사실 끝나려면 아직 멀었다. 가정에서 전기를 사용할 때 더 많은 에너지가 낭비된다. 컴퓨터는 약 75퍼센트의 효율성을 지닌다. 컴퓨터가 사용하는 에너지의 25퍼센트는 열로 전환된다. 이런 낭비를 올바른 시각으로 볼 때, 주문 제작 컴퓨터 제조 회사인 푸겟 시스템즈

Puget Systems가 추정한 바에 따르면 에너지 1와트당 게임용 PC와 전기 히터가 동일한 양의 열을 발산한다. 컴퓨터가 발산한 열은 거의 활용되지 않으므로 순수한 낭비다. 이는 우리가 가정용 히터를 슈퍼컴퓨터로 교체했을 때 얻을 수 있는 모든 추가 처리 능력으로 무엇을 할 수 있는지에 관한 흥미로운 사고실험으로 이어진다.

하지만 컴퓨터 외의 가전제품 역시 효율성 측면에서 상당한 차이가 있다. 아직도 이를 사용하는 가정일 경우 가장 효율성이 낮은 장치는 분명 백열등이다. 백열등은 사용하는 전기의 단 5퍼센트만 보이는 빛으로 전환할 수 있다. 나머지 95퍼센트는 열로 전환된다. 백열등은 지나치게 많은 열―열 자체가 낭비―을 발산하므로 정부가 백열등 사용을 제한하는 법을 통과시켰을 때 일부 기업은 이 법을 회피해 볼 요량으로 백열등을 '실내 난방기'로 판매하려고 했다. 솔직히 말해 백열등은 실제로 꽤 훌륭한 실내 난방기기도 하다.

전기에너지를 소비하지 않는 장치도 효율성 면에서는 차이가 많다. 가정용 난방기(보일러)의 효율성은 낮은 것은 50퍼센트, 높은 것은 90퍼센트를 상회한다. 난방용으로 천연가스를 사용하는 것은 효율성이 높다. 많은 열이 발산되지만 다른 형태로 소실되는 에너지는 거의 없다.

1968년 〈스타트렉〉 '내일로 귀환' 편에서 커크 선장은 특정 집단 외계인과의 작업이 지닌 장점을 자신의 상관들에게 설득한다. 그는 스코티에게 그 외계인들이 호두만 한 크기의 엔진을 탑재한 항공모함 엔터프라이즈호에 동력을 공급하는 방법을 가르쳐 줄 수 있을 것이라고 말한다. 스코티는 믿지 못하면서도 "엔진 도식을 살펴보는 게 해가 될 것"이라고 생각하진 않는다고 언급한다.

호두만 한 크기의 엔진이라고? 그 정도 크기의 엔진이 있을 수 있을까? 쉽게 만들 수 있다. 만약 1그램의 물질—종이 클립 1개 무게 정도—을 순수에너지로 전환하면 2,500만 킬로와트시에 달하고 이는 미국인 5명이 평생 사용하는 에너지와 맞먹는다. 물질을 규칙적으로 그런 에너지로 전환할 수 있는 엔진의 크기는 아주 작을 수 있다.

우리에게 (아직) 그런 엔진이 없다는 것이 낭비 스펙트럼에서 우리가 얼마나 왼쪽으로 치우쳐 있는지 그리고 얼마나 많은 진보가 가능한지 강조해서 보여준다.

코로나19 팬데믹 위기는 전기 사용에 어떤 영향을 미쳤을까? 이 질문의 답변은 상당히 직관적이다. 코로나19는 전기 사용을 감소시켰다. 사업장이 문을 닫고 사람들이 재택근무를 하면서 전기 사용량은 업계 용어로 '일요일 수준'으로 떨어졌다. 다시 말해 팬데믹은 전력 생산과 관련해서는 긴 일요일과 같아서 전기 사용량이 약 10센트 정도 줄었다.

태양에서 테이블까지: 광합성에서의 낭비

Sun to Table: Waste in Photosynthesis

비록 태양 표면은 비교적 따뜻한 5,538도 정도지만 태양핵의 온도는 15만 도로 정확히 말해 굉장히 뜨겁다. 태양은 크기도 어마어마하게 커서 지구 크기의 100만 배가 넘는다. 너무 크기 때문에 태양 스스로 가하는 중력도 거대하다. 태양의 열과 질량에서 야기된 중력, 이 두 요소가 더해져 핵융합을 유발한다.

 태양은 주로 수소로 이뤄져 있다. 수소가 주기율표에서 원소 1번이라는 사실을 당신도 기억할 것이다. 수소 핵이 단 하나의 양성자로 이뤄져 있다는 뜻이다. 그러나 당신이 충분한 고온에서 충분한 압력 아래 충분한 수소 원자를 밀어 넣는다면 결국이 2개의 수소 원자가 결합해 원소 2번인 헬륨을 형성한다. 먼미래에 우리 태양은 점점 더 뜨거워질 것이며 헬륨이나 더 무거운 원소와 결합하고 이후 훨씬 더 무거운 원소와 결합하는 일을 내내 반복할 것이다. 결국 태양은 폭발할 것이고 언제나처럼 무거운 금속을 사방으로 퍼뜨릴 것이다. 우리 태양은 2세대 항성으로 우리가 이 사실을 알 수 있는 이유는 태양 안에서 중금속을 발견할 수 있기 때문이다. 따라서 태양은 이 전체 주기를 거친 훨씬 더 오래된 항성의 파편들로 만들어진 것이 분명하다.

그러나 현재 태양은 대체로 수소로 이뤄져 있다. 2개의 수소 원자가 융합할 때 에너지는 광양자(일명 빛)와 열 형태로 방출된다. 나사에 따르면 이 광양자들은 태양 속에서 약 4,000년 동안 이리저리 튕겨 돌아다니다가 우주로 떨어져 나간다. 8분 20초 후 20억 개 중 하나가 우주의 작은 점에 해당하는 지구와 부딪힌다. 나머지는 광활한 우주로 사라지고 결국 먼 행성의 밤하늘에서 반짝이는 빛이 된다. 그러므로 인간의 관점에서 볼 때 태양에너지의 99.99999995퍼센트는 낭비된다.

지구에 도달하는 에너지 중 3분의 1은 구름, 대기, 지구 표면에 반사돼 다시 우주로 돌아간다. 그러나 반사되지 않는 태양에너지양도 여전히 엄청나다. 지구 대기, 바다 그리고 육지가 매일 약 1만 엑사줄의 에너지를 흡수한다.

이 에너지 중 9,985엑사줄은 지구 표면을 데우고 햇볕으로 인한 화상을 유발하는 것 외에는 하는 일이 없다. 지구가 흡수한 에너지 중 15엑사줄은 인류 생존에 중요하다. 식물은 이 에너지를 저장하고 광합성이라고 불리는 과정을 통해 자체 질량으로 전환한다.

이제 잠깐 사고실험을 한번 해보자. 흙이 담긴 커다란 화분이 하나 있다. 씨앗 하나를 그 화분에 심는다. 씨앗의 무게는 사실상 거의 0이다. 최종적으로 이 씨앗은 100파운드의 나무로 자란다. 당신은 이제 이 나무를 뽑아내고 화분에 남아 있는 흙의 무게를 달아본다. 얼마만큼의 무게가 사라졌는가? 다시 말해 나무의 질량 중 얼마가 흙에서 기원했으며 얼마가 흙에서 식물 질량으로 전환됐는가? 답은 아주 조금이다. 비록 식물 종에 따라 차이는 있지만 평균적으로 특정 식물의 질량 중 단 1퍼센트 정도만이 흙에서 기원했다. 이걸 우리의 100파운드 나무의 1파운드라고 부르자. 그럼 이 나무 질량의 나머지는 어디서 온 걸까?

답의 절반은 아마도 꽤 명확하다. 대다수 생물체와 마찬가지로 나무는 주로 물로 이뤄져 있다. 대다수 식물과 동물도 그렇다. 물이 생명체에 얼마나 중요한지 고려할 때 이는 별로 놀랄 만한 사실은 아니다. 평균적으로 이 나무의 50파운드가 물이고 1파운드는 흙이라면 나머지 49파운드는 어디서 온 것일까?

대기에서 왔다. 모든 학생이 알듯이 식물은 이산화탄소를 들이마시고 산소를 내뿜는다. 이산화탄소는 탄소와 수소 2가지 원소—탄소 원소 1개, 수소 원소 2개—로 이뤄져 있다. 식물은 태양에서 온 에너지를 사용해 이산화탄소 분자를 분리하고 탄소를 유지하고 산소 일부를 축출한다.

늦은 밤 정보쇼 진행자가 말하는 것처럼 잠시만 기다려라, 더 있다. 식물은 태양에서 온 에너지를 이용해 물H_2O을 분리하고 산소의 전부는 아니지만 일부를 방출한다. 그러고 나서 일부 탄소 원자와 일부 수소 원자를 결합해 탄소, 수소, 산소로 이뤄진 하나의 분자를 만든다. 우리는 이 분자를 탄수화물이라고 부른다. 설탕은 이런 탄수화물 중 가장 흔한 형태의 하나지만 다른 것도 있다. 일부 식물은 지방과 단백질을 만들기 위해 탄수화물을 사용할 수 있지만 탄수화물은 대개 탄수화물로 남아 있다.

그럼 이 전체 과정에서 얼마나 많은 낭비가 생길까? 식물은 태양에서 어느 정도의 에너지를 흡수해 탄수화물 형태로 저장한다. 하지만 이 과정에서 얼마나 많은 에너지를 상실할까?

그 답은 천차만별이다. 많은 식물이 흡수한 에너지의 1,000분의 1만을 저장한다. 하지만 인간이 심은 작물은 훨씬 더 낫다. 그도 그럴 것이 우리는 이 작물들이 태양빛을 흡수해 우리에게 쌀, 콩 등을 주도록 재배했다. 일반적으로 식물은 자신들의 잎을 비춘 태양에너지의 약 5퍼센트를 붙잡아 둔다. (이는 오늘날 상업적으로 구매 가능한 태양전지보다 훨씬 뒤처지는 수행 성과다. 태양전지의 효율성은 약 25퍼센트다).

더 심각한 것은 농작물이 흡수한 에너지 중 10분의 1만이 감자, 콩, 베리 또는 우리가 섭취하는 부분에 저장된다. 우리 관점에서 볼 때 식물은 다채로운 생활을 하면서—잎과 줄기를 키우고 물을 흡수하며 광합성을 수행하는 등—나머지는 모두 낭비해 버린다. 농작물은 평균적으로 자신에게 도달한 에너지의 단 200분의 1만을 인간이 사용할 수 있는 것으로 전환한다. 나머지는 모두 낭비해 버린다. 특정 식물과 관련해 과학 전문 기자 가브리엘 팝킨Gabriel Popkin은 우리에게 90칼로리의 옥수수를 제공하는 옥수수 묘목 1그루는 살아 있는 동안 태양빛 2만 7,000칼로리를 사용한다고 추산했다. 이는 옥수수가 흡수한 에너지의 300분의 1만을 우리에게 제공함을 뜻한다. 밀은 더 효율성이 떨어져서 흡수한 에너지의 1,000분의 1만 인간에게 되돌려준다. 반대로 사탕수수는 효율성이 높은 작물로 흡수한 에너지의 50분의 1을 인간에게 제공한다.

이를 생각하기 위해 멈춰보면 식물은 낭비가 심하다는 사실이 드러난다. 우리는 식물에 제공되는 햇빛의 25퍼센트를 사용하는 태양전지를 만들 수 있다. 그럼 식물은 왜 이와 비슷하게 하지 못할까?

우선 에너지 절반은 곧바로 사라진다. 식물이 태양의 스펙트럼 중 일부만 사용할 수 있기 때문이다. 식물은 초록빛을 흡수할 수 없어 그 빛을 반사한다. 식물이 우리 눈에 초록빛으로 보이는 이유가 여기 있다(태양열판은 반대로 모든 파장을 흡수하므로 검정빛으로 보인다). 식물이 흡수하는 빛의 절반 이상이 광합성 과정 자체의 비효율성으로 인해 사라진다. 남아 있는 절반은 호흡에 사용된다. 마지막으로 식물은 비즈니스 맥락에서 간접비가 높은 것으로 간주된다. 식물은 무수히 많은 줄기, 잎 등을 자라게 해야 하며 우리가 소비하는 먹을 수 있는 부분에 극소량의 에너지만 저장할 수 있다.

비록 식물이 지독하게 비효율적이기는 하지만 우리가 소비하는 대다수 농작물의 생산성을 극적으로, 비료를 더 주는 것보다 많이 향상할 수 있는 방법이 있을지 모른다. 실제로 세 가지 종류의 광합성이 있다. 이 중 둘은 인간의 필요에 중요하다. 첫째, C3는 진화론적으로 더 오래됐고 덜 효율적이며 C4는 비교적 최근에 등장한 것으로 사탕수수나 수수 등과 같은 작물이 사용한다. 만약 우리가 밀 같은 작물에 C4 광합성을 적용할 방법을 찾을 수 있다면 밀 재배 가능 면적은 물론 생산량도 늘릴 수 있다. C3 광합성을 하는 식물은 자연적으로 이미 50번 이상 C4 변종으로 진화했기 때문에 인간의 독창성으로 도울 수 있는 비교적 일반적인 적응처럼 보인다. (세 번째 종류인 CAM은 선인장, 파인애플, 난초 등에 의해 사용되며 모든 광합성 중 아주 낮은 비중을 차지한다.)

물론 인간이 소비할 수 있는 농작물을 재배하는 데는 햇빛 외에 다른 것도 필요하다. 재배와 수확을 담당할 노동이 필요하다. 또 기계류, 관개용수, 비료 그리고 제초제, 살충제, 살진균제도 필요하다. 모든 투입물은 환경에 따라 달라지지만 신뢰할 만한 추정치는 이 모두를 작물 가치의 약 절반 정도 비용으로 더할 수 있다. 대략적으로 계산해 보면 100킬로칼로리 당 약 1페니의 비용이 든다.

우리가 어떤 형태의 낭비 없는 세상을 건설하기 위해 앞으로 나아갈 때 태양이 지원하는 에너지를 잘 사용하면 얻을 수 있는 기회가 무수히 많다. 이어서 볼 장에서는 최근 인간이 어떻게 풍부한 태양에너지의 상당 부분을 마구 소비하고 있는지 고찰해 볼 것이며 좀 더 나은 대처를 위해 어떻게 해야 하는지 제안할 것이다.

06

연료로서의 식품

Food as Fuel

당신이 먹는 음식은 어떻게 생명을 유지하는 데 필요한 에너지가 될까? 몸이 기본적인 기능을 하는 데 얼마나 많은 에너지가 낭비될까?

이 문제를 해결하려면 두 가지 용어—열량과 와트—를 명확하게 규정할 필요가 있다.

칼로리 혹은 열량이란 정확히 무엇을 의미할까? 앞에서 다루긴 했지만 다시 한 번 정리하기로 하자. 이 용어는 약간 까다로운데 일반적으로 뚜렷이 다른 두 가지 의미로 사용되기 때문이다. 당신은 아마도 1세제곱센티미터의 물(무게 1그램)을 섭씨 1도로 데우는 데 필요한 에너지양이 1칼로리라고 배운 화학 수업 시간을 기억할 것이다.

그러나 이 열량이 식품 포장지 뒷면에서 본 것과 동일한 열량이라면 얼음물을 큰 컵으로 마시고 신진대사로 이 물을 체온과 동일한 온도로 상승시키면 당신이 먹어치운 피그 뉴턴(무화과가 든 쿠키의 명칭_옮긴이) 1통의 열량을 상쇄할 수 있다는 뜻이다. 그렇다면 대박이지 않겠는가!

아쉽게도 그렇지는 않다. 화학 시간에 배운 열량은 소문자 c 칼로리를 뜻한다. 반면 식품 라벨에 표시된 C는 대문자다. 대문자 C 칼로리는 킬로칼로리를 뜻하며 이는 소문자 칼로리보다 1,000배 더 큰 측정 단위다. 1킬로칼로리는 1킬로그램의 물을 섭씨 1도 올리는 데 필요한 에너지양을 말한다.

만약 당신이 온도가 섭씨 2도인 1킬로그램의 물을 마신다면 몸은 그 물을 데워 체온과 같은 37도로 올리는 데 35킬로칼로리를 쓸 것이다. 피그 뉴턴 1개에는 약 50킬로칼로리가 들어 있다. 그러므로 당신이 쿠키 하나를 먹을 때마다 1.5리터에 가까운 찬물을 마실 용의가 있다면 아무 죄책감 없이 먹어도 된다.

칼로리는 고정된 에너지 단위다. 밀가루를 컵으로, 버터를 파운드로 계량하는 것처럼 별개의 측정법이다. 칼로리는 시간과 별개로 존재한다. 물 1킬로그램의 온도를 1도씩 올리려고 할 때 1분에 걸쳐 하든 1,000년에 걸쳐 하든 당신은 여전히 1킬로칼로리의 에너지를 투입해야 한다. 냄비에 든 물을 끓일 때 성냥에 불을 붙이든 토치를 사용하든 동일한 양의 에너지가 필요하다. 실용적 목적에서 칼로리가 얼마나 빠르게 전달되는지 아는 것이 중요할 때가 많다.

전력 개념을 입력하자. 토치는 성냥 1개비에 비해 더 많은 전력을 공급한다. 물을 끓이는 데 필요한 에너지를 훨씬 짧은 시간 안에 공급하기 때문이다. 동력을 생각하는 또 다른 방법은 호스를 통해 흘러나오는 물을 생각해 보는 것이다. 에너지는 물이고 전력은 얼마나 많은 양의 물이 특정 시간 후 호스 끝을 통해 나오느냐에 비유할 수 있다.

전력은 와트라는 단위로 측정된다. 시간이라는 요소를 다시 끌어오면 특정 시간, 즉 1시간 동안 사용된 에너지가 어느 정도인지 쉽게 설명할 수 있다. 1와트 전구를 1시간 동안 켜두면 1와트시의 에너지를 사용한다. 그러나 60와트 전구를 1분 동안 켜둬도 똑같이 1와트시의 에너지를 사용한다.

다시 우리 몸에 동력을 제공하는 이야기로 돌아가자. 운 좋게도 산수는 꽤 간단하다. 1킬로칼로리와 1와트시는 거의 동일한 양의 에너지를 의미하기 때문이다. 당신 몸이 1시간당 100킬로칼로리를 연소한다는 것은 100와트의 에너지를 사용한다는 것이다. 이는 밝은 백열전구 하나를 항상 켜둘 때 소비되는 에너지양과 동일하다. 아주 현실적으로 말하면 당신 몸이 에너지를 낭비하지 않을 경우 50킬로칼로리의 피그 뉴턴 과자를 먹으면 그것을 30분 동안 백열등을 켜둘 만큼의 충분한 에너지로 바꿀 수 있다.

그렇다면 별다른 일을 하지 않고 그저 살아만 있을 정도로 몸을 유지하는 데 필요한 에너지는 어느 정도일까? 만약 당신이 하루 종일 잠만 잔다면 당신에게 필요한 에너지는 얼마일까? 그 정도 에너지를 기초대사량basal metaolic rate이라고 부른다. 기초대사량이란 24시간 동안 심장을 뛰게 하고 두뇌를 작동하게 하며 몸을 따뜻하게 유지하는 데 필요한 에너지를 말한다. 기초대사량은 나이가 들면서 감소한다. 나이가 들면 건강한 체중을 유지하기가 점점 더 어려워지는 이유 중 하나가 바로 기초대사량이 감소하기 때문이다. 어림잡아 기초대사량 2,000킬로칼로리는 키 183센티미터, 몸무게 90.7킬로그램인 30대 남성의 수치다.

그런데 이 2,000킬로칼로리는 목숨을 붙어 있게 하는 데 필요한 열량이다. 다른 곳에 사용할 여분의 에너지가 전혀 없다. 당신은 전기 잔디 깎기로 잔디를 깎는 일처럼 많은 일을 해야 한다. 만약 집 마당이 걸으면서 잔디를 깎을 경우 1시간 정도 소요될 만큼 제법 큰 편이라면 당신은 잔디를 깎으면서 350킬로칼로리를 연소할 것이다. 평균적인 햄버거 열량이다. 이 350킬로칼로리는 탄수화물, 단백질, 지방 등 세 가지 각기 다른 에너지원에서 온다. 모두 앞서 언급한 햄버거에 들어 있다. 식물은 (대체로) 탄수화물로 이뤄져 있는 반면 동물의 먹을 수 있는 부위는 대개 단백질과 지방으로 이뤄져 있다. 1그램당 9킬로칼로리의 에너지를 갖고 있는 지방은 단백질이나 탄수화물보다 훨씬 큰 에너지 밀도를 자랑한다. 단백질과 탄수화물은 각각 1그램당 4킬로칼로리다.

앞서 우리는 식물이 물(수소와 산소)과 이산화탄소를 흡수해 탄수화물을 생성하며 이 탄수화물 안에는 세 가지 원소가 어느 정도 포함돼 있음을 확인했다. 식물이 이 과정을 수행할 때 약간의 산소가 남고 식물은 이 산소를 폐기물로 방출한다. 이 모든 과정은 자유에너지증가반응endergonic reaction으로 알려져 있는데 원자를 재배열하는 과정에서 일부 에너지를 다른 곳의 분자가 흡수해야만 한다는 뜻이다. 식물은 이를 위한 에너지를 태양빛에서 얻는다. 그래서 포도당은 하나의 수소, 산소 그리고 탄소 분자며 화학원소 결합으로 이뤄진 분자 속에 태양에서 얻은 과잉 에너지를 갖고 있다.

인간은 그 에너지를 어떻게 사용할까? 첫째, 우리는 약간의 음식을 먹고 이 음식은 다양한 소화 과정에 의해 분해돼 나중에 체내 모든 세포로 보내진다. 인간의 몸속 모든 에너지는 개별 세포 수준에서 소비된다. 사실 당신은 체내 모든 세포 하나하나를 먹이는 것이다. 세포 내부에는 미토콘드리아mitochondria라고 불리는 구조가 있어 몇 개의 포도당을 다시 이산화탄소와 물로 분해한다. 이때 이산화탄소와 물은 식물이 원래 포도당을 만들 때 재료로 사용한 것이다.

식물은 분자를 만들 때 에너지를 저장했으므로 이 분자를 분해하면 동일한 에너지가 방출된다. 그리고 이는 아데노신삼인산adenosine triphosphate 혹은 ATP라고 불리는 새로운 분자가 된다. ATP는 모든 살아 있는 생명체, 동식물에 동력을 공급한다. 자연의 일반적 에너지원이다.

당신의 세포는 포도당에서 얻은 이산화탄소를 폐로, 물을 신장으로 보내는데 이 두 원소는 모두 쓰레기로 방출된다.

식물이 포도당을 만드는 것은 상당히 비효율적이다. 그리고 예상할지 모르겠지만 인간은 완벽한 기계가 아니다. 포도당을 물, 이산화탄소, ATP로 전환하는 것 또한 쓰레기를 생산한다. 포도당 내 에너지의 약 40퍼센트는 ATP에 저장되며 다른 60퍼센트는 체열로 발산된다.

체열은 낭비일까? 꼭 그렇지는 않다. 몸을 따뜻하게 유지하는 것은 냉혈동물을 괴롭히는 수천 개의 해로운 곰팡이류의 증식을 막는다. 미생물학과 교수 아르투로 카사데발Arturo Casadevall은 열의 항균성을 극대화하면서 열 생산 비용은 최소화하는 최적 온도는 36.7도라고 추정한다. 그러므로 이 점에서 우리 몸이 그렇게 비효율적이지는 않다.

물론 우리는 여전히 열을 발산한다. 우리가 생산하는 열 전체가 우리 몸속에 머물러 있진 않기 때문에 일부는 낭비된다. 인간은 절연이 잘돼 있지 않아서 피부가 몸 내부보다 약 10도 정도만 더 차갑다. 그러나 인간이 더 나은 절연 성능을 갖추려면 약간의 대가를 치러야 한다. 그리고 명백하게 인간이라는 종이 진화를 통해 그 비용을 지불할 만한 가치는 없었다.

우리가 방출하는 열의 양으로는 작은 노트북 하나를 작동할 수 있다. 만약 우리가 그 열을 활용할 방법을 찾아낼 수만 있다면 말이다. 현 상태에서 우리는 그 에너지를 재사용할 방법을 알지 못한다. 하지만 그렇게 하는 것이 기술적으로 불가능하진 않다. 세이코Seiko는 인체가 방출하는 1와트의 100만 분의 1의 전력으로 작동하는 시계를 출시한 적이 있다. 에너지를 생산하는 웨어러블 기기를 개발하려는 다양한 시도가 이뤄지고 있지만 심지어 가장 야심 찬 시도조차 1와트의 일부를 얻기 위해 노력하고 있다.

대변과 소변은 어떨까? 쓰레기일까? 그 자체는 바나나 껍질에 지나지 않는다. 중요한 것은 그것으로 무엇을 하느냐. 만약 대소변을 재활용해 메탄같이 대소변만큼 에너지를 생산하는 제품으로 만들 수 있다면 진정으로 버려진 쓰레기는 아니다. 심지어 소변에는 사용 가능할 만큼의 인, 포타슘 그리고 황이 포함돼 있는데 이런 미네랄은 채굴해야 하는 것들이다. 그러나 만약 당신이 현대적 위생 보건이 부족한 국가에서 살고 있다면 그건 쓰레기며 굉장한 독성을 가진 무언가임이 분명하다. 긍정적 측면에서 유엔의 한 싱크탱크에 따르면 인간의 배설물을 모두 합치면 연간 100억 달러의 가치가 있다고 한다. 그리고 만약 관련 기술을 개선할 수 있다면 세계 최빈국에서 상당한 전력을 생산하는 데 사용될 수 있다.

이제 우리는 당신이 잔디를 깎을 수 있게 해준 햄버거를 만들 수 있는 에너지가 어디서 왔는지 완벽하게 이해할 수 있다. 태양빛이 지구에 도달해 식물을 키우고 이 식물을 소가 먹고 그 소를 우리가 먹었다. 우리는 그것을 잔디 깎는 기계를 움직이고 생각하고 몸을 작동하고 열을 발산하는 데 사용했다.

만약 훨씬 더 뒤로 물러나 햄버거에 포함된 에너지가 최초에 어디서 왔는지 자초지종을 들여다보면 놀랄 것이다.

햄버거 번을 만들기 위해 우선 태양은 히로시마에 투하된 원자폭탄 2만 개의 에너지와 동일한 에너지를 발산해야 했다. 우리에게는 큰 숫자지만 태양 입장에서는 사실상 아무것도 아니다. 2만 개의 폭탄 에너지 중에서도 지구에 도달한 20억 에너지 중 일부 그리고 1,000에너지 중에서도 일부가 식물에 의해 햄버거 번에 필요한 밀로 전환됐다. 거기다 그 번을 만들기 위해 우리는 50갤런의 물과 약 1센트의 노동, 살충제 그리고 비료를 투입했다.

소고기 패티를 만들기 위해 태양은 10만 개의 원자폭탄에 준하는 에너지를 발산해야 했으며 20억 에너지 중 일부만 지구에 도달했다. 그리고 또다시 100에너지 중 일부가 2년에 걸쳐 소가 먹은 풀이 됐다(풀은 밀보다는 좀 더 효율적으로 에너지를 사용한다).

더불어 우리가 먹는 버거는 500갤런의 물과 약 25센트의 노동, 재료, 부수적 비용을 필요로 했다. 따라서 패티를 만드는 고기를 얻기까지 12파운드의 탄소 배출에 준하는 온실가스와 35파운드의 천연비료를 생산했다. 햄버거 운송, 처리, 냉장 그리고 조리를 위해 1파인트(0.473리터)의 휘발유(나 그에 준하는 등가의 연료)에 기반한 에너지를 썼고 2파운드의 이산화탄소를 배출했다. 이 외에도 인력을 포함한 기타 비용이 20센트 더 소요됐다.

생각해 보면 햄버거 1개를 만드는 데, 그래서 마당 잔디를 1번 깎을 수 있는 에너지를 얻는 데 얼마나 많은 일이 일어나야 하는지 놀라울 뿐이다.

그럼 이 과정에서 얼마나 많은 낭비가 생길까?

모두 낭비다. 그런데 왜?

연속선상에서 최종단, 즉 낭비 없는 곳에서 우리는 태양에서 100퍼센트의 효율성으로 에너지를 흡수할 수 있다. 아니면 우리 내부에 소형 융합 발전소를 지어 물질을 질량과 모아진 햇빛에 비례하게 곧바로 에너지로 전환할 수 있다. 아니면 태양열을 저장해 두고 언제든 어디서든 필요할 때 열을 전송해 간단하게 꺼내 쓸 수 있는 태양 집열기를 설치할 수 있다.

에너지가 공간을 지나 이동할 때 식물, 동물 그리고 우리 상태에 무수히 많은 변화가 일어나면서 막대한 손실이 초래된다. 100달러를 갖고 공항에 가서 그 돈을 유로로 환전했다. 그다음 유로화를 엔으로 그리고 엔을 다시 파운드 등으로 환전한다고 상상해 보자. 곧 당신은 손 한가득 잔돈만 쥐고 있을 수 있다. 각 단계마다 수수료를 지불해야 하기 때문이다.

이론상 인간은 중간 단계(혹은 그 일부)를 없애고 태양에너지를 곧바로 흡수할 수 있지 않을까? 여전히 분명한 인간성을 유지하면서 광합성을 할 수 있지 않을까? 음, 할 수 있기도 하고 할 수 없기도 하다.

할 수 있는 건 진딧물이 곰팡이에게서 유전자를 빼앗아 광합성을 가능하게 하는 방식으로 유전자 암호에 결합하는 것이다. 그건 햇빛을 받으면 ATP로 바뀔 수 있는데 이는 인간을 포함해 모든 생명체를 움직이는 연료다. 어린 노란 점박이 도롱뇽은 세포에 살면서 광합성을 수행하고 도마뱀과 에너지를 공유하는 한 조류와 공생관계를 맺고 있다. 따라서 약간의 유전적 조치를 취하면 인간 역시 적어도 부분적으로 태양에너지를 활용하는 것이 불가능하지 않다. 비록 이 과정에서 우리가 친환경적이 돼야 하지만 말이다.

그러나 우리는 신체적으로 광합성에 적합하지 않다. 인간은 근본적으로 전봇대처럼 생겼다. 인간의 표면적은 약 20제곱피트다. 그래서 평균적으로 지구에 도달하는 태양빛은 약 1제곱피트당 약 15와트지만 20제곱피트에 달하는 인간의 표면적 전체를 동시에 태양에 노출할 순 없다. 기껏해야 절반 정도가 가능하다. 그러나 해가 머리 위에 뜨는 정오가 되면 그마저도 줄어든다.

자, 이제 해가 떴을 때 해를 정면으로 바라보는 플랫폼 위에 누워 모든 시간을 보내면서 몸의 절반에 태양빛을 모을 수 있다고 가정해 보자. 이 경우 100퍼센트 효율성을 발휘하면 약 150와트의 에너지를 모을 수 있는데 이는 우리가 필요로 하는 100와트보다 많다. 적도에 가까이 살면 살수록 더 좋다. 태양빛이 가장 직접적으로 지구를 비추는 곳이기 때문이다. 만약 당신이 극지방의 하나인 북극 혹은 남극으로 향하면 햇빛이 대체로 비스듬히 비춰 이용할 수 있는 에너지양이 크게 제한된다.

만약 우리가 이런저런 방식으로 광합성을 손보면 어떨까? 식물로 하여금 내리쬐는 모든 햇빛을 흡수해 100퍼센트 효율성으로 광합성을 하게 하고 식물의 모든 에너지를 인간이 먹을 식량을 생산하는 데 쓰면 어떨까? 만약 그럴 수 있다면 우리는 미국 메인주만 한 크기의 농장 하나면 세계 전체 인구가 먹을 식량을 생산할 수 있다. 반면 현재 우리는 전 세계 인구가 먹을 식량을 생산하려면 미국과 캐나다를 합한 정도의 땅이 필요하다.

가축과 기타 동물성 식량의 비효율성과 관련해 만약 가축이 소비하는 1칼로리를 우리가 먹을 수 있는 칼로리로 완벽하게 저장할 수 있다면 알래스카 크기의 목초지 하나만 필요하다. 현재 우리는 세계 인구가 먹을 동물성 식량을 제공하기 위해 남미와 북미 크기의 목초지가 필요하다. 하지만 그 경우에도 우리는 여전히 햇빛을 소들이 먹을 풀로 전환하는 데 비효율을 경험할 것이다.

앞서 언급했듯이 해법 하나는 우리가 먹는 식량, 특히 상상할 수 없을 정도로 비효율적인 소고기를 직접 제조하는 것이다. 이런 생각이 어제오늘 제시된 것은 아니다. 사실 1932년 에세이 〈지금부터 50년 후Fifty Years Hence〉에서 윈스턴 처칠Winston Churchill은 이렇게 썼다.

닭가슴살 혹은 날개를 먹기 위해 닭 1마리를 사육하는 불합리를 탈피해야 한다. 대신 적절한 매개체를 활용해 이 부위만 개별적으로 키워야 한다. 물론 미래에는 합성식품이 사용될 것이다. 새로운 식품은 실질적으로 자연식품과 구분하기 어려울 것이며 모든 변화가 너무 점진적이어서 눈치채기 어려울 것이다. 만약 대량의 전력원을 활용할 수 있다면 태양에너지에 의존하지 않고 식량을 생산할 수 있을 것이다. 인공 복사열을 생산할 수 있는 거대한 지하저장고가 전 세계 옥수수밭과 감자밭을 대체할지 모른다.

비록 50년 후라는 추정이 지나치게 낙관적이기는 했지만 처칠의 지적은 상당히 정확했다. 이론적으로 소의 줄기세포에서 소고기를 생산하는 데 필요한 에너지양은 2년 동안 소 전체를 키우는 데 소요되는 에너지양보다 적을 것이다. 그리고 많은 양의 물도 필요 없고 메탄, 이산화탄소 혹은 배설물을 만들어 내지도 않을 것이다. 현재 육류 직접 제조의 초기 단계지만 앞으로 그게 가능하리라는 것은 거의 분명하다. 미국만 해도 수천억 달러 규모의 시장이므로 육류 및 가금류 업계에는 이를 추진해야 하는 충분한 동기가 있다.

쓰레기를 덜 생산하는 또 다른 옵션은 3D 프린트 식품이다. 이론적으로 그렇게 하기 위한 과정 또한 간단하다. 3D 프린터에 단백질, 포도당, 지방이 채워진 관을 올려놓고 버튼만 누르면 된다. 얼핏 보면 이 과정은 효율성의 완전한 증가로 보이지 않는다. 결국 여전히 비효율적인 기술을 사용해 필요한 재료를 얻어야 한다. 그러나 제대로 한다면 우리가 쓰레기라고 간주하는 것들, 잎이나 껍질을 원료로 전환해 3D 프린터의 먹이로 사용할 수 있다. 단백질 튜브는 땅을 기어 다니는 곤충들로 만들어진 파우더로 가득 차 있을지 모른다.

이 구상은 별로 구미가 당기지 않을지 모르지만 말 그대로 백문이 불여일견일 것이다. 결국 식품은 미국에서만 1조 달러 산업이므로 이를 바꿔야 할 동기는 있다. 현재 80억 인류를 지원해야만 하는 지구에서 이론적으로 더 많은 인구 혹은 동일한 수의 인구를 환경에 덜 영향을 미치면서 지원할 수 있는 또 다른 행성으로 이주할 경우 특히 그렇다.

PART

4

THE PHLOSOPHY OF WASTE

낭비의 철학

01

돈 낭비

Wasting Money

2019년 옥스팜 인터내셔널Oxfam International은 세계에서 가장 돈이 많은 26명이 보유한 부가 전 세계 인구 하위 절반의 부를 더한 것보다 많다고 보고했다. 이 주장을 깊이 들여다보면 논란의 여지는 있을지 모르지만 전 세계적으로 부와 소득 모두 막대한 격차가 존재한다는 사실을 부인하는 사람은 없다.

1912년 이탈리아 통계학자 코라도 지니Corrado Gini는 이런 불평등을 측정하는 방법으로 0~1까지의 범주를 갖는 불평등 척도를 개발했다. 모든 부(혹은 소득)가 완벽히 공평하게 분배된 사회의 지니계수는 0이고 한 사람이 모든 부를 갖고 나머지는 아무것도 갖지 못한 사회의 지니계수는 1이다. 세계은행은 2013년 소득 관련 세계 지니계수는 0.625라고 추정했다.

무슨 뜻일까? 일반적으로는 당신이 1년에 4만 달러 이상 번다면 전 세계 소득자 중 상위 1퍼센트에 속한다는 뜻이다. 경제학자 브랑코 밀라노비치Branko Milanovic의 분석을 생각해 보자. 그는 2011년 미국 하위 5퍼센트 가정의 평균소득이 인도 상위 5퍼센트 가정을 포함해 전 세계 인구 3분의 2의 평균소득보다 높다는 사실을 발견했다. 다시 말해 미국에서 최하위 빈곤층 20분의 1이 인도 상위 20분의 1보다 더 많은 소득을 벌어들인다는 뜻이다. 그러나 인도는 미국과 캐나다에 이어 세계에서 세 번째로 억만장자 수가 많다.

미국에서는 사람들이 다른 소득 집단의 소비 습관을 비난하는 것이 일종의 범국민적 오락이 돼버렸다. 사람들이 자신이 번 돈을 어떻게 쓰느냐를 윤리적 차원에서 바라본다. 많은 이에게 돈 낭비는 단순히 경솔한 행동을 넘어 사실상 부도덕한 일이다. 다수의 미국인이 자신의 소비 습관은 냉정하고 신중한 결정으로 간주하는 반면 타인의 소비 습관은 마치 상륙 허가를 받은 술에 취한 선원처럼 본다.

2019년 후반 볼티모어 레이븐스Baltimore Ravens(미국 메릴랜드주 볼티모어에 본거지를 둔 NFL 미식축구 팀_역자주) 쿼터백 라마 잭슨Lamar Jackson은 팀 동료들에게 연말 연휴 선물로 롤렉스 시계를 선물했다. 이 소식을 들은 한 여성 팬은 잭슨의 경솔한 소비에 마음이 불편해져 급기야 〈볼티모어 선Baltimore Sun〉에 잭슨이 그 돈을 자선단체에 기부했으면 더 좋았을 것이라는 취지의 편지를 보냈다. 그러나 롤렉스 공장에서 시급으로 임금을 받는 직원은 그 생각에 반드시 동의하진 않을 것이다.

적어도 고가의 시계는 당신에게 시간을 알려줄 수 있다. 이 볼티모어 팬이 부자를 타깃으로 하는 롤렉스 시계에 비해 명백한 기능이 덜한 다른 물품을 구매하는 것이 얼마나 낭비라고 생각할지 궁금해하는 이들도 있다. 예를 들어 425달러가 수중에 있다면 배변을 화려하게 할, 다시 말해 황금 대변을 볼 수 있는 금박으로 뒤덮인 알약 1알을 살 수 있다고 생각해 보자. 한편 세계 6개국은 국민 1인당 연간 소득 425달러 미만으로 그럭저럭 살아간다.

아마존에는 약 6만 달러에 판매되는 볼펜도 있다. 이 볼펜을 구매한 300여 명의 리뷰에는 이런 농담조의 내용이 포함돼 있다. "필기구로 쓸 무식쟁이의 피가 바닥났을 때 이 볼펜에 붉은 잉크를 넣어 사용하시면 충분한 대체품이 될 것입니다", "이 가격에 기대하지 못했던 퀄리티입니다", "어떻게 이런 볼펜을 사지 않을 수 있겠습니까?"

유명 귀금속 브랜드 티파니앤코Tiffany & Co.는 순은 강아지 접시를 판매하면서 최고급 재료를 써서 수작업으로 제작한 상품이라고 홍보했다. 이 접시는 실제로 사랑스러우며 접시로서 기능을 수행하기는 하지만 가격이 무려 1,800달러에 이른다. 티파니앤

코는 순은 실타래를 9,720달러에 판매한다. 어떤 가격을 주더라도 더 좋은 순은 실타래를 찾긴 어려울 것이다.

은이 당신 취향이 아닐 경우 대안이 될 수 있도록 한번은 고급 소매업자 니먼 마커스Neiman Marcus가 14k 금도금 슬링키 Slinky(나선형으로 감긴 용수철 장난감_옮긴이)를 선보였다. 이런 현상은 미국인에게만 국한되지 않는다. 네덜란드의 한 온라인 판매업체 움스Ooms는 14k 금도금 스테이플러를 59유로에 판매하면서 "상사에게 금으로 장식된 보고서를 제출하면 좋은 인상을 남길 수 있다. 당신의 진정성을 이해할 것이다"라고 제안한다. 아마 그럴지도 모른다. 하지만 경비 지출 보고서를 승인하는 회사 관리자는 그렇지 않을지 모른다.

〈심슨 가족The Simpsons〉의 한 에피소드에서 주인공 바트는 부유한 가정의 어린이와 친구가 돼 그의 집으로 놀러 간다. 그 집은 부자들이 상상할 수 있는 모든 진부한 것들로 장식돼 있다. 바트는 소년들이 가장 좋아하는 미식축구 스타 플레이어 조 몬태나의 포스터라고 여겨지는 사진이 벽에 걸려 있는 것을 본다. 하지만 가까이 가서 살펴본 결과 그것은 포스터가 아니라 몬태나가 돈을 받고 공을 던질 자세를 취하면서 벽감에 서 있는 것이었다.

이 이야기가 그저 과장법이라고 생각할지 모른다. 하지만 가짜 같은 현실 세계에서 한 헤지펀드 매니저는 케니 로저스Kenny

Rogers에게 400만 달러를 지불하고 자신의 생일 파티에서 배경 음악으로 〈갬블러The Gambler〉를 무한 반복으로 연주해 달라고 요청했다고 전해진다(이 헤지펀드 매니저는 이후 공모와 증권 사기로 유죄 판정을 받고 11년 징역형과 1억 5,000만 달러의 벌금을 선고받았다. 이 매니저는 언제 그만두고 언제 계속해야 할지 몰랐던 것이 분명하다.)

사우디아라비아 왕가 왕자 알왈리드 빈 탈랄 빈 압둘라지즈 알사우드Alwaleed Bin Talal Bin Abdulaziz Al Saud가 한때 소유했다고 알려진 메르세데스를 낭비로 분류하고 싶을 것이다. 내부 밍크 인테리어 외에도 이 차량은 3만 개 스와로브스키 크리스털로 장식돼 있고 차량 가격은 약 500만 달러에 달한다고 알려졌다. 뉴스 기사에 따르면 이 차량 소유주는 차를 만지기만 하는 데 1,000달러를 요구하고 있다.

차를 만지는 데 1,000달러를 쓰는 건 낭비 아닐까? 파란색 배경에 흰색 세로선이 중간까지 내려온 그림에 몇 달러를 쓰는 건 낭비 아닐까? 몇 달러 대신 4,400만 달러를 지불하는 건 어떨까? 2013년 추상인상주의 화가 바넷 뉴먼Barnett Newman의 1953년 작품에 4,400만 달러를 기꺼이 지불한 사람이 있었다.

마약왕의 아들 세바스티안 마로킨Sebastián Marroquín에 따르면 콜롬비아 범죄 조직 메데인 카르텔Medellín cartel의 지도자 파블로 에스코바르Pablo Escobar는 저체온증에 시달리는 딸을 따뜻하게 해주려고 200만 달러를 태웠다. 어떻게 생각하는가? 이 마지막 사례에서의 지출은 다른 사례보다 좀 더 납득이 갈지 모른다. 죽어가는 자녀를 위해 수중에 있는 것이 무엇이든 사용하지 않을 부모가 어디 있겠는가?

호사스러운 구매가 낭비일까? 분명 그렇다고 답하고 싶은 충동이 일겠지만 우리는 그렇게 답할 수 없다. 술집 주크박스에서 노래 1곡을 듣고 싶어 1달러를 지불하는 것은 사실상 자신의 대변 색깔을 황금빛으로 빛나게 만들고 싶어 425달러를 지불하는 것과 다르지 않다. 후자에 대한 심판을 하고 싶겠지만 아마도 425달러를 갖고 있던 사람은 대변에 금박을 입히는 알약을 사는 것 외에는 그 무엇도 생각해 낼 수 없을지 모른다. 만약 그 물품이 그들에게 가장 큰 즐거움을 준다면 우리가 누구를 판단할 수 있을까? 이런 지출이 현명하지 못하거나 경솔하다고 말할 수는 있지만 청교도적 청빈함이 그렇게 말해야 한다고 하는 것처럼 낭비라고 할 수는 없다.

미국 범죄 영화 〈재키 브라운Jackie Brown〉에서 사무엘 L. 잭슨Samuel L. Jackson이 분한 오델 로비가 멜라니에게 마리화나를 지나치게 많이 피우면 야망도 함께 도둑맞을 것이라고 경고하자 멜라니는 "너의 야망이 마약에 취해 TV를 보는 것이라면 그렇지 않을 것"이라고 답한다. 우리의 경우 만약 당신의 야망이 금빛 대변을 보는 것이라면 425달러짜리 알약은 사실상 금빛 대변을 볼 수 있는 낭비가 가장 적은 방법일지 모른다.

말 그대로 일부를 태워버릴 만큼 돈이 많은 부유층의 지출을 비판할 수도 있고 비판하는 일 자체가 나쁜 것은 아니다. 헤지펀드 매니저가 컨트리송 가수를 고용해 공연을 시켜 돈이 낭비된 것이 아니라면 괜찮다. 그 돈은 단순히 헤지펀드 매니저에게서 그 가수에게로 이전된 것뿐이다. 이 가수는 그 돈을 빈곤층 기부부터 성형수술에 이르기까지 가치 있다고 판단하는 데 지출할 수 있다.

심지어 그 돈이 실제로 소실됐다고 하더라도 에스코바르Escobar의 경우처럼 진정한 부를 잃어버린 건 아니다. 물론 당신의 엄청난 부자 삼촌이 100달러 지폐로 담뱃불을 붙인다면 그는 자신의 순자산을 100달러 줄이는 것이다. 그러나 그 돈을 태워버릴 때 한 경제학자는 진정한 낭비는 종이 그 자체의 비용뿐이라고 말할 것이다(조지메이슨대학교 경제학과 교수 알렉스 타바록Alex Tabarrok은 쿼라Quora에서 이렇게 말했다). 연방준비제도위원회에 따르면 지폐를 만들 때 소요되는 종이 가격은 14달러 2센트다. 이 지폐가 나타내는 100달러가 연기가 돼 하늘로 올라가면 경제 전반에 걸쳐 디플레이션이 유발되고 모든 재화와 용역의 가격이 소폭 하락한다. 사실상 100달러 지폐를 태워버리는 것은 미국 경제에서 사용하는 다른 화폐 가격을 100달러 이상의 가치가 있게 만들어 결국 거의 0에 가까운 완전한 낭비를 초래한다.

그러나 충분한 부는 부호들을 파괴한다. 백만장자나 억만장자처럼 행동할 여유가 없는 사람 사이에서 낭비는 어떨까?

복권을 예로 들어보자. 복권을 구매하는 사람은 압도적으로 소득분포도에서 최하위 20퍼센트의 속하는 이들이다. 중간 혹은 상위 소득자는 제한적으로 가용 가능한 돈을 복권 구매에 쓰는 빈곤한 사람들을 비난하는 눈초리로 바라보면서 복권은 수학을 잘 못하는 사람에게 지우는 세금이라고 경멸조로 언급한다.

하지만 복권의 인기는 높다. 미국인은 음악 구매, 영화 관람, 도서, 비디오게임, 운동경기 티켓 구매 등을 모두 합친 데 쓰는 돈보다 복권을 사는 데 쓰는 돈이 더 많다.

복권에 당첨될 가능성이 사실상 0이기 때문에 이들이 돈을 낭비했다고 말할 수 있을까? 술집 주크박스가 노래를 연주하게 하는 사람보단 낫다. 대부분의 사람은 자신의 현재 재정 상태에서 부유한 상태로 가는 가시적인 길을 알지 못한다. 땅에 총을 쏘고 석유를 찾아서 결국 프라임타임 시트콤에 등장했던 제드 클램펫Jed Clampetts 같은 사람은 많지 않다. 대부분은 자신의 집 앞에 에드 맥마혼Ed McMahon이 대형 수표를 들고 서 있으리라 기대하지 않는다. 특히 2009년 그가 위대한 토크 쇼 무대를 하늘나라로 옮겼기 때문에 더욱 그렇다. 대다수 사람에게 일확천금의 기회가 올 것 같지는 않다. 그러나 누구든 불과 몇 달러지만 큰돈을 복권을 사는 데 쓸 수 있고 그 돈으로 무엇을 할지 이틀 정도 몽상을 할 수도 있다. 그들은 그 돈을 쓸까? 물론이다. 무엇을 사는 데 쓸까? 누군가에게 값비싼 선물을 할까? 그들의 친구이자 적 중 누군가의 집 앞에서 페라리 경주를 할까? 아마도 그들은 조너선 바르가스Jonathan Vargas의 선례를 따를지도 모른다. 그는 복권 당첨금 3,500만 달러 중 일부를 들여 여성 레슬러들이 등장하는 텔레비전 프로그램 〈레슬리셔스 테이크다운Wrestlicious TakeDown〉을 만들었다. 이 모든 상상은 어쩌면 실현될지 모른다는 추가 희망과 함께 오락적 면에서 2달러 이상의 가치가 있어야 한다. 영화 티켓이 10달러라고 하면 복권은 싼 것처럼 보인다.

하지만 당신은 복권에 당첨되지 않은 실망감에도 가격을 매겨야 한다. 만약 복권 가격이 2달러라면 몽상 가격은 5달러였고 실망감 가격에 2달러가 붙어도 복권이 여전히 저렴하다.

실제로 복권에 당첨될 가능성도 있다. "누군가 분명 당첨이 될 거야"라는 생각은 흔한 후렴구처럼 보인다. 로알드 달Roald Dahl의 소설 《찰리와 초콜릿 공장Charlie and the Chocolate Factory》 주인공 찰리는 초콜릿 바를 들고 곧 포장지를 개봉할 참이다. 방 안에 있는 어른들은 주인공이 골든 티켓에 당첨될 확률이 낮다고 말하면서 당첨에 실패해 실망할 주인공이 마음의 준비를 하게 한다. 찰리는 이런 생각을 한다. "하지만 어른들은 모르는 게 한 가지 있어. 엄청난 행운이 찾아올 가능성이 얼마나 작든 어쨌든 가능성이 있는 거라고."

복권 당첨자들이 당첨 이후 아마도 잘 지내지 못하리라고 생각하겠지만 정확히는 모두가 그렇지는 않다. H. 로이 카플란H. Roy Kaplan의 1978년 연구는 복권 당첨이 사람을 행복하게 만들지 않는다는 사실을 보여주지만 후속 연구에서는 상황이 좀 더 복잡해 보인다. 예를 들어 리처드 D. 아베이Richard D. Arvey, 이작 하파즈Itzhak Harpaz 그리고 후이 리아오Hui Liao는 2004년 연구 〈직업의 중요성 및 복권 당첨자들의 당첨 이후 직업 행동Work Centrality and Post-Award Behavior of Lottery Winners〉은 복권 당첨자들이 종종 같은 직업을 계속 유지하고 100달러 지폐로 시가에 불을 붙이는 행동 따위는 절대 하지 않는 반면 오히려 복권 당첨자의 가까운 이웃이 갑자기 부유해진 이웃(복권 당첨자)을 따라잡기 위해 노력하며 소비를 늘리고 투기적 재정투자에 열을 올린다는 사실을 발견했다.

부유층이나 빈곤층은 그렇다 치고 중간층에 있는 사람은 어떨까? 소득 중간 계층 사람은 어떻게 수입을 사용할까? 낭비는 무엇일까? 어쨌든 전 세계 8억 인구가 굶주리고 있고 북미인과 유럽인은 굶주린 사람을 모두 먹여 살릴 수 있을 만큼 충분한 돈을 화장품 한 품목에 소비하고 있다. 전 세계의 60퍼센트가 여전히 실내 화장실 없이 살아가고 있지만 북미인은 반려동물의 핼러윈 복장을 구입하는 데 매년 5억 달러를 소비한다.

분명 여기에 인과관계는 존재하지는 않는다. 가난한 국가의 누군가는 집 안에 화장실이 없는데 그것이 한 미국인이 자신의 닥스훈트에 입힐 핫도그 의상을 구매했기 때문은 아니다. 그러나 만일 누군가 이 세상을 하나로 본다면 부족으로 고생하는 세상에서 화장품과 반려동물 복장에 그렇게 돈을 쓰는 것은 낭비가 아니냐고 물어볼지 모른다.

물론 우리는 그걸 낭비라고 할 수 없다. 미니어처 위스키 통을 사서 세인트버나드의 목에 걸어준 사람은 그 술통을 구매함으로써 유용성, 즉 행복감을 증진할 것이다. 그들은 40달러보다 그 위스키 술통을 더 갖고 싶었을 것이다. 따라서 그들에게는 충분히 합리적인 거래다. 그들은 더 행복해졌고 그 술통을 만들어 판 사람도 더 행복해졌다. 아마도 우리는 굶주린 어린아이들에게 밥을 먹일 수 있도록 그 40달러를 기부하는 것이 반려동물의 옷을 구매하는 것보다 사람들에게 더 큰 행복을 줄 수 있는 세상에서 살길 원할 것이다. 그러나 분명한 것은 우리는 5억 달러라는 거금을 기부하는 세상에 살고 있지 않다.

자신의 돈으로 한 선택으로 누군가를 판단하긴 어렵다. 사람들에게 초록색이 파란색보다 더 낫다고 말할 수 없는 것과 마찬가지로 복권을 사지 말고 박물관 입장권을 사는 것이 더 낫다고 말할 수 없다. 그럼 돈을 낭비하는 상황은 어떻게 구분할까?

실제로 돈을 낭비할 수 있는 방법은 네 가지가 있다. 첫 번째 방법은 거래에서 사기 혹은 잘못된 정보 때문에 당신이 기대한 가치를 획득하지 못하는 것이다. 즉, 거래가 기대치에 못 미칠 때 그 돈은 낭비된다. 수년 전 태양열 의복 드라이어를 49.95달러에 판매한다는 광고가 잡지에 실렸다. 이 드라이어를 구매한 사람은 긴 빨랫줄 하나를 받았다. 만약 당신이 패스트푸드 레스토랑에서 메뉴판 위에 걸려 있는 사진을 보고 햄버거를 주문했는데 실제 햄버거를 받았더니 사진과 다르다면 어떤 기분인지 알 것이다. 만약 시몽키Sea Monkeys(1950년대 브라인 슈림프를 이종교배해 만든 새우_옮긴이)들이 사기를 치도록 훈련할 방법이 있는데도 우리가 그 방법을 찾아내지 못했다면 훈련에 사용된 돈은 낭비다.

돈을 낭비할 수 있는 두 번째 방법은 거래의 성질을 잘못 이해하는 것이다. 계약의 일부인 '작은 글씨로 쓰인 항목'은 거래에서 당신이 얻을 수 있다고 생각한 가치를 줄일 수 있는데 그럼 그 거래에 사용된 돈은 낭비된 것이다. 계약법에는 의견 일치라는 개념이 존재한다. 계약 당사자들이 해당 계약의 성질을 동일하게 이해하고 있지 않으면 구속력 있는 계약을 맺을 수 없다고 규정하는 것이다. 만약 당신이 새 차를 살 때 초벌칠에 대해 딜러에게 돈을 지불하기로 한 합의를 이해하지 못하면 그 돈 500달러는 낭비된 것이다. 만약 당신이 아이들이 학교에 있을 때만 공용 구내 시설을 사용할 수 있다는 사실을 이해하지 못했다면 돈을 낭비한 것이다.

세 번째 상황은 의도치 않게 불리한 계약을 맺을 때다. 당신은 알지도 못하고 알 수도 없는 서비스가 휴대폰 사용료에 더해져 청구됐을 때 그 돈은 낭비다.

마지막으로 당신이 정신적으로 거래할 수 있는 능력이 없다고 간주되면 돈이 낭비된다. 이런 상황은 생각보다 자주 일어나며 아이들이 특정 활동에 대한 계약을 하거나 계약에 참여할 수 없는 이유가 바로 이 때문이다. 만약 누군가 강제로 약을 먹은 상태로 아카풀코에서 팔에 문신을 한 베티 화이트Betty White 이미지를 얻게 된다면 그때 사용된 돈은 낭비다.

그런데 아무도 관련되지 않은 거래에서 돈을 낭비하는 일이 실제로 일어날 수 있다. 사실 대부분의 돈이 이런 식으로 낭비된다. 영국의 제임스 하웰스James Howells의 사례를 생각해 보자. 그는 한 IT 회사에 근무하다가 7,500개의 비트코인을 입수했다. 당시 비트코인은 거의 가치가 없었다. 비트코인이 저장된 노트북이 오래되자 하웰스는 이를 분해해 부품을 사용하고 이 비트코인이 앞으로 어떤 가치가 있으리라고는 꿈에도 생각하지 못한 채 비트코인이 저장된 하드드라이브를 서랍에 넣어뒀다. 이후 하드드라이브는 우연히 매립장으로 보내졌는데 이 비트코인의 가치가 무려 1억 달러를 상회했다. 어떤 식으로 보든 이건 돈을 낭비한 것이다. 하웰스는 시 의회에 매립장 수색을 허용해 달라고 설득하고 있으나—당신이라면 안 그러겠는가?—의회는 이를 허용하지 않을 것이다. 그러나 불에 탄 100달러 지폐와 달리 이 비트코인을 찾을 수 있을 것인가에 대한 불확실성이 통용 중인 동일한 양의 다른 비트코인의 가치를 증가시키지는 않는다.

분명하게도 사실 여기에는 거래가 있었다. 하웰스가 "나는 오래된 하드드라이브를 버리고 깨끗한 서랍을 갖겠어"라고 결정한 순간이다. 그러나 그는 자신이 우리가 앞서 언급한 첫 번째 돈 낭비 상황, 즉 잘못된 정보로 해당 거래에서 기대한 가치를 획득하지 못할 상황에 처해 있음을 발견했다. 이 경우 그는 당시 그 하드드라이브가 이미 1억 달러의 가치가 있다는 정보를 알지 못했다. 또 그는 두 번째 돈 낭비 상황에 놓여 있다는 사실을 깨달았다. 즉, 거래 자체의 성질을 잘못 이해한 것이다. 그는 쓸모없는 하드드라이브를 버리고 서랍을 깨끗하게 정리할 수 있다고 생각했지만 하드드라이브는 쓸모없지 않았던 것이다.

이와 비슷하게 1977년 더블린에 있는 한 천문대 일부가 화재로 불탔을 때 연소된 자재와 함께 아폴로 11호가 채취해 아일랜드에 선물한 월석도 한 매립장에 버려졌다. 이 월석은 수백만 달러의 가치가 있는 것으로 동일한 이유로 낭비라고 부를 수밖에 없다.

그러나 우리는 이 '실수' 범주를 지나치게 광범위하게 만들어서는 안 된다. 우리가 이야기하고 있는 것은 거래에 대한 근본적 오해로 돈 혹은 합당하게 돈으로 환산할 수 있는 어떤 물품을 잃어버리거나 파괴한 경우다. 이런 상황은 당신이 기대한 대로 일이 진행되지 않은 것과는 다르다. 만약 당신이 자동차보험에 가입했으나 자동차 사고를 한 번도 당하지 않은 경우 보험료는 낭비된 것이 아니다. 실제로 당신이 자동차 사고를 당할 수 있었고 만약 사고를 당했다면 보험료를 받을 수 있으리라는 것을 알았으므로 해당 보험의 가치를 충분히 누린 것이다.

미국에서 세 번째 사망 원인으로 꼽히는 의료사고 같은 경우는 어떨까? 거래에 대한 당신의 예상은 '의사가 당신을 죽일 것이다'는 아니었다. 만약 당신이 죽는다면 당신의 뜻하지 않은 죽음은 낭비라고 생각될 수 있다. 하지만 치료에 지급한 돈은 낭비된 것이 아니다. 왜냐하면 치료에 위험 요인이 있다는 사실을 알고 치료받기 시작했기 때문이다. 이 경우는 자동차보험 사례와 다르지 않다(하지만 의사가 수술이 100퍼센트 성공할 것이라고 장담했는데 수술 중 당신을 죽게 했다면 그것은 낭비다. 그리고 이 경우는 우리가 분류한 낭비 범주 중 하나 이상과 관련돼 있다). 마찬가지로 당신이 룰렛에서 블랙에 돈을 걸었는데 공이 레드에 떨어진다고 해도 당신의 내기가 낭비된 것은 아니다.

얼음이 언 인도에서 미끄러지거나 자동차 사고를 당하는 경우는 어떨까? 그 사고로 유발된 문제들을 복구하는 데 쓴 돈은 낭비가 아니다. 왜냐하면 얼음이 언 인도를 걷고 운전을 할 때 그런 위험이 존재한다는 것을 알고 있기 때문이다.

이 모든 것을 종합해 봤을 때 정신적으로 건강한 사람이 거래의 성질을 이해하고 정확한 정보를 바탕으로 그 거래를 자발적으로 수행했다면 그 돈이 낭비됐다고 말하기 어렵다는 결론에 도달한다.

02

시간 낭비

Wasting Time

우리는 시간에 집착한다. 옥스퍼드 영어사전에 따르면 단어 '시간time'은 영어에서 가장 흔하게 사용되는 명사고 세 번째로 흔하게 사용되는 명사는 '해, 연도year'며 '날day'과 '주week'도 상위 20위 안에 이름을 올리고 있다.

시간에 대한 우리의 관심은 우리가 시간을 얼마나 중시하는 지, 더 나아가 시간을 낭비하지 않으려고 얼마나 노력을 하는지 보여준다. 그리고 우리는 꽤 오랫동안 이 문제를 걱정했다. 400년 전 셰익스피어의 《리처드 2세Richard II》에서 리처드 2세 왕은 "나는 때를 놓쳤고 그래서 이제 시간이 나를 낭비하고 있는 거지"라는 대사를 읊조렸다.

그러나 셰익스피어보다 먼저 시간 낭비를 이야기한 인물이 있었다. 2,000년 전 세네카Seneca는 이렇게 썼다. "우리가 살 시간이 짧은 것이 아니라 많은 시간을 낭비하는 것이다. 인생은 충분히 길고 올바르게 쓰면 최고의 업적을 성취할 수 있을 만큼 충분히 많은 시간이 주어진다. 그러나 부주의하게 아무렇게나 낭비하고 바람직한 활동에 시간을 쓰지 않으면 우리는 결국 죽음이라는 최후의 제약 앞에서 시간이 흘러가고 있음을 깨닫기도 전에 이미 시간이 흘러갔음을 깨닫게 된다." 사람들이 그를 괜히 버즈킬Buzzkill(분위기 깨는 사람_옮긴이) 세네카라고 부른 게 아니다.

삶에서 가장 평등한 사실 중 하나는 지구상 누구나 하루 24시간을 부여받는다는 것이다. 우리 모두는 그 시간을 각기 다르게 사용하지만 공통적으로는 어떻게 사용하는지 살펴보고 그중에서 얼마나 많은 시간을 헛되이 쓰는지 분류해 보기로 하자.

시작점으로 논리적인 것은 바로 잠이다. 잠은 다른 어떤 활동보다 많은 시간을 필요로 한다. 평균적으로 사람은 하루 9시간가량 잠을 자거나 자려고 노력한다. 80년 인생 동안 매일 24시간 중 9시간을 자는 것은 총 30년간 잠을 잔다는 뜻이다. 잠은 시간을 낭비하는 것일까? 피할 수 있고 유쾌하게 여겨지지 않는 범위에서만 그렇다. 만약 잠이 생존에 꼭 필요하거나 그 사람이 잠자는 것이 즐겁다고 생각한다면 낭비가 아니다.

잠이 주는 즐거움의 가치에는 차이가 있고 과학자들은 여전히 인간의 삶에서 잠이 왜 필요한지 생리학적으로 이해하지는 못하지만 잠은 분명 필요하다. 인간은 잠을 자지 못하는 것보다 음식을 먹지 못한 채로 더 오랜 시간을 버틸 수 있다. 수면 박탈, 예를 들어 24시간 동안 잠을 자지 않으면 마치 술이나 마약에 취한 것처럼 인지능력이 손상된다.

다수의 수면 과학자는 몸을 훈련해 잠을 덜 자게 만들 수 없다고 믿는다. 훈련으로 그렇게 하더라도 수면 부족이 누적돼 업무 수행 능력이 저하하는 것으로 나타난다. 수면 부족은 어느 시점에는 반드시 보충돼야만 한다. 어떤 이들은 한 번에 쭉 자는 것보다 더 효율적으로 잠을 잘 수 있는 방법이 있다고 주장한다. 우리의 최근 조상, 불과 200~300년 전 조상들은 수면과 각성을 짧게 교대하는 방식—바이모달 수면으로 알려져 있다—으로 수면에 쓰는 순시간을 줄일 수 있었다는 것이다.

만약 인간이 잠을 자지 않고 견딜 수 있다면 전 세계 군인이 그 방법을 알고 싶어 할 것이다. 예를 들어 〈뉴욕타임스〉의 한 기사는 브리슬사이트컬류bristle-thighed curlew가 알래스카에서 마셜제도까지 이동할 때 잠을 자지 않고 6,000마일이나 날아간다고 지적했다. 시간당 20마일의 평균속도를 가정할 때 13일 이상 잠을 자지 않은 것과 같다. 미 국방부 연구개발부서 다파DARPA는 군인들도 이처럼 지속적으로 잠을 자지 않아도 괜찮은지 알아보기 위해 새를 연구 중이다. 연구 초점은 비행 능력이 아니라 잠을 자지 않고 깨어 있는 능력에 맞춰져 있다. 군인을 각성시킬 방법을 찾아내는 것은 어제오늘 일이 아니다. 제3제국 (1933~1945년 사이 히틀러 치하의 독일_옮긴이)의 기습에 의한 프랑스 침공은 암페타민의 힘을 빌렸기에 가능했다. 암페타민은 독일 군인이 수일간 잠을 자지 않을 수 있게 해줬고 한 번에 행진할 수 있는 거리도 늘려줬다. 그러나 흥분제로 군인의 활력을 높이는 것은 20세기 초보다 훨씬 이전으로 거슬러 올라간다. 제1차 세계대전 기간에는 군인에게 코카인이 널리 사용됐다. 고대 그리스에서는 군인에게 다른 약물들을 투여했다.

잠을 잘 필요가 전혀 없는 인간에 대한 감질나는 설명이 있다. 1947년 64세에 영면에 든 알 허핀Al Herpin은 죽기 전 수십 년간 잠을 일절 자지 않았다고 전해진다. 아니면 제1차세계대전에서 머리에 총을 맞고 이후 40년 동안 최면술, 수면제, 술을 사용해도 결코 잠을 잘 수 없었던 헝가리 병사 폴 컨Paul Kern을 생각해 보자. 이와 비슷한 유형의 다른 이야기도 그 시대에 보고돼 널리 믿어진 것으로 보이지만 오늘날의 과학자들은 이 이야기들의 진의를 진지하게 의심한다.

현대 인간이 잠을 자지 않고 버틸 수 있는 최장 시간이 얼마인지 확인하는 실험이 1964년 스탠퍼드대학교에서 이뤄졌다. 실험은 10대 랜디 가드너Randy Gardner가 11일 연속 잠을 자지 않는 가운데 엄격한 과학적 조건하에서 수행됐다. 이 시간 동안 그는 자신도 알아차리지 못했을지 모르는 마이크로 수면 조짐을 찾는 면밀한 관찰 대상이 됐다. 인지능력 저하에 대한 명확한 증거가 있음에도 불구하고 그는 정상적인 기능을 유지했다. 그 후 그는 14시간 동안 잠을 잤고 다음 날 저녁에는 10시간 동안 잠을 잔 다음 다시 정상 수면 패턴으로 돌아갔지만 이전과의 차이는 전혀 없었다. 그런데 꼭 그렇다고 말할 수 없을지도 모른다. 그는 갈수록 심각한 불면증에 시달렸고 이를 10대 시절의 위험한 행동에 대한 업보라고 묘사한다.

특정 질병은 수면을 방해할 수 있다. 어떤 경우 목숨을 위협할 정도다. 한 공포 소설은 치명적인 불면증에 걸린 사람들의 뇌가 프리온prion에 침략받았다고 본다. 프리온은 질병을 전염시킬 수 있는 것으로 알려진 잘못 합성된 단백질이다. 질병에 걸린 처음 4개월 동안 이 불운한 환자들은 공황 발작과 피해망상으로 이어지는 불면증에 시달린다. 그리고 다음 5개월 동안은 환각에 시달린다. 결국 전혀 잠을 자지 못하면서 급격한 체중 감소, 치매 그리고 종국에는 죽음에 이른다. 이 모든 과정에 대개 약 18개월 정도가 걸린다.

비록 치명적 불면증만큼 심각하진 않지만 누적된 수면 부족은 우리 모두에게 부정적 영향을 미친다. 수면 부족으로 인한 피로는 엑슨 발데즈호 오일 유출 사건부터 체르노빌 원전 사고에 이르기까지 재난급 사고의 원인으로 여겨지고 있다.

그렇다면 하루 중 남아 있는 나머지 15시간을 어떻게 사용해야 할까? 우리 각자에게는 평생 약 70만 시간이 주어진다. 이 중 평균 7만 시간을 직장에서 일하는 데 쓴다. 이 수치가 많은 것처럼 들릴 수 있다(직업이 무엇이냐에 따라 훨씬 더 많게 들릴 수 있다). 그러나 셈을 해보면 이 수치는 결국 평생 하루 평균 3시간 정도 일한다는 것임을 알게 될 것이다. 물론 어린 시절과 은퇴 이후 시간, 주말, 휴가 그리고 일부 경우 상사가 당신을 철저히 감시하지 않을 때 등을 제외해야 한다는 점을 기억해야 한다.

평균적으로 사람은 하루 8시간, 1년에 225일씩 50년간 직장에 다닌다. 서양의 전통적 정의에 따르면 이 시간은 대체로 낭비의 반대에 가까운 것처럼 보인다. 만약 누군가 당신에게 무엇을 해주는 대가를 지불한다면 그게 얼마나 세속적이거나 지루하게 들릴지와는 상관없이 그들에게도 반드시 어떤 가치가 있어야만 한다. 이는 당신이 할 일을 창출한다. 그래서 자신의 돈으로 당신에게 응당 치러야 할 돈을 지급하는 직업을 낭비로 분류할 순 없다.

잠을 자지 않거나 일을 하지 않을 때 우리는 뭘 할까? 미국에서 두 번째로 가장 많은 시간을 사용하는 부분은 텔레비전 시청이다. 닐슨에 따르면 2018년까지도 우리는 TV 시청에 하루 4시간을 소비했다. 이는 실시간 텔레비전 방송으로 필그림(메이플라워호를 타고 영국에서 미국으로 건너온 사람들_옮긴이)과 같은 방식이었다. 우리가 말하고 있는 것은 DVR 혹은 유튜브가 아니라 정말 TV다. 방송 시간의 거의 25퍼센트가 광고임을 감안할 때 하루 1시간 정도 당신의 입 냄새가 심해요, 머리숱이 점점 사라지는군요, 당신의 자동차는 그리 좋은 상태가 아니에요 같은 말을 듣는 것이다. 일생 동안 듣는 것으로 숫자를 곱해보면 광고를 시청하는 데만 일생 중 2년 이상의 시간을 쓴다. 여기에 당신이 마주칠 다른 광고, 예를 들어 모든 라디오, 전광판 혹은 인터넷 광고 등은 하나도 포함하지 않았다. 그 2년의 시간이 낭비일까? 아마도 아닐 것이다. 만약 당신이 시청 중인 프로그램을 중시한다면 그 프로그램을 시청하는 데 대한 대가를 지불해야 한다. 그 대가란 그런 광고들을 보는 것이다.

TV가 당신이 소비하는 방송 매체에서 큰 비중을 차지하는 것도 아니다. 닐슨의 동일한 연구에 따르면 독서, 청취, 시청을 포함해 매체를 소비하는 데 하루 11시간을 쓴다. 여기에는 앞서 언급한 직장 근무 시간과 중첩되는 부분이 있다. 아마도 당신은 근무 시간에 비디오를 시청할 수 있고 그 결과 이중으로 시간이 계산됐을 수 있다.

이 11시간 중 스마트폰 사용에 3시간을 쓴다. 이 특정 부분은 새로운 현상으로 미디어 소비 증가를 설명한다. 우리 행동은 지난 10년간 급격한 변화를 겪었다. 우리 중 다수는 엘리베이터에 올라타면 그 즉시 이메일을 확인하기 위해 재빨리 스마트폰

02. 시간 낭비

에 손을 갖다 댄다. 7층에 도달하기까지 걸리는 그 영겁의 시간 동안 스마트폰을 보는 것 외에 다른 어떤 일을 할 수 있겠는가? 그러나 다시 한 번 우리는 여기 쓰는 시간을 낭비로 분류할 수 없다.

그럼 차에서 보내는 시간은 어떨까? 평균적으로 미국 운전자는 하루 약 1시간, 30마일을 운전하는 데 쓴다. 평생 동안 우리가 빨간색 신호등이 초록색 신호등으로 변할 때까지 기다리면서 쓰는 시간은 수개월로 측정된다. 이 모든 시간이 낭비일까? 개념적으로는 낭비일 수 있다. 결국 당신은 이상적으로 스타트 렉을 닮은 수송 차량을 이용해 눈 깜짝할 사이에 원하는 곳에 가 있길 바랄 것이다. 그러지 않나? 그러나 그런 차량은 존재하지 않으며 우리는 우리가 가는 곳이 어디든 그곳에 도달하기 위해 필요한 시간을 기꺼이 쓴다. 그러므로 사실상 우리는 더 나은 대안이 등장하기 전까지 이 이동 시간을 낭비로 간주할 수 없다.

교통 체증으로 인해 도로에 묶여 있는 시간은 어떨까? 텍사스 A&M 교통연구소Texas A&M Transportation Institute가 2014년 진행한 연구에 따르면 교통 체증으로 도시 거주 미국인은 69억 시간을 더 이동하고 31억 갤런의 연료를 구매하는데 이로 인한 비용은 1,600억 달러에 이른다. 같은 보고서에 따르면 고속도로를 이용하는 운전자는 중요한 약속에 제시간에 도착하기 위해서 정체를 고려해 고속도로를 이용하지 않을 때보다 평균적으로 30분 정도 일찍 집에서 출발한다. 이 시간이 낭비일까? 엄격한 의미에서 낭비일 수 있다. 그러나 당신이 선택한 낭비다. 우리는 더 많은 도로를 건설할 수 있고 대중교통 이용을 의무화할 수 있으며 도시 크기를 제한하고 차량 공유 시스템을 요구할 수 있다. 그러나 우리는 집단적으로 그렇게 하지 않는 쪽을 선택한다. 분명한 것은 우리는 이런 일들을 하기보다는 차라리 정체된 도로에서 기다리기를 선택하리란 것이다.

그리고 다른 모든 것이 있다. 평균적인 사람은 하루에 식사하는 데 1시간을 쓰고 집안일을 하는 데 또 1시간을 쓴다. 평생에 걸친 이 시간을 각각 계산해 보면 삶에서 2년 정도가 된다. 그리고 화장실에 앉아 있는 시간 1년을 또 더해야 한다.

우리는 여기서 어림잡은 수치를 제시하며 이야기하고 있다. 그러나 당신이 이 모든 활동, 즉 수면부터 직장 생활, 매체 사용 그리고 휴식에 이르기까지 모든 활동의 수치를 더해보면 하루 24시간이 넘는다. 어떻게 된 걸까? 우리가 한 번에 여러 가지 활동을 하기 때문이다. 화장실에 있는 동안 리얼리티 TV 쇼를 시청하거나 다림질을 하면서 음악을 들을 수 있다. 만약 당신이 강한 성취욕의 소유자라 근무 시간에 컴퓨터로 영상 1편을 재생해 놓고 낮잠을 잘 수 있다면 한 번에 세 가지 활동을 하는 것이다.

이제까지 우리는 낭비된 시간을 없앨 어떤 방법도 찾아내지 못했다. 그렇다. 당신은 이론적으로는 교통 체증을 피해 헬리콥터를 타고 어떤 장소로 이동할 수 있다. 그러나 대다수 사람에게 이 해결책은 비현실적이다. 만약 당신이 자신에게 중요한 것을 기반으로 시간을 어떻게 사용할지 자발적으로 선택한다면 다른 사람이 그것을 낭비라고 결론 내리기는 쉽지 않다.

더불어 어떤 사람이 자신의 자유 시간을 전부 비디오게임을 하고 맥주를 마시는 데 쓴다고 하더라도 그가 시간을 낭비하고 있는 것은 아니다. 아마도 그들은 자신의 시간을 자신이 원하는 데 정확하게 쓰고 있는 것일지 모른다. 나아가 밖으로 나가 더 나은 직업을 얻는 것도 한 사람의 관점에서는 사실상 낭비일 수 있다. 실제로는 하고 싶지 않은 일을 하는 데 시간을 쓸 것이므로 오히려 집에서 빈둥거리는 편이 더 나을 수 있다.

어부와 은행원에 관한 오래된 농담이 있다. 작은 해안 마을에서 휴가를 보내던 은행원이 한 어부와 대화를 하다가 그 어부에게 아무런 계획이 없다는 것을 비난했다. 이 어부는 하루 몇 시간만 일해도 충분히 가족을 부양할 수 있었다. 은행원은 대출을 받고 20년 혹은 30년 동안 더 오랜 시간 일하면 은퇴할 수 있지 않냐고 말했다. 그러자 어부는 "은퇴요? 은퇴하면 뭘 할 건데요?"라고 물었다. 그러자 은행원은 이렇게 답했다. "음, 난 작은 해안 마을로 이사 가서 하루 몇 시간 물고기나 잡을 계획이야."

"당신이 즐거이 헛되게 쓴 시간은 낭비된 시간이 아니다"라는 속담이 있다. 하지만 포드는 이 말에 동의하지 않았을 것이다. 그는 이렇게 말했다. "내가 지켜본 결과 누군가 시간을 낭비할 때 대부분의 사람이 승진을 했다." 미켈란젤로도 포드와 의견이 같을 것이다. 미켈란젤로가 죽은 후 늙은 그가 자신의 수련생을 위해 직접 손으로 쓴 메모 하나가 발견됐다. 거기에는 이렇게 쓰여 있었다. "안토니오 그리고 또 그리거라. 절대 시간을 허비해서는 안 된다는 점을 명심해."

만약 이 말들 중 어떤 것이 당신을 불편하게 한다면 시간을 낭비하는 게으름뱅이로만 가득한 동물의 왕국을 생각해 보자. 한 추정치에 따르면 특정 개미 집단에서는 개미의 3퍼센트가 일중독이고 절대 가만히 있지 않는 데 반해 약 3분의 1은 절대 아무것도 하지 않는 것처럼 보인다. 이 비율은 인간 집단과 비교해도 그다지 다르지 않을지 모른다. 개미는 쓸모없는 것처럼 보이는 행동을 한다. 그들은 복잡한 방식으로 죽은 동료를 쌓거나 특정한 장소에 묻고 나중에 다시 사체를 정리하거나 땅을 파내 다른 곳으로 이동시킨다.

아무것도 하지 않는 게으름뱅이가 시간을 낭비하지 않는다 하더라도 시간이 정말 낭비될 수 있을까? 헛되이 쓰는 시간을 0으로 만들 수 있을까? 당연히 가능하다. 자, 몇 가지 구체적 방안을 생각해 보기로 하자.

잃어버린 물건을 찾는 데 쓰는 시간이 있다. 별것 아닌 것처럼 들릴지 모르지만 얼마나 자주 집 열쇠, 스마트폰, 리모컨, 우산을 찾는지 생각해 보자. 이런 물건만 찾는 것은 아니다. 잃어버린 컴퓨터 파일 혹은 지난달 방문했지만 지금 다시 필요해진 웹사이트도 있다. 온라인으로 본 영상을 찾는 경우도 있다. 파란색 셔츠를 입은 남자가 등장하는 거 있지 않나? 당신은 그것을 어떻게 찾는가? 잃어버린 여권은? 출생 확인서는? 잊어버린 비밀번호는? 이 모든 것을 찾으려면 당신은 과거에 있던 곳으로 돌아가야만 한다. 벤 프랭클린Ben Franklin이 말한 대로 "잃어버린 시간은 절대 다시 찾을 수 없다".

잃어버린 물건을 찾는 데 얼마나 많은 시간을 낭비할까? 이 현상에 대해서는 많은 연구가 이뤄지지 않았다. 그러나 만약 당신이 매일 무언가를 잃어버려 그것을 찾는 데 5분을 쓴다면 일생 중 100일을 잃어버린 물건을 찾는 데 쓰는 것이다.

비슷한 맥락에서 파일 저장하기를 잊어버려 많은 작업을 다시 해야 한다는 것을 알았을 때 가슴 철렁하는 기분은 피할 수 있었을 것이다. 분명한 사실은 뭔가를 잃어버린다는 것은 시간을 낭비하는 것이란 점이다. 그리고 차량등록국에 줄을 서서 기다리는 것도 시간을 낭비하는 것 같은 기분이 든다.

피할 수 있었던 걸로 따지면 몸이 아픈 것도 시간 낭비로 간주할 수 있다. 결국 기술 발전으로 모든 질병을 예방하거나 치료할 수 있을 것이 분명하다. 그러나 한편 당신이 앓게 될 감기나 다른 질병은 낭비처럼 느껴질 수 있다.

생명을 더 연장하는 방법은 어떨까? 후보 중 하나는 조깅 같은 신체 활동을 시작해 보는 것이다. 일부 오래된 연구는 정기적으로 조깅을 하면 수명을 3년 연장할 수 있다고 말한다. 그러나 산수를 해보면 알겠지만 그 늘어난 3년을 조깅을 하면서 보내게 될 것이다. 그럴 가치가 있을까? 결정은 당신 몫이다.

좀 더 최근 뉴스에 따르면 당신은 정기적으로 조깅을 하는 수고로움에 대한 보상을 훨씬 더 많이 받을 수 있다. 일주일에 1시간씩 하는 조깅을 4일에 나눠서 하면 성인은 평생 약 6개월간 조깅을 하게 되고 이는 수명을 6년 정도 늘릴 수 있다. 자전거 타기로도 비슷한 결과를 얻을 수 있다. 반대로 스트레스로 가득한 삶을 살면 그와 비슷한 시간이 수명에서 빠져나간다. 그러므로 행복하게 사는 것이 가장 좋은 약일지 모른다.

하지만 시간 낭비를 없앨 수 있는 가장 쉬운 방법은 기술이다. 우리는 이제 더는 산꼭대기까지 올라가서 물을 길어오지 않아도 된다. 수도꼭지를 틀어 물을 받는다. 전기가 발명되기 전 집안일을 어떻게 했는지 상상해 봐라. 세탁기 없이 옷을 빨았고 난방은 나무를 태워서 했다. 노동을 절감해 주는 장치들이 사람들이 사무실에서 보내는 평균 시간을 줄여주지는 않았지만 가정에서 노동을 절감해 주는 장비들로 회수할 시간을 획득하게 됐고 우리는 그 시간을 여가 활동에 사용하고 있다. 이것이 우리가 하루 11시간씩 방송 매체에 시간을 소비할 수 있는 이유다.

이제 누군가 트랜스포터(스타트렉에 나오는 순간이동 장치_옮긴이)만 발명할 수 있다면….

03

잠재력 낭비

Wasted Human Potential

인류가 시작된 이래 우리는 깨어 있는 대부분의 시간을 생존하는 데 사용하고 있다. 수렵 채집 사회에서든 농경 사회에서든 인간은 먹을 것을 찾는 데 대부분의 시간을 사용해 왔다. 또 대피처나 옷 같은 다른 생필품을 마련하는 데 시간과 에너지를 투자해 왔다. 그리고 얼마 안 되는 남은 시간은 자기방어 같은 생존 관련 활동에 썼다. 부싯돌 화살촉을 만들다가 청동 칼을 만들고 급기야 탄도미사일을 만들게 됐지만 우리의 적은 여전히 똑같다.

간단히 말해 생존은 24시간 신경 써야 하는 일이다. 부족은 세상을 지배하는 원리다. 좋은 것—식량, 약, 돈, 교육 그리고 여가—은 모두가 누릴 수 있을 만큼 충분히 많지 않다. 이 단순한 사실이 자본주의, 사회주의 그리고 이 둘 사이에 존재하는 모든 경제이론의 핵심이자 근본 원리다.

식품 및 의류 쓰레기를 다룬 장에서 고찰했듯이 인간은 시간이 지남에 따라 좀 더 획기적으로 효율적일 수 있는 방법을 알게 됐으며 기본욕구를 충족하기 위해 주어져야 하는 것보다 더 많은 물품을 생산할 수 있는 기술을 개발했다. 인간은 능력을 확장하고 생산성을 향상함으로써 이런 일들을 해낼 수 있었다. 우리는 생존을 위해 사실상 모든 사람의 집단적 노력이 필요하지 않은 세상을 만들었다.

이렇게 남아도는 물자로 우리는 뭘 했을까? 많은 일을 했다. 예술을 발명했고 이를 통해 어떤 사람은 생존에 도움을 주는 활동이 아닌 그들의 동료 인간에게 영감을 주고 그들을 기쁘게 하며 무섭게 하거나 다른 감정을 불러일으킬 수 있는 일에 집중했다. 우리는 여가라는 개념을 수립하고 생존에 꼭 필요하진 않지만 개인의 즐거움이나 교양을 도야할 수 있는 활동에 시간을 할애했다. 그리고 부를 창출했는데 이는 미래 욕구나 커다란 기쁨을 위해 자원을 저장할 수 있음을 뜻했다. 인간은 풍족함을 다루는 방법 면에서 독특하지 않다. 자연이 잉여 꿀을 생산하는 꽃을 주면 벌은 그만큼 더 열심히 일해서 꿀을 생산하는데, 그 양은 스스로 사용하고도 충분히 남는다. 물론 벌이 할 줄 아는 일은 그게 전부고 따라서 이런 일중독에 가까운 생활 방식을 이해할 만하다. 그러나 인간의 경우는 덜 그렇다. 특히 10억을 번 사람이 또 다른 10억을 더 벌겠다고 예전과 똑같이 부지런히 일하지는 않는다.

우리는 시간과 부 그리고 여가 시간을 갖고 선택과 자결권이 획기적으로 늘어난 세상을 건설하기 시작했다. 이전 시대에 당신이 농부로 태어났다면—사실상 모두가 그랬던 것처럼—당신은 자라서 농부가 됐을 것이다. 이웃이 무엇을 키우든 당신도 그 작물을 키울 것이고 재배하는 방법도 똑같을 것이다.

어디에서 태어났든 당신은 걸어서 갈 수 있는 거리에서 살다가 세상을 떠날 것이 틀림없다. 당신이 믿는 종교, 먹는 음식, 입는 옷, 모두가 당신 부모가 정해준 것들이다. 배우자도 아마 부모가 대신 선택할 것이며 배우자에게 신체적 장애가 있지 않다면 분명 자식을 낳게 될 것이다. 당신 친구들도 사실상 같은 나이, 같은 성별, 같은 인종, 같은 사회적 계급 혹은 지리적 가까움을 공유하는 사람들로 이뤄진 작은 집단 안에서 결정이 될 것이다.

생각해 보자. 그런 세상에서 당신은 어떤 실질적인 선택을 할 수 있을까? 감옥 같은 경계선을 제외하고 당신은 아침에 몇 시에 일어날지, 누가 당신을 통치할지, 심지어 인생에서 일탈의 순간을 어떻게 보낼지도 스스로 결정할 수 없다.

인간이 존재했던 그 영겁의 시간 동안 다빈치 같은 천재들이 그들의 짧은 인생을 기회도 없고 선택도 할 수 없는 세상에서 보냈다는 사실을 생각하는 것 자체가 흥미롭기도 하고 동시에 가슴이 미어질 듯 슬프기도 하다. 미켈란젤로 같은 천재 화가들이 고작 흙먼지 속에서 그린 그림을 가족에게 보여주고 빠르게 미소를 얻어내는 일에 그들의 천부적인 재능을 썼다. 하루하루, 매달 그리고 매년 얼마나 많은 이가 생존을 위해 끊임없는 고통만을 안겨주는 세상에서 살다가 죽어갔는가?

흥미롭게도 이 책에서 제시한 낭비의 정의에 의하면 우리는 그런 목숨이 낭비됐다고 말할 수 없다. 본질적으로 낭비란 불필요한 것이며 과거에는 모든 이들이 대부분의 시간을 생존에 써야만 했다. 생존에 몰두한 나머지 자기결정권 같은 것은 생각해볼 여유조차 없었다. 그렇지만 너무 많은 세대가 너무 치열하고 엄격하게 살아야 했기 때문에 자신의 잠재력을 발휘할 기회를 얻지 못했다는 것은 여전히 불행한 일이다. 마리 퀴리Marie Curie가 될 수 있었던 이들은 성별 때문에 재능을 억압당했으며 조지 워싱턴 카버George Washington Carver가 될 수 있었던 이들은 피부색 때문에 능력을 충분히 발휘하지 못했다. 그리고 태생의 임의적 요소 때문에 자신들의 삶과 운명에 사실상 어떤 권한도 없었던 셀 수도 없이 무수히 많은 다른 이들은 상상도 할 수 없을 정도로 재능을 낭비해야 했다.

그 이후 상황이 달라졌다. 우리는 이론적으로는 더 많은 이가 적어도 부분적으로 자신의 관심사와 능력을 개발할 수 있어야 하는 세상에 살고 있다. 이 마지막 문장에서 '이론적으로'라고 말한 부분이 중요하다. 사실상 이런 유의 자기결정권이 주어진 사람은 여전히 극소수에 지나지 않는다.

이유가 뭘까? 잠재력의 극대화를 제한하는 게 뭘까? 첫째로 그리고 가장 중요한 것이 바로 빈곤이다. 전 세계 인구의 절반이 하루 4달러 미만으로 살아가고 있다. 그리고 25퍼센트는 그 절반으로 근근이 살아간다. 세계는 여전히 너무나 가난해서 만약 당신이 1년에 4만 달러를 번다면 세계 임금소득자 상위 1퍼센트에 들어간다. 그리고 세계는 과거보다 훨씬 더 많은 소득 이동성을 갖고 있는 반면 여전히 막대한 부가 경제적으로 대를 이어 세습돼 내려온다. 《가디언》에 따르면 인구 5,500만 영국에서 16만 명—전체 인구의 0.5퍼센트에 훨씬 못 미치는 수—이 영토의 3분의 2를 소유하고 있다. 그리고 이들은 대체로 1,000년 전 노르만 정복 이후 하사받은 토지 소유주의 후손이다.

전 세계 인구의 절반이 하루 4달러를 벌기 때문에 이들의 삶은 여전히 여가활동을 할 시간적 여유가 거의 없었던 조상들의 삶과 대동소이하다. 만약 당신이 그런 곳에서 사는, 대서양 횡단비행을 한 미국 최초 여성 비행사 어밀리아 이어하트Amelia Earhart 같은 사람이라면 비행 수업을 받을 수조차 없다. 만약 당신이 파블로 피카소Pablo Picasso 같은 사람이라면 그림에 투자할 돈이 없다.

사람을 방해하는 다른 온갖 종류의 요인이 빈곤에서 생긴다. 전 세계적으로 가난한 사람은 백신 같은 예방적 보건 서비스를 받지 못한다. 10억 명이 깨끗한 물을 마실 수 없으며 30억 명은 기본 공중위생이 부족하다. 영양실조도 빈곤에서 비롯된다. 영양실조의 결과는 전 세계로 퍼져나간다. 몇 센트밖에 하지 않는 비타민 A 부족으로 매년 50만 명의 어린이가 시력을 잃고 1억 명의 어린이가 기아로 성장 장애를 겪는다. 이처럼 영양실조는 이미 오래전 수명이 끝났어야 하는, 지구의 어두운 그림자다. 연간 약 1,000억 달러만 있으면 세계에서 굶주림을 몰아낼 수 있다. 이 비용은 우리가 전체적으로 반려동물 먹이에 소비하는 돈보다 적다.

돈 부족은 일반적으로 교육 부족을 뜻하기도 한다. 고등교육 만을 이야기하는 것이 아니라 빈곤을 겪는 곳에서는 가장 기본 적인 교육조차 중단됐다. 전 세계 성인 7명 중 약 1명이 15세 이상의 나이에 글을 읽고 쓸 줄 모르는 문맹이다. 돈 부족은 의료 서비스 부족을 의미하며 치료 가능한 질병과 건강 상태로 잠재력을 발휘하지 못하는 사람도 있다.

다음으로 인간의 잠재력을 제한하는 제도적 요소도 있다. 성 차별, 인종차별, 계급차별, 국수주의에 이르기까지 태어난 곳의 환경으로 인해 전 세계 많은 이가 잠재력을 발휘할 수 있는 길

자체를 차단당하고 있다. 걸을 수 있는 부상자도 있다. 그들은 평생 장애를 안고 살아야 하는 끔찍한 삶의 경험을 했다. 그들 모두에게 아마 평생 동안 우리의 도움이 필요하다. 학대받는 사람도 있고 약물 남용에 굴복한 이도 있으며 심각한 정신적, 육체적 부상을 입은 이도 있다. 독성 화학물질 등에 노출돼 성장이 멈춘 이도 있다. 전쟁에 징집돼 목숨을 잃는 것은 말할 것도 없고 어린 시절을 도둑맞는 이도 있다. 부당하게 감금당한 이도 있다. 의견을 말하거나 특정 정치단체를 지지한다는 이유로 구금되거나 목숨을 잃는 사람도 있다. 그리고 쉽게 예방 가능한 사고, 범죄행위 혹은 1,000가지 다른 원인으로 뜻하지 않게 죽음을 맞거나 생명의 위협을 받는 이들도 있다.

자신의 잠재력을 최대한 발휘할 수 있는 기회를 누구나 누릴 수 있는 그런 세상을 상상해 보자. 거대한 제도 내에서 오늘날 극소수 엘리트만이 자신들의 삶에 대한 권한을 가진다. "마음먹은 것은 뭐든 할 수 있다"는 말은 사실상 아주 극소수에게만 해당된다. 만약 당신이 운 좋은 극소수에 포함된다면 대학에 갈 수 있는 교육적 경로를 선택해 직업을 선택할 수 있다. 만약 어떤 직업을 당신이 좋아하지 않는다면 오랜 시간을 직업 없이 지내면서 다른 직업을 찾을 수도 있다. 만약 10여 년간 한 직장에 다니다가 연구과학자 혹은 양초 제조업자가 되고 싶다고 결정하면 이제까지 살아오던 삶을 버리고 새로운 삶을 시작할 수 있다. 그렇게 하는 것이 말처럼 쉽지는 않지만, 부채 혹은 시간 투자가 필요할지 모르지만 우리 능력 안의 일이다. 당신은 박해의 두려움 없이 자유롭게 자신의 생각을 말할 수 있고 흥미를 끄는 일을 추구할 수 있으며 당신을 즐겁게 하는 이들에게 에너지를 쓸 수 있다.

이제 누구나 자신의 삶에 통제력을 가질 수 있는 세상을 상상해 보자. 100배나 많은 사람이 질병 하나를 연구할 때 우리가 치료할 수 있는 오만가지 질병을 생각해 보자. 예술이 우리 삶을 채우고 위대한 문학이 탄생하는 모습을 상상해 보자. 현재 우리가 사는 세상과 우리가 상상할 수 있는 세상의 차이는 오늘날 낭비되는 인간 잠재력의 규모다. 그리고 그런 낭비는 우리가 상상할 수 없을 정도로 어마어마하게 많다.

현재 세상과 상상 속 세상의 차이는 어쩌면 꽤 실망스럽게 들릴 수 있다. 그러나 큰 희망을 가져도 될 만한 이유가 있다. 사람들에게 더 많은 자기결정권과 삶에 대한 주도권을 주고 있다는 점에서 사실상 모든 곳에서, 사실상 모든 척도에서 상황은 점차 나아지고 있다.

세계 모든 곳에서 하루가 다르게 문맹률이 떨어지고 있고 자치권이 증가하고 있으며 의료 서비스 접근성이 개선되고 있고 개인의 자유가 확대되고 있으며 법 앞에서의 평등이 증가하고 있고 생활수준이 높아지고 있다. 원래 일어나는 데 1,000년

이 걸리던 일이 지금은 더 빠르게 일어날 수 있다. 한국 식자율은 1945년 22퍼센트에서 1970년 88퍼센트로 향상됐고 현재는 99퍼센트에 이른다. 그러나 낭비의 원천이 빠르게 사라지고 있음에도 불구하고 그 과정은 여전히 놀라울 정도로 더디다. 온라인 숍에서 안 맞는 사이즈의 스니커즈를 주문한 데서 발생하는 낭비처럼 크게 두드러진다. 하지만 생명의 낭비에 비하면 나머지는 모두 무색해진다.

04

근본 문제는 인간?

Is Humanity the Fundamental Problem?

영화 〈킹스맨 1Kingsman 1〉에서 악당 발렌타인은 세계의 상당 부분을 없애버리려는 계획의 명분을 이렇게 설명한다. "바이러스가 몸에 침투하면 열이 날 거야. 지구도 마찬가지지. 지구온난화는 열이고 인류는 바이러스야. 우리는 지구를 아프게 하고 있어. 그러니 없애는 것만이 유일한 희망이라고."

같은 개념이 〈고질라Godzilla: King of the Monsters〉에도 등장한다. 엠마 러셀 박사는 자신의 남편과 딸에게 인류를 멸망시키기 위해 온갖 괴물을 깨운 이유를 설명한다. 그는 인류가 지구와 국가에 저지른 다양한 범죄들을 나열한다. "세상은 변하고 있고 우리가 두려워했던 대량 멸종은 이미 시작됐어. 그건 우리 인간이 초래한 거라고. 인간은 전염병이야. 모든 살아 있는 유기체처럼 지구도 감염병에 맞서 표출하고 있는 거야. 즉, 지구의 정통성 있는 본래 지배자는 타이탄이야."

마찬가지로 〈어벤져스: 인피니티워Avengers: Infinity War〉에서 타노스는 우주의 모든 생명체 중 절반을 없애고 싶은 이유를 설명한다. "우주는 유한해. 자원도 유한하고. 만약 우주의 생명체를 그대로 두면 생명체는 멸종할 거야. 그래서 교정이 필요한 거야."

〈매트릭스The Matrix〉에서 기계 인간 스미스 요원은 자신이 생각하는 인간의 문제를 설명한다. "인간은 또 다른 곳으로 이주하고 거기서 인구가 증가해. 모든 천연자원이 고갈될 때까지 개체가 증가한다고. 너희 인간이 생존할 수 있는 유일한 방법은 다른 곳으로 퍼져서 사는 것뿐이야. 이 지구에는 똑같은 패턴을 답습하는 또 다른 유기체가 있지. 바로 바이러스야. 그러니 인간은 질병이라고."

이 같은 비유는 대중문화 구석구석에서 발견된다. 인간에 대한 이런 부정적 견해를 가진 것은 당연히 악당이다. 하지만 표면적으로는 좋은 의도를 갖고 있기 때문에 그런 악당들도 호의적으로 묘사된다.

여기에 중요한 점이 있다. 매일 아침 일어나 "우리 인간은 바이러스야"라고 여러 번 반복하고 저녁에 잠자리에 들기 전에 또 여러 번 반복해 봐라. 그러면 당신은 그것이 사실인지 아닌

04. 근본 문제는 인간?

지와 상관없이 그 말을 믿기 시작한다. 인류에 대한 부정적 시각을 근간으로 하는 모든 이야기가 노리는 누적 효과가 바로 그 것이다.

인간은 사실상 지구상 모든 낭비를 유발한다. 그래서 당신이 지구를 진정으로 돕고 싶다면 사람이 들어가서 생존을 멈출 수 있는 고통 없는 가스실을 만드는 건 어떠냐고 주장하는 사람이 있을 수 있다. 효율성을 위해 혹은 자연을 위해 좋은 의도를 가진 낭비혐오자들은 줄을 서서 차례를 기다려 가스실에 들어가 기꺼이 자신의 본분을 다할까?

당신은 비웃을지 모르겠지만 '자발적 인간 멸종 운동'이라는 것이 있다. 이 운동의 지지자들은 인간이 없으면 세계는 더 나아질 것이라고 주장한다. 그런 관점을 홍보하는 한 웹사이트 글은 수백만 식물과 동물종의 멸종을 막을 대안은 호모사피엔스 인간의 자발적 멸종이라고 말한다. 또 모든 인간이 생존을 포기할 때 지구의 생물권은 이전의 영광을 되찾을 수 있다고 주장한다.

그들의 생각은 분명 극단적이다. 그러나 이보다 약한 버전이 우리 문화에 스며들어 있다. 아이를 낳지 않거나 자신의 능력보다 자녀를 덜 낳기로 결정하는 사람이 점점 늘어나고 있다. 특히 그들은 자신들이 낳은 자녀가 이 지구에 가할 추가 손상을 두려워해 그런 결정을 내린다. 논리는 간단하다. 세상의 모든 재활용과 평생 당신이 해온 쓰레기 분리수거의 영향은 최대한 많은 인간이 아무것도 하지 않는 것의 영향에 비할 바가 아니라는 것이다. 당신은 일생의 낭비를 예방할 뿐 아니라 미래 후손의 낭비까지 막을 수 있다. 일부는 인구 대체율에 못 미치는 자녀 둘만 가지면 미래 낭비를 막는다는 점에서 좋은 일을 하는 것이라고 주장한다. 그러나 모두가 자녀를 둘만 낳으면 세계 인구는 점진적으로 줄어 결국 0이 될 것이다. 결국 인류는 멸종할 것이다. 만약 세상의 모든 부부가 자녀를 1명만 낳으면 불과 600년 뒤에 멸종한다. 인류가 사라지면 지구는 더 나은 모습일까?

이산화탄소를 다룬 장에서 봤듯이 과학자 러브록은 가이아 이론을 제시한다. 이 가설은 지구상 모든 생명체가 단일한 유기체처럼 기능한다고 가정한다. 가이아, 즉 지구와 지구의 생물권은 인간이 수십억 개의 살아 있는 세포로 이뤄진 단일한 독립체인 것처럼 복합 부품으로 이뤄진 하나의 살아 있는 생명체다. 우리가 가이아를 인지할 수 없는 것처럼 그 세포도 우리를 인지할 수 없다. 그러나 우리는 분명 존재하고 아마 가이아도 그럴 것이다.

그럼 무엇이 사실일까? 우리는 가이아라는 유기체의 일부일까, 아니면 순전히 수적으로 우세하고 자원을 활용할 줄 아는 침략자 혹은 바이러스일까? 그것이 문제다, 안 그런가? 인간을 바이러스라고 보는 견해의 중심에는 생물학적 독립체의 도덕적 대등함이 포함돼 있다. 즉, 모든 생명체는 인간이든 비인간이든 거의 동등한 가치를 지닌다는 것이다. 인간은 인구과잉과 과잉 소비로 이제 막 시작된 대량 멸종을 초래하는 지경까지 이르렀으므로 적어도 현재 인구 수준에서 우리의 생존은 도덕적으로 잘못된 것이다.

어떤 이들은 이런 견해를 거부한다. 그들은 인간의 생명은 딱정벌레의 생명과 다른 방식으로 의미가 있기 때문에 인간은 재앙이 아니라 꽃을 피우는 존재라고 주장한다. 인류가 지구에 등장하기 전 지구는 천국이었을 것이다. 그러나 그것은 의미 없는 천국이었다. 딱정벌레는 일몰의 아름다움에 감탄할 줄 모르기 때문에 인간이 지구에 등장해 일몰이 아름답다고 생각하기 전까지 그것은 실제로 아름다웠던 것이 아니라는 게 그들 주장이다. 그러나 그 이상으로 이 세상에서 우리가 이룬 놀라운 업적 외에 그와 비슷한 것을 감히 꿈이라도 꿨던 다른 생명체는 없었다. 우리는 문명, 법치, 인권, 배심원제에 의한 재판, 민주주의, 보편적 참정권, 기타 온갖 것들을 발명했다. 셰익스피어는 《로미오와 줄리엣》을 썼고 루트비히 판 베토벤Ludwig van Beethoven은 〈9번 교향곡〉을 작곡했으며 미켈란젤로는 피에타를 조각했고 J. K. 롤링은 해리 포터의 세계를 창조했다. 이 중 절반이라도 해낸 딱정벌레가 있으면 말해보라.

이런 생각을 가진 사람들은 그들이 지구가 직면한 실질적, 심지어 잠재적 실존 문제가 존재하지 않는 양 외면하고 있다는 비판을 거부한다. 대신 그들은 인간의 독창성이 이 문제를 모두 해결해 낼 열쇠라고 믿는다. 우리는 문제일 수는 있지만 해결책이기도 하다.

그렇다면 우리는 정말 바이러스일까? 이 질문은 인간은 근본적으로 무엇인가에 대한 당신의 믿음으로 귀결된다. 우리 개개인은 각자 타고난 가치를 지닌 어쨌든 독특하고 특별한 존재 아닐까? 아니면 잠시 번성하다가 의미 없는 멸종을 맞이한, 우리 앞에 왔다 간 수백만 종들처럼 긴 생명의 사슬에 존재하는 또 하나의 종에 불과할까?

04. 근본 문제는 인간?

05

최악의 자원 낭비
The Worst Waster Ever

이제까지 낭비에 관한 한 최악의 자원 낭비라고 여겨지는 사건은 무엇일까? 답하기 어려운 질문이다. 근래 역사에서 사람들은 2001년 발생한 9·11사태를 꼽을지 모른다. 당시 커터 칼을 소지한 남성 19명이 2억 5,000만 달러짜리 항공기를 점령하고 이 칼로 전 세계에 2조 5,000억 달러의 경제적 손실을 입혔다. 뿐만 아니라 수십 년간의 전쟁 파급효과, 자유 상실, 재발 방지를 위해 수십억 명의 인력이 투자한 시간, 어마어마한 자원의 전용 등을 감안하면 9·11은 강력한 후보자가 될 만하다.

더 과거로 거슬러 올라가면 두 차례의 세계대전을 꼽는 이들이 있을 것이다. 두 번의 전쟁으로 수백만 명이 목숨을 잃었고 전 세계 모든 국가가 초토화됐다. 중국의 문화혁명, 폴 포트Pol

Pot의 공포정치, 구소련의 교정 노동수용소 관리국Gulag, 세계의 가진 자들이 못 가진 자들을 착취한 역사가 모두 후보에 이름을 올릴 만하다. 더 먼 옛날로 거슬러 올라가면 노예 재산제가 좀 더 강력한 후보라고 주장하는 이들이 있을지 모른다. 마찬가지로 앞 장에서 이미 논의한 관행도 모두 후보가 됨직하다.

이제 이 질문의 범위를 좀 더 좁혀보기로 하자. 한 사람이 초래한 최악의 낭비로는 어떤 사건을 꼽을 수 있을까?

제임스 스콧James Scott 사건부터 이야기하는 게 적절할 듯하다. 1993년 스콧과 그의 아내는 미시시피강 일리노이주에 거주 중이었고 스콧의 아내는 미주리주에 있는 회사를 다녔다. 어느 날 스콧은 파티를 열어야겠다고 생각했는데 아내가 그 파티에 참석하는 건 원치 않았다. 그래서 그는 (자신의 판단에 따라) 꽤 그럴듯한 계획을 실천에 옮기기로 했다. 아내가 이용하는 도로 옆에 제방을 만든 모래주머니 일부를 치우는 것이다. 그럼 도로에 물이 차서 발이 묶인 아내가 귀가할 수 없으리라 판단했다.

안타깝게도 그의 계획은 실패로 돌아갔고 결국 20제곱마일에 달하는 지역이 물에 잠겼다. 이 과정에서 가옥과 상점이 파괴됐다. 스콧의 어리석은 행동은 또 약 200마일 이내의 모든 교각을 쓸어버렸다. 그는 '재난 유발'(실제 범죄)죄가 인정돼 무기징역을 선고받았다. 거의 30년 전 일이지만 그는 여전히 복역 중이며 2023년까지 가석방을 받을 수 없다.

낭비와 관련해 현실의 삶이 허구의 삶보다 훨씬 이해하기 어려울 때가 많다. 스콧이 초래한 낭비의 규모는 막대하다. 첫째, 재산 피해를 생각해 보자. 둘째, 30년 동안 스콧을 감옥에 가두는 데 들어간 비용을 생각해 보자. 그리고 셋째, 스콧 자신도 감옥에서 낭비해 버리지 않았다면 할 수 있던 다른 일들이 있었을 것이다.

앞서 제시한 낭비 사례처럼 확실한 승자를 찾기는 어렵다. 그러나 스콧은 역대급 낭비를 초래한 인간이라는 타이틀을 얻기에 충분한 자격이 있다. 자, 이제 다른 후보를 찾아보자.

예수가 탄생하기 100년 전 시돈의 안티파테르Antipater of Sidon라는 한 그리스인이 세계의 불가사의 초기 목록을 수집했다. 그는 자기 기준에서 최고의 불가사의라고 여겨지는 것을 선포하는 데 별문제가 없었던 것으로 보인다. 그는 이렇게 기록하고 있다.

마차들이 질주했을지 모르는 난공불락의 바빌론 성벽과 알페이우스 강둑 옆 제우스 신전의 벽을 목격했다. 나는 또 천상의 정원도 봤고 헬리오스의 청동상을 보고 인간이 만든 위대한 피라미드도 보고 마우솔루스Mausolus 왕의 거대한 왕릉도 봤다. 하지만 구름에 닿아 있는 거대한 아르테미스 신전을 봤을 때 그때까지 내가 본 불가사의들은 찬란함을 잃었다.

안티파테르가 입에 침이 마르도록 칭찬한 이 신전은 사실 복원된 것이다. 물론 고대인들은 원래의 신전을 충실하게 재건했다고 주장한다. 10만 제곱피트까지는 아니지만 거대했으며 기둥이 127개나 됐다. 기둥 하나의 두께는 약 6피트, 높이는 6층짜리 건물에 맞먹었다. 그리스의 다른 모든 신전처럼 목재 서까래가 설치돼 있었다. 그리고 기원전 356년 7월 21일 헤로스트라투스Herostratus라는 한 남자가 이 신전에 불을 질러 신전을 전소시켰다. 전설에 따르면 아르테미스 신전이 화제로 파괴되던 날은 알렉산더대왕의 탄생일로 올림포스 사냥의 여신 아르테미스는 이 경사스러운 날을 축하하느라 정신이 없어 신전이 불에 타는 것을 보고만 있었다.

헤로스트라투스가 이런 어처구니없는 방화를 저지른 이유는 무엇일까? 그는 자신의 이름이 영원히 기억될 것이라고 생각해 그런 짓을 했다고 자백했다. 더디고 고통스러운 방법으로 헤로스트라투스를 죽어가게 만든 것 외에 그의 이름을 언급하거나 기록하지 말라고 지시한 그리스 당국의 최선의 노력에도 불구하고 헤로스트라투스는 그의 목적을 달성한 것처럼 보인다.

실로 낭비가 아닐 수 없다. 헤로스트라투스의 끔찍한 행동에도 불구하고 그 역시 최악의 낭비를 초래한 사람으로 선정되기에 부족함이 있기는 마찬가지다.

이제 미국 발명가 토머스 미즐리Thomas Midgley를 생각해 보자.

스콧과 헤로스트라투스의 악행은 일회성이었지만 미즐리가 유발한 두 차례의 역대급 낭비는 상상을 초월한다. 1922년 미즐리의 첫 번째 행동은 휘발유에 납을 첨가해야 한다고 제안한 것이었다. 이런 관행은 미국에서 1996년까지 일부 도시에서 그대로 시행됐고 1970년대 미국에서만 공기, 토양 그리고 물속에 하루 500톤의 납을 배출하는 결과를 낳았다. 연구자들은 특히 뇌에 해로울 수 있는 납 노출로 어린이들의 전체 IQ가 크게 감소했으며 폭력 범죄를 일으킬 수 있는 성향을 증가시켰고 다양한 학습 장애를 포함한 무수히 많은 기타 문제를 유발했다고 말한다. 이런 관점에서 볼 때 미국의 가연가솔린 사용 폐지는 최근 폭력 범죄 감소에 지대한 영향을 미쳤다고 평가된다(그런데 가연가솔린은 전 세계 많은 국가에서 여전히 사용되고 있다).

그러나 불행하게도 미즐리의 공헌은 여기서 멈추지 않았다. 그는 염화불화탄소chlorinated fluorocarbons 혹은 CFCs라고 불리는 것을 발명했다. 처음 CFCs는 아주 저렴한 비용으로 냉장고, 흡입기, 에어로졸 스프레이 캔 등의 성능을 향상해 준다는 점에서 기적의 물질인 것처럼 보였다. 이 물질을 발명한 그는 만인의 찬사를 받았지만 CFCs가 해로운 복사열로부터 지구를 지켜주는 오존층을 파괴한다는 사실을 알지 못한 채 세상을 떠났다. CFCs는 1989년 몬트리올 협약에 의해 대부분 사용이 금지됐다.

하지만 미슬리도 최악의 낭비를 초래한 인류 타이틀을 놓고 싸워야 하는 경쟁자가 있다.

아마도 그 경쟁자로 이름을 올릴 수 있는 사람은 다름 아닌 칭기즈칸일 것이다. 그는 "인간의 최고 기쁨은 자신의 적을 쳐 부수고 그들이 사랑하는 이들이 눈물을 흘리는 것을 보고 그들의 소유물을 빼앗는 것이며 그들의 아내와 딸들을 끌어안는 것이다"라는 말을 남긴 것으로 유명하다. 1982년 영화 〈코난 바바리안Conan the Barbarian〉에서 주인공이 이 말을 읊조리는데 그 대사는 다름 아닌 칸의 말을 인용한 것이다.

칸은 몽골제국을 세우고 세계를 정복했으며 이 과정에서 4,000만 명을 죽였다. 이는 전 세계 인구의 무려 10퍼센트에 달한다. 혹자는 100년 후 1억 6,000만의 목숨을 앗아간 흑사병을 퍼뜨린 것도 칸이라고 주장한다. 흑사병은 몽골제국 영토에서 시작돼 서쪽 유럽으로 유입됐다.

칸이 너무나 많은 사람을 살육한 나머지 아시아 다수 지역에서 인구가 감소했으며 인간이 거주하던 지역에는 숲이 번성했다. 이는 결과적으로 대기 중 탄소 7억 톤을 제거했다. 오늘날의 기후에는 사실 좋은 일처럼 보이지만 당시 숲의 증가로 인해 지구 온도가 낮아졌고 그 결과 헤아릴 수 없는 경제적 피해가 초래됐다. 그리고 자신이 살육한 이들의 아내들과 딸들을 안은 것에 대한 칸의 자랑은 단순히 시적 자유에 그치지 않았다. 실

05. 최악의 자원 낭비

제로 오늘날 생존한 200명 중 1명은 그의 직계 후손이다. 그의 후손은 거의 4,000만 명에 이른다.

최악의 낭비를 초래한 후보자로 100년 전 살았던 고양이 티블스Tibbles의 이름도 언급해야 한다. 티블스는 뉴질랜드 연안의 스티븐스섬에서 등대를 운영하는 주인과 함께 살고 있었다. 이 섬으로 이주한 직후 티블스는 신선한 식사 거리로 굴뚝새를 잡아 오기 시작했다(이 굴뚝새는 분명한 이유로 스티븐스섬 굴뚝새라는 명칭을 얻었다). 굴뚝새에게는 불행한 일이지만 원래도 개체 수가 많지 않았고 티블스는 혼자서, 아마 한 손으로 이들의 멸종을 초래한 것처럼 보인다. 티블스를 옹호하는 이들도 있다. 그들은 티블스가 이 섬의 유일한 고양이는 아니었으며 그가 이들을 모두 잡아먹은 직후 곧바로 멸종된 것은 아닐 수도 있다고 주장한다. 그러나 뭐가 됐든 우리는 하나의 종 전체를 혼자서 멸종에 이르게 한 책임이 대체로 티블스에게 있다고 여긴다.

나가며: 낭비에 관한 몇 가지 결언
Some Final Words on Waste

이 책 시작 부분에서 우리는 낭비를 주관적이며 나쁜 것이고 객관적으로 피할 수 있는 현상으로 정의 내렸다. 그 후 이 정의를 좀 더 깊이 있고 좀 더 철학적이며 가치와 목적이라는 개념과 끊임없이 연관된 무엇으로 재정의했다.

낭비 없는 세상, 즉 연속선상 최극단에 존재하는 세상을 만들 수 있을까? 결국 인간의 어떤 노력도 태양에너지를 모두 포집할 수 없다. 갈등을 없애고 죽은 사람을 되살릴 수도 없다. 그러나 우리가 실제로 통제하고 있는 우주의 일부를 건설적인 목적으로 사용할 수 있고 우리의 가치를 우리가 하는 행동과 일치시킬 수 있으면 낭비가 덜한 세상에서 살 수 있다.

방법은? 앞서 언급했듯 이 세상을 구성하고 있는 시스템의 복잡성은 얼마나 많은 낭비가 일어나는지 파악하는 일을 너무 어렵게 만든다. 그러므로 우리는 종종 낭비를 줄이기 위해 무엇을 해야 하는지 모를 때가 많다. 분명 원인과 결과가 있는데 파악하기가 지독히도 어렵다. 상황을 더욱 어렵게 하는 것은 전 세계 많은 개인과 기관이 낭비적 행동을 하는 데 기득권을 갖고 있다는 사실이다. 낭비는 그들에게 큰 돈벌이고 이들은 홍보 회사와 로비스트를 고용해 공동선을 희생하고 개인적 아젠다를 증진하는 데 능숙하다. 게다가 쓰레기를 줄이는 일에는 비용이 많이 들 수 있고 그 비용을 부담해야 하는 사람들은 그러기를 거부한다. 대형 기관뿐 아니라 개인의 전형적 특징이다. 우리는 우리 스스로의 외부효과를 내면화해야 할 때마다 그렇게 느낀다. 대다수는 낭비를 줄인다는 명분으로 현대 세계가 제공하는 많은 편리함을 포기하길 주저한다.

이 모든 생각이 낭비를 줄이는 데 진정한 장애물이지만 그 아래 도사리고 있는 더 미묘한 장애물이 또 하나 있다. 쓰레기를 처리하는 우리 전략은 임시방편적이고 단편적으로 하나의 행동을 바꾸는 것일 때가 많다. 우리는 마지막 질문이 돼야 하는 "플라스틱 아니면 종이?"에서 시작한다. 첫 번째 질문은 "우리에게 가치 있는 것이 뭐지?"가 돼야 한다. 낭비를 줄이는 일은 어쩔 수 없이 균형 잡기를 동반하기 때문이다. 그 균형점이 가치 있는 것인지에 대한 의견이 다를 때가 많다. 예를 들어 고속도로를 놓는 방법 중 가장 낭비가 적은 방법이 파괴되기 쉬운 습지를 통과하는 것일 때 어떻게 할까? 당신은 습지 위에 다리를 건설하는 돈을 낭비할 것인가? 아니면 습지의 생태학적 다양성을 낭비할 것인가? 사회로서 우리는 다양한 균형점의 중요성을 어떻게 평가할 것인가? 현재 우리는 그 일을 상당히 비효율적으로 수행하고 있다.

사회가 무엇을 중시하는지 분명하게 결정하고 선포한 후 신중하게 과정, 시스템 그리고 가치를 실현하는 전통을 수립할 때 낭비를 줄일 수 있다. 해야 할 일은 명백하다. 다시 말해 실제 세계에서 우리가 처리해야 할 절대적인 것은 거의 없다. 식탁 크기만 한 습지를 파괴한다고 할 때 그 고속도로 경로를 다시 설정할 것인가? 아마 아닐 것이다. 카운티 하나 크기면 어떨까? 아마 그럴지 모른다. 하지만 그 경계가 뭘까? 이런 미묘한 차이를 설명할 수 있는 언어가 우리에게는 없다. 단순함을 위해 우리는 폭넓은 동질감을 가질 수 있는 사람과 집단을 형성하고 다른 집단을 형성하고 있는 이들의 동기를 불신의 눈으로 바라본다.

어려움은 차치하고 낭비가 덜한 세상을 건설할 수 있는 메커니즘은 무엇일까? 이 노력을 이끌 사람은 누구일까? 우리가 고찰해 볼 수 있는 후보자는 모두 여섯이다. 바로 정부, 기업, 자발적 연대, 제도적 종교, 여론 그리고 개인이다.

정부

온갖 거대하고 복잡 미묘한 규제 기관을 갖춘 현대 관료주의 국가의 존재 이유가 국민들이 스스로를 통제하지 못하기 때문이 아니다. 오히려 삶의 일부에 대한 통제권을 고도로 전문화된 기술 관료에게 집단적으로 양도함으로써 개인이 혜택을 얻기 때문이다. 우리가 먹고 있는 약이 안전한지 우리는 모른다. 그래서 FDA(다른 국가의 이와 유사한 기관)를 통해 세금을 들여 약의 안전성을 확보한다. 우리는 공동선을 위해 그리고 개인 행복을 위해 무수히 많은 기관에 우리 삶 일부의 통제권을 집단적으로 이양해 왔다. 분명 불완전하고 자주 실망감을 주는 계약이지만 "민주주의는 다른 것들을 제외하면 최악의 정부 형태다"라는 말을 생각해 보면 우리는 현대 관료주의 국가에 대해서도 아마 비슷한 결론에 도달할 것이다.

높은 재활용률을 자랑하는 모든 국가가 광범위한 규제를 통해 이를 달성하고 있다. 저수량 변기 도입이나 LED 전등으로의 전환은 개인행동이 아니라 정부 지시에 의한 것이었다. 휘발유 가격이 저렴한 세상에서 자동차 제조사들이 수십억 달러의 연구 개발비를 들여 연비가 훨씬 더 좋은 자동차를 개발하는 것은 할 수 있는 일이 그것밖에 없어서가 아니라 정부 지시가 있었기 때문이었다. 우리는 더 깨끗한 공기로 숨 쉬고 깨끗한 물을 마실 수 있게 됐다. 하지만 이 또한 오염의 주범이 영적인 깨달음을 얻었기 때문이 아니라 정부 규제로 그들의 방법을 바꾸지 않으면 안 됐기 때문이다.

자유의지론자들은 이런 규제에 반대하면서 만약 누군가 저수량 변기를 사고 싶고 연료 소비가 적은 자동차를 사고 싶으면 사면 되는데 왜 그 선택을 다른 사람에게도 강요하느냐고 반문한다. 나아가 그들은 이런 요구 사항이 초래하는 더 높은 비용이 지나치게 불균형적으로 빈곤층에 영향을 미친다고 주장한다. 빈곤층은 워싱턴 D.C. 의회에 앉아서 이 규제를 만드는 특권층을 포함한 부유층에 비해 규제적 세금을 감당할 여유가 없다. 그 비용은 상당한 액수다. 한 추정치에 따르면 신차 가격의 20퍼센트에는 규제 준수 비용이 포함돼 있다. 자유의지론은 철학적으로 일관된 이데올로기기는 하지만 미국에서 (혹은 다른 나라에서) 대중의 많은 지지를 받지는 못한다. 최근 갤럽 조사에 따르면 환경규제와 관련해 미국인 61퍼센트는 경제성장의 발목을 잡는다 하더라도 정부가 더 많은 규제에 나서길 바란다. 규제가 덜 필요하다고 느끼는 미국인은 8퍼센트다.

그러므로 관료주의가 공공의 이익만을 위해 행동하는 것이 유토피아에서나 가능하다고 하더라도 정부가 낭비가 덜 한 세상으로 우리를 이끄는 주도권을 잡는 것은 합당하다. 우리 한 사람 한 사람이 1,000가지 문제를 꼼꼼하게 살펴봐야 하는 온갖 복잡한 일을 할 수도 있지만 그런 성가신 일의 최소한 일부라도 정부 기관에 양도하면 어떨까? 그게 분명 덜 낭비적인 접근법이 될 것으로 보인다.

기업

워런 비티Warren Beatty가 출연한 〈천국의 사도Heaven Can Wait〉(1978년작)라는 유쾌한 영화 한 편이 있다. 미식축구 선수 조 펜들톤은 부도덕한 억만장자 CEO 레오 판스워스의 몸을 빌려 환생한다. 판스워스의 참치 회사는 우연히 돌고래를 잡아서 죽이게 된다. 이사회 회의에서 판스워스 몸에 들어간 펜들톤은 돌고래를 잡는 일을 중지해야 한다고 말하지만 한 이사는 그가 비용을 고려하지 않는다고 비난한다. 그는 "하지만 돌고래를 죽였을 때 치러야 할 대가는 생각하지 않는 겁니까? 그저 얼마나 벌 수 있는지만 생각하면 된다는 거예요? 만약 중단 비용이 너무 많이 든다면 상품 가격을 조금 더 받으면 되지 않습니까. '생각하는 물고기를 구하는 데 1페니를 내주시겠습니까?'라는 질문을 판매 전략의 일부로 포함하는 거죠"라고 말한다.

낭비와 탄소발자국, 전기와 물 소비를 줄이는 방법의 목록이 개인행동에 방점이 찍히는 경우를 자주 본다. 어쩌면 그건 강조해야 할 대상이 아닐 수 있다. 아마도 우리가 개인적으로 아는 사람 중 어느 누구도 생수병이나 비닐봉지를 만들어 본 적이 없을 것이다. 우리는 모두 그런 물품의 소비자지만 1초마다 약 3,000

개의 플라스틱 병을 만드는 코카콜라사가 플라스틱 병의 대체품을 찾기를 진정으로 원한다면 파급력은 정말로 클 것이다.

마찬가지로 세계적 석유회사 BP British Petroleum가 "탄소 배출을 줄이는 첫걸음은 당신의 위치를 아는 것이다. 새로운 계산기로 당신의 탄소발자국을 계산해 보고 당신의 약속을 공유하길 바란다"는 트윗을 게시했을 때 언론인 앤드류 헨더슨 Andrew Henderson은 이렇게 답했다. "나는 490만 배럴의 석유를 멕시코만에 유출하지 않겠다." 이 코멘트는 통렬한 비난이기도 하지만 사실이기도 하다. 사실은 낭비를 없애기 위해 헨더슨이 평생 할 수 있는 일보다 더 많은 일을 BP가 할 수 있다.

문제는 기업이 돈을 벌기 위해 존재한다는 것이다. 그것이 기업의 존재 이유다. 그리고 그 돈은 사회에도 도움이 된다. 기업은 사람들이 원하는 재화와 용역을 적당한 가격으로 제공한다. 기업은 또 우리 삶을 개선할 수 있는 제품을 개발한다.

일각에서는 긍정적인 사회 아젠다를 기업 DNA에 투입하려고 노력하는 것은 잘못된 일이라고 경고한다. 기업이 이 세상에 존재하는 이유가 그것이 아니기 때문이다. 그러나 우리는 많은 낭비가 경제 영역에서 일어나며 기업이 경제 분야 운전석에 앉아 있다는 사실을 외면할 수 없다. 낭비를 줄이기 위한 전쟁에 기업을 동참시키기 위해서는 기업에 대한 사회 전반의 기대를 바꿔야 한다. 이것은 야심 찬 목표다. 내세울 만한 본보기가 얼마 없다. 대부분의 이사회 회의실에서 진정으로 중요한 것은 주 당순이익이다.

기업이 이윤 극대화에 집중하는 것이 장기적으로는 더 도움 이 될지 모른다고 일부에서는 주장하지만 광범위한 정부 규제 감독은 정부 법규 안에서 사회적 목표를 구체화하려고 노력한 다. 이 논쟁은 아직 끝나지 않았다.

자발적 연대

알렉시 드 토크빌Alexis de Tocqueville은 프랑스 외교관이자 정치 과학자였다. 그는 1830년대 출간된《미국의 민주주의》저자로 널리 알려져 있다. 이 책은 신생 독립국 미국을 여행하면서 경 험한 것을 바탕으로 미국이라는 나라의 국가적 특징에 관한 그 의 생각을 모아놓은 선집이다. 그는 유럽 독자를 위해 이 책을 집필하면서 당시 유럽인이 알고 있는 삶과 미국인의 삶을 비교 했다. 이 책은 여전히 매력적 글감이며 이 책에 담긴 미국에 대 한 통찰력은 지금도 울림을 준다. 토크빌은 미국에서는 문제가 발견되면 정부가 해결책을 찾을 것이라고 기대하는 대신 그가 붙인 명칭에 따르면 '자발적 연대'를 통해 그 해결책을 찾으려 고 노력한다고 평가했다. 이를 우리는 자선단체라고 부를 수 있 을 것이다. 그는 이렇게 썼다.

미국인은 남녀노소, 가정환경, 성격과 무관하게 끊임없이 연대를 형성한다. 미국인은 오락을 위해, 교육기관을 설립하기 위해, 숙소를 건설하기 위해, 교회를 짓기 위해, 책을 배포하기 위해, 호주와 뉴질랜드에 선교사를 파견하기 위해 협회를 만든다. 그리고 이런 방식으로 병원, 교도소, 학교를 세웠다. 만약 진실을 지지하거나 훌륭한 모범을 세워 어떤 감정을 끌어내야 한다면 그들은 협회를 만든다.

이는 여전히 미국의 국가적 특징 중 하나다. 미국에서는 대다수가 자선단체에 기부를 하며 기부 총액은 4,000억 달러 이상으로 GDP의 약 2퍼센트를 차지한다. 이 숫자에는 미국인이 공짜로 제공하는 2,000억 달러 규모의 자발적 노동이 포함돼 있지 않다.

오늘날 미국에는 약 150만 개의 자선단체가 활동 중이다. 그리고 당신은 이들이 우리가 낭비가 덜한 세상에 가까이 가도록 도와준다는 사실을 알 수 있을 것이다. 자선단체를 시작할 때 허가받을 필요가 없다는 것이 장점이다. 만약 당신이 문제를 발견하면 그냥 자선단체를 시작하면 된다. 낭비를 줄이기 위해 100만 그루의 나무를 심든, 100만 개의 쓰레기를 줍든 내일 당장 실천에 옮기면 된다. 그리고 많은 이가 실제로 그렇게 하고 있다. 한 개발도상국에서는 어떤 사람이 휠체어도 없고 걸을 수도 없는 사람을 보고 연민을 느낀 후 동네 주택 보수 상점에서 살 수 있는 재료들로 싸고 튼튼하게 만들 수 있는 휠체어를 개발했다.

당연히 자발적 연대는 낭비가 덜한 세상으로 가는 길의 일부다. 해결하고자 하는 문제에 가까이 있는 열정적인 사람들에 의해 결성된 자발적 연대는 개별성과 특수성 차원에서 정부와 기업이 대적하기 어렵다.

자발적 연대의 문제는 낭비가 가장 크게 발생하는 영역에 충분한 영향을 미치는 데 필요한 규모가 부족할 때가 많다는 것이다. 그들이 가진 힘은 모두 소프트파워다. 정부처럼 방식을 강요할 수 없고 기업처럼 자원을 전용할 수도 없다. 뿐만 아니라 자발적 연대를 비판하는 이들은 극단적 비효율성을 지적한다. 정부가 세금을 부과하고 재분배를 하는 반면 자선단체는 방만해져서 비효율적이 되고 거의 감독을 받지 않는 관료주의를 이뤄 당초 설립 목적이었던 사람을 위한 봉사 대신 단체의 존립 연장에 좀 더 천착할 위험이 있다. 최악의 경우 자선단체는 부자들의 탈세 수단으로 전락하기도 한다.

제도적 종교

종교 단체는 윤리적 요소가 강한 낭비 문제에 관해 자연스럽게 가장 앞에서 목소리를 낼 수밖에 없다. 유대교, 기독교, 이슬람교에 의해 경전으로 간주되는 모세오경에서 인간은 지구의 관리 권한을 부여받는다. 이 권한은 환경보호론과 지속 가능한 삶의 광범위한 지지로 해석될 수 있다.

　교회는 성공 정도에 차이가 있기는 하지만 수백 년에 걸쳐 사회적으로 논쟁이 되는 많은 문제에 관여해 왔다. 교회 참석자 수가 줄어들고 제도적 종교와 동일시하지 않는 사람 수가 증가하는 세상에서 세계 종교인이 낭비를 유발하는 일상적 행동에 얼마나 많은 영향력을 발휘할 수 있을지 의문을 제기하는 사람들이 있을지 모른다. 전 세계 인구 중 80퍼센트는 어떤 형태가 됐든 신의 존재를 믿는다고 고백하고 있으므로 단순히 금전적 문제가 아닌 윤리적 문제로 낭비 문제를 프레이밍하는 데 제도권 종교가 행사할 영향력을 과소평가하는 것은 현명하지 못하다.

여론

　여론은 지구상에서 가장 강력한 사회적 세력 중 하나다. 흡연에 대한 우리 태도를 생각해 보자. 흡연 여론이 180도 바뀌게 된 이유는 한 세대가 가고 이 문제를 다르게 보는 새로운 세대가 등장했기 때문이 아니다. 대중의 생각이 바뀌었기 때문이다. 불과 몇 십 년 새 흡연은 일반적인 행동에서 지탄받아야 하는 행동으로 바뀌었다. 마흔이 넘은 독자는 아마도 사람들이 아무 데서나—비행기, 식당, 모든 공공장소에서—담배를 피우던 모습을 기억할지 모른다. 이후 몇몇 식당이 따가운 눈총을 보내며 '금연 구역'을 제공하기 시작했다. 몇 년 후 상황은 역전돼 담배를 피우려면 흡연 구역 자리를 요청해야만 했다. 결국 관리들이 흡연을 금지하는 법을 통과시켜도 비난받지 않을 정도로 여론이 진보했다. 어떻게 이런 일이 벌어졌을까? 여론이 바뀌었기 때문이다.

어떻게 여론을 바꿀 수 있을까? '오버톤 윈도'로 알려진 것을 바꿔야 한다. 오버톤 윈도는 현재 주류에서 정치적으로 수용 가능한 정책 범위를 말한다. 한때 흡연은 비난 대상이 아니었다. 담배의 위험을 뒷받침하는 과학적 증거는 충분히 많지 않았다. 논의는 아동에게 담배를 판매해서는 안 된다는 생각에서 본격적으로 시작됐다. 담배를 구매할 수 있는 연령에 제한을 두면 어떨까? 그건 꽤 타당해 보였다. 오버톤 윈도가 조금 변했다. 담뱃갑 위에 경고문이 있어야 하지 않을까? 경고문을 싣는 게 무슨 해가 될까? 안 될 게 뭐 있어? 이렇게 오버톤 윈도가 좀 더 바뀌었다. 단거리 비행기 여행에서 흡연을 금지하면 어떨까? 누구나 1시간 정도의 거리는 담배를 피우지 않는 게 좋아. 오버톤 윈도는 또다시 바뀌었다. 이런 식이다. 앞으로 당신이 공원에서 담배를 피우게 된다면 분노한 흡연 반대자가 당신의 얼굴과 당신이 피우는 담배에 얼음물을 들이부을 것이다.

물론 오버톤 윈도는 인구 대다수가 중시하는 가치에 대해 훨씬 더 쉽게 변한다. 낭비와 관련해서도 오버톤 윈도가 바뀔 수 있을까? 그런 변화는 소수 영역이기는 하지만 이미 어느 정도 시작됐다. TV 쇼 〈매드 멘Mad Men〉 속 드레이퍼 부부는 1962년경 미국의 전형적인 핵가족 모습을 구체화해 보여준다. 두 번째 시즌의 한 장면에서 이들은 공원에서 피크닉을 즐긴 후 아무렇지 않게 자신들의 담요를 털어 오후 내내 만들어 낸 쓰레기를 공원 바닥에 남긴다. 이때 그들은 그 쓰레기에 일어날 일 혹은 쓰레기통을 찾는 일 따위는 생각하지 않는다. 현대적 감수성에서 볼 때 이 에피소드는 반사회적 무관심을 보여주는 듯하다.

오늘날 우리 대부분은 장소를 불문하고 쓰레기를 바닥에 버리지 않는다. 대중문화는 뚜렷한 낭비를 경멸한다. 영화 〈21 점프 스트리트21 Jump Street〉에는 테이텀의 1970년형 카마로Camaro를 타고 과거 고등학교를 방문한 채닝 테이텀Channing Tatum과 조나 힐Jonah Hill이 등장한다. 등장인물과 자동차는 과거 유물로 묘사된다. 무심한 현대 어린이 중 하나가 이 자동차를 보고 묻는다. "이 차는 1갤런으로 10마일을 갈 수 있나요?" 그러자 테이텀이 뿌듯하다는 듯 답변한다. "아니, 그래도 7마일은 갈 수 있는 것 같아." 연비가 낮은 경제는 웃기는 말이라는 사실은 오버톤 윈도가 상당히 변했음을 보여준다.

그러나 낭비의 전반적인 과제는 지나치게 모호하다. 공공장소에서의 흡연과 쓰레기 투척 문제는 크게 둘로 나뉘어 있지만 낭비는 명확한 경계를 긋기가 어렵다. 그럼에도 불구하고 여론은 낭비가 덜한 세상으로 이동할 때 꼭 필요하다.

개인

만약 당신 집 안 어딘가에 에어로졸 캔이 굴러다닌다면 캔 테두리에서 붉은색 점 하나를 볼 수 있을 것이다. 그 점은 쓰레기를 줄이기 위해 고안된 것으로 곡선형 빨대와 함께 제공되며 그 빨대가 들어가는 구석을 보여준다. 만약 당신이 그 점과 빨대를 일치시키면 캔 밖으로 마지막 한 방울까지 내용물을 짜낼 수 있다. 이제 당신은 이 정보를 알고 있으니 기억해 뒀다가 캔 속 스프레이 페인트를 한 방울이라도 더 사용할 수 있다.

제퍼슨은 "자유의 가격은 영원한 경계警戒다"라는 조언을 했다고 알려져 있다. 그러나 그 경계는 낭비가 덜한 세계를 얻는 대가기도 하다. 우리 모두 혹은 대부분의 사람이 에어로졸 캔에 대한 사실처럼 1,000가지 이상의 사실을 기억할 것이라고 기대할 수 있을까? 아마도 할 수 있을 것이다.

낭비가 덜한 세상에 내재된 모든 복잡한 문제를 목록으로 만들면 다소 압도당하는 느낌이 들 수 있다. 그럼 우리는 뭘 할 수 있을까? 노암 촘스키Noam Chomsky가 한 이 말이 이와 관련 있다. "우리에게는 2개의 선택지가 있다. 하나는 희망을 버리고 최악의 사태가 벌어지게 하는 것이고 나머지 하나는 있는 기회를 살려 더 나은 세상을 만드는 데 기여하는 것이다. 그렇게 어려운 선택은 아니다." 낭비 없는 세상에 좀 더 가까이 가기 위해 우리 각자가 할 수 있는 일이 엄청나게 많다.

이 말을 믿기 어렵다면 우리가 얼마나 발전했는지 보면서 안도감을 느껴보길 바란다. 오늘의 세상은 조상들이 살았던 세상과 비교하면 비교도 안 될 만큼 낭비가 줄었다. 작은 일부터 시작하자. GPS가 등장하기 이전의 삶을 기억하는가? 지점 A에서 지점 B까지 어떻게 갔는가? 당신은 아마도 인쇄된 그날 당장 구식이 되는 홑이불 크기만 한 종이 지도를 사용했을 것이다. 그 지도가 최적의 도로를 보여줬는가? 그 지도가 사고가 일어난 지점이나 교통 체증이 있는 지점을 이야기해 주던가? 만일 그 지도가 당신에게 친구와 만날 약속 장소에 도달하는 방법을 말해줄 예정이라고 하더라도 친구의 자동차 타이어에 구멍이 났다는 사실을 발견하기 전까지 얼마나 많은 시간을 서성이면서 낭비했는가? 인터넷이 등장하기 전 호텔을 어떻게 예약했는가? 아무 호텔 체인 하나를 선택해 전화를 걸어 애크런에 있는 호텔에 빈 객실이 있는지를 물어봐야 했을 것이다. 그러고 나서 예약을 했다. 그 호텔이 괜찮았는가? 현지인들이 그 호텔에 "스탭 앤 스테이Stab and Stay"라는 별명을 붙여줬는가? 누가 알겠는가. 당신은 그냥 그곳에 예약을 하고 거기 가서 체크인을 도와줄 사람이 악명 높은 연쇄살인범 노먼 베이츠Norman Bates(1959년 발표된 스릴러 소설 《사이코》의 주인공으로 외진 곳에서 모텔을 운영하며 연쇄살인을 저질렀다_옮긴이)가 아니기만 바랐다. 그럼 항공권 예약은 어떻게 했는가? 인쇄된 항공권은 기억나는가? 이런 일이 그리 오래전 일은 아니다. 그러나 이제 우리는 전쟁으로 인한 죽음, 극한의 빈곤, 합법화된 노예제도를 포함해 다양한 종류의 낭비를 줄이는 데 엄청난 진전을 이뤘다.

곧 등장할 새로운 기술이 더 많은 낭비를 줄일 것이다. 우리는 좀 더 효율적으로 물을 정화할 수 있고 더 값싼 청정에너지를 생산할 수 있으며 좀 더 효과적으로 질병을 퇴치할 수 있다. 매일매일 과학자들은 기적적인 일을 해낼 것으로 예상되는 놀랍고 새로운 재료를 개발하고 있다.

좋은 소식은 이런 기술 중 다수가 개발도상국의 국민에게 큰 도움이 되리란 점이다. 더 나은 방법으로 식량을 재배하고 깨끗한 물을 제공하며 에너지를 생산할 수 있게 되면서 지난 20년 동안 놀라운 기술 발전의 혜택을 전혀 보지 못했던 최빈국의 수십억 인구도 마침내 희망을 꿈꿀 진짜 이유가 생겼다.

결국 이 책은 희망에 관한 것이다. 세상은 낭비로 가득하지만 어제와 비교하면 낭비는 줄었고 내일은 더 줄어 있을 것이다. 물론 여전히 너무나 많은 낭비가 이뤄지고 있는 것은 분명하지만 우리는 낭비를 줄이는 데 성공할 것이다. 낭비가 없는 세상에 도달하진 못할지 모르지만 그곳에 아주 가까이 갈 것이라는 점은 분명해 보인다.